Frank Hennecke

Trilogie der Rechtsgeschichte

Frank Hennecke

Trilogie der Rechtsgeschichte

Zur Geschichte, Rezeption und Fortgeltung des Römischen, des Kanonischen und des Griechischen Rechts

Tectum Verlag

Frank Hennecke
Trilogie der Rechtsgeschichte
Zur Geschichte, Rezeption und Fortgeltung des Römischen, des Kanonischen und des Griechischen Rechts

ISBN 978-3-8288-4759-0
ePDF 978-3-8288-7865-5

Umschlaggestaltung: Tectum Verlag, unter Verwendung der Bilder
1722829186 von Andri Kurniawan und # 2118451901 von PointerMarker |
www.shutterstock.de

Gesamtverantwortung für Druck und Herstellung:
Nomos Verlagsgesellschaft mbH & Co. KG
Printed in Germany

Besuchen Sie uns im Internet
www.tectum-verlag.de

Bibliografische Informationen der Deutschen Nationalbibliothek
Die Deutsche Nationalbibliothek verzeichnet diese Publikation in der Deutschen Nationalbibliografie; detaillierte bibliografische Angaben sind im Internet über http://dnb.d-nb.de abrufbar.

Seinen akademischen Lehrern in Verfassungsrecht, Rechtsgeschichte und Rechtsphilosophie, den Heidelberger Rechtgelehrten

ERNST-WOLFGANG BÖCKENFÖRDE

GERARDO BROGGINI

ERNST FORSTHOFF

BERTHOLD KUPISCH

SIEGFRIED REICKE

HANS SCHNEIDER

anläßlich des 50-jährigen Jubiläums seiner Promotion zum

Doctor iuris utriusque

in Verehrung und Dankbarkeit

der Verfasser

Zum Geleit

Diesem Buch ist große Verbreitung zu wünschen. Es versammelt die Vorträge, die der Verfasser in den Jahren 2012 bis 2018 über die Entwicklungs- und Wirkungsgeschichte dieser drei Rechtstraditionen gehalten hat; sie fanden im Rahmen der Veranstaltungsreihe „Lebendige Antike" zu Ludwigshafen am Rhein statt und stießen auf große Resonanz. Bei allen Verdiensten um die Pflege des kulturellen Erbes, die dieser kurpfälzischen Initiative zu verdanken sind, gehen aber Thematik und Ertrag der Abhandlungen weit über das regionale Interesse hinaus. Das gilt umso mehr, als sich der Autor in einem Exkurs, der an seine Antikenrezeption anschließt, mit dem Werk des bedeutenden und zugleich umstrittenen Staatsrechtlers Carl Schmitt auseinandersetzt. Angesichts der großen historischen und aktuellen Relevanz der behandelten Themen ist es daher sehr zu begrüßen, dass der Tectum Verlag die Vorträge nunmehr in einem Band einer breiteren Öffentlichkeit präsentiert.

Wie das jedem der Vorträge zugeordnete Schrifttumsverzeichnis erkennen lässt, hat der Verfasser eine große Vielfalt von Publikationen verarbeitet, darunter herausragende Gesamtdarstellungen wie Erik Wolf: Griechisches Rechtsdenken, Franz Wieacker: Privatrechtsgeschichte der Neuzeit oder Peter Landau: Europäische Rechtsgeschichte und kanonisches Recht im Mittelalter. Doch ist Hennecke nicht der Versuchung erlegen, sich in Einzelheiten oder gar Nebensächlichkeiten zu verlieren. Er konzentriert sich auf das Wesentliche, auf die wichtigen Stationen im Wandel der jeweiligen Rechtstradition von der Antike bis zur Gegenwart. Die Verdichtung der riesigen Materialfülle auf die von ihm gewählten Schwerpunkte der Darstellung hin weckt Bewunderung. Durch klare und verständliche Sprache erleichtert er zusätzlich die Lektüre. Das Buch lädt zum Nachdenken ein, fordert hier und da auch zum Widerspruch heraus; gerade darin liegt sein besonderer Reiz.

Es ist unverkennbar, dass sich der Verfasser dem geistigen Erbe zweier bedeutender Rechtsgelehrter verbunden weiß: seinem Doktorvater Bundesverfassungsrichter Prof. Dr. iur. Ernst-Wolfgang Böckenförde und Prof. Dr. iur. Michael Stolleis, dem jüngst verstorbenen langjährigen Direktor des Max-Planck-Instituts für Europäische Rechtsgeschichte. Mit seinem Buch macht er ihnen Ehre.

Frankfurt am Main im März 2022

Prof. em. Dr. iur. Hermann Avenarius

DIPF | Leibniz-Institut für Bildungsforschung und Bildungsinformation

Vorwort

Europa sucht nach Merkmalen seiner Identität. Quelle einer Identität ist die gemeinsame Geschichte und das kulturelle Erbe aus Christentum und Antike. Ererbt sind auch weite Teile des geltenden Rechtes. So lebt das Römische Recht der Antike in veränderter Form in den kontinentalen Rechtsordnungen fort, so hat das Kanonische Recht im Mittelalter auch in das weltliche Recht hineingewirkt, so hat das griechische Recht jedenfalls die Rechts- und Staatsphilosophie nachhaltig beeinflußt. Diese Rechtstraditionen dürfen als Merkmale der Identität Europas gelten. In der Europäischen Union sollten diese Traditionen bewußt bleiben und Geltung behalten.

Die vorliegenden Beiträge wollen die Entwicklungsgeschichte und die Rezeptionsgeschichte dieser drei Rechtstraditionen, insbesondere auch in der wechselseitigen Beziehung von Geschichte und Rezeption, in großen Umrissen nachzeichnen. Die Beiträge sind der Versuch, Rechtsgeschichte in einem lesbaren Umfang bewußt zu machen und in ihrer Bedeutsamkeit für die Gegenwart sichtbar werden zu lassen. Geht es doch in allen Rechtsgebieten letztlich um eine Verhältnisbestimmung von Staat und Recht, die auch heute noch alle politischen und rechtlichen Auseinandersetzungen prägt.

Die Beiträge, wie denn auch der Versuch über Carl Schmitt, sind ursprünglich als Vorträge im Rahmen der Vortrags- und Veranstaltungsreihe „Lebendige Antike“ in Ludwigshafen am Rhein in den Jahren 2012, 2016, 2017 und 2018 gehalten worden. Diese Reihe hat sich im Öffentlichen Weiterbildungswesen seit 65 Jahren die Vermittlung des kulturellen Erbes der Klassischen Antike im Kurpfälzer Raum zur Aufgabe gemacht. Die Vorträge sind seinerzeit wissenschaftlich aufbereitet, verlegt und im Umkreis der „Lebendigen Antike“ verbreitet worden. Der Verfasser legt sie nun in überarbeiteter Fassung und in geschlossenem Zusammenhang vor.

Ludwigshafen am Rhein, im Januar 2022

Frank Jürgen Werner Hennecke

Inhaltsverzeichnis

Das Römische Recht als Rezeption der Antike – vom Mittelalter bis zur Europäischen Union

Vorbemerkung

Der vorliegende Beitrag zum Römischen Recht ist die überarbeitete Textfassung eines Vortrages, den der Verfasser am 5. Oktober 2016 unter dem Titel „Rezeption der Antike am Beispiel des Römischen Rechts – vom Mittelalter bis zur Europäischen Union“ im Rahmen der Vortrags- und Veranstaltungsreihe „Lebendige Antike Ludwigshafen am Rhein“ im alten Ratssaal der Stadt gehalten hat.[1]

Die traditionsreiche Ludwigshafener Vortragsreihe „Lebendige Antike“ selbst versteht sich, nach ihrem Selbstverständnis und im Rahmen ihrer Möglichkeiten, ihrerseits als Rezeption der Antike und hat hierüber auch nachgedacht.[2] Es ist offenkundig, daß hier ein anderer Rezeptionsbegriff zugrundeliegt: Geht es hier um Erinnerung, Verstehen und geistige Aneignung als einem kulturellen Bildungsvorgang, geht es bei der Rezeption des Römischen Rechtes um einen geschichtlichen Veränderungsprozeß in der Annahme und Anverwandlung einer externen Kulturleistung. Derartige Rezeptionen freilich waren mehrfach auch Gegenstand der „Lebendigen Antike“,[3] und so mag denn die

---

1 Die frühere Fassung: *Frank Hennecke*: Das Römische Recht als Rezeption der Antike – vom Mittelalter bis zur Europäischen Union, 2. Auflage, Ludwigshafen am Rhein 2017.

2 *Frank Hennecke / Rainer M. Jünger / Friedrich Kuntz* (Hrsg.): Klassik in Ludwigshafen – Sechzig Jahre „Lebendige Antike“, Ludwigshafen am Rhein 2015, S. 27 ff.

3 So hat zum Beispiel über die Rezeption der klassischen griechischen Antike durch das spätere Byzanz in der „Lebendigen Antike“ am 14. Oktober 2015 *Gudrun Schmalzbauer*, Universität Trier, referiert.
Zum byzantinischen Recht im übrigen *Uwe Wesel*: Geschichte des Rechts. Von den Frühformen bis zur Gegenwart, 4. Aufl., München 2014, S. 245 ff.

Parallelität des Begriffes die Rezeption der Rezeption im heutigen Vortrag rechtfertigen.

Der Vortrag war im Einladungsfaltblatt wie folgt angekündigt worden: „Die mehrfache Rezeption der Antike in der Kulturgeschichte West- und Mitteleuropas bestand im bewußten Wiederaufgreifen antiker Überlieferungen nach einem als solchem empfundenen Traditionsverlust. Das juristische Erbe des Römischen Reiches ist nach dessen Untergang hierbei auf sehr unterschiedliche Weise wiederaufgenommen worden: Zum einen das staatsrechtliche Erbe in der Wiederherstellung des „römischen" Kaisertums und der „renovatío imperii" des frühen und hohen Mittealters, zum anderen in der Rezeption des Römischen Privatrechtes seit dem späten Mittealter. Insbesondere das Römische Privatrecht hat die Rechtskultur vornehmlich in Mitteleuropa nachhaltig verändert und bis zum heutigen Tag geprägt, aber auch soziale Veränderungen verursacht. Über das Römische Recht sind Gerechtigkeitsvorstellungen und Menschenbild der Antike bis in die Gesetzgebung des Bürgerlichen Gesetzbuchs in Deutschland eingegangen. So bleibt die Frage, was vom Römischen Recht in der Europäischen Union, die nach ihrer Identität fragt, fortbesteht, noch gilt und zur Identitätsfindung beitragen kann."

I. Einleitung

1. Das Römische Recht als Kulturleistung der Antike

Eine der großen Kulturleistungen der Antike ist das Römische Recht. Während die materiellen Hinterlassenschaft der Antike wie Tempel, Bauwerke, Skulpturen in ihrer physischen Existenz bis heute unmittelbar präsent sind, während die Philosophie der Griechen immer wieder zu neuem Nach-Denken anstößt, während die antike Dichtung unsere Vorstellungswelt bis heute prägt und zu immer neuen Auseinandersetzungen inspiriert, so lebt das Römische Recht in ganz spezifischer Weise fort: Es *gilt*, in vielfach veränderter Form, bis zum heutigen Tage weiter und bestimmt das Leben von Staat und Gesellschaft bis in die Gegenwart. So wie das Latein in den romanischen Sprachen fortlebt. Dieses Fortleben, Fortgelten des Römischen Rechtes aufzuzeigen ist Gegenstand des heutigen Vortrages.

2. Die Rezeption des Römischen Rechts

Die Fortgeltung des Römischen Rechtes hat ihre Ursache in einem einzigartigen geistesgeschichtlichen Vorgang, der im lateinischen West-, Mittel- und Südeuropa des Mittealters in der Zeit vom 11. bis zum 15. Jahrhundert stattgefunden hat: in der sogenannten *Rezeption des Römischen Rechtes.* In dem genannten Zeitraum ist das aus der Antike überlieferte und zu Beginn des 11. Jahrhunderts wiederentdeckte Römische Recht aus der Zeit des Kaisers Justinian in Italien und ganz Westeuropa durch einen anhaltenden Adaptionsprozeß gegenüber den in Italien partikularen und zumindest in Mitteleuropa germanischen Rechtstraditionen zur Geltung gebracht worden. Es war durchaus der Fall, daß sich das Römische Recht gleichsam von außen her über die lokalen Rechte gleichsam hinweggelegt hat, also fremder Herkunft war und lokale Traditionen verdrängt hat. Die Übernahme von Kulturleistungen aus einem Kulturkreis durch einen anderen bezeichnet man herkömmlicherweise als Rezeption und ist insgesamt Bestandteil der menschlichen Kulturgeschichte.[4] „Die Rezeption von Kulturelementen, die ein Volk nicht selbst geschaffen hat, ist nur eine der vielen Erscheinungsformen der beständigen Kulturübertragungen, auf der die Fortdauer der menschlichen Gesittung überhaupt beruht. Die Rezeptionsvorstellung selbst ist ein Ausdruck unserer Überzeugung von der Kontinuität der menschlichen Universalgeschichte oder doch von der Kontinuität großer Kulturen."[5] Damit sei von Anfang an einem nega-

4 Zum Begriff der Rezeption vgl. etwa den Artikel „Rezeptionstheorie" in: *Jürgen Mittelstraß* (Hrsg.): Enzyklopädie Philosophie und Wissenschaftstheorie, Band 3, Stuttgart – Weimar 1995, S. 611 f.; *Hannelore Link*: Rezeptionsforschung. Eine Einführung in Methoden und Probleme, 2. Aufl., Stuttgart u. a. 1980.

5 *Franz Wieacker*: Privatrechtsgeschichte der Neuzeit unter besonderer Berücksichtigung der deutschen Entwicklung, 2. Aufl., Göttingen 1967, S. 125.

tiven Beiklang des Begriffes von Rezeption entgegengetreten, der in einem Verständnis von Rezeption als der Überfremdung oder gar gewaltsamen Übermächtigung der einen Kultur durch eine andere, „artfremde“ besteht und der in der Geschichte, sowohl in der Rechtsgeschichte als auch in der politischen Geschichte, durchaus eine Rolle gespielt hat. Die Rezeption des Römischen Rechtes jedenfalls hat die lokalen Traditionen nicht völlig ausgelöscht und war eher ein langanhaltender Verwandlungs- und Assimilationsprozeß, der die Rechtskultur Italiens und West- und Mitteleuropas insgesamt maßgeblich und konstruktiv geprägt und hierbei auch jeweils national unterschiedliche Rechtsformen mit unterschiedlichem Grad von Romanisierung hervorgebracht hat. Die *Rezeption* ist bruchlos in *Tradition* übergegangen, wobei an dieser Stelle das Verhältnis von Rezeption und Tradition dahingestellt bleiben mag.

3. Rezeption und Tradition

Wenn sich der Vortrag mit der Rezeption des Römischen Rechtes befaßt, darf angesichts der überwältigenden Fülle des historischen Materials die Entwicklung allein in Deutschland im Blickfeld stehen.[6]

6 Zur Orientierung und zugleich als Referenzrahmen und Beleg für den gesamten vorliegenden Beitrag, ohne daß jeweils Einzelnachweise erbracht werden müßten, vgl. das klassische Werk von *Paul Koschacker*: Europa und das Römische Recht, 4. Aufl., München – Berlin 1966, sowie *Wieacker*, a.a.O (Fußn. zuvor), auch *Gerhard Wesenberg / Gunter Wesener*: Neuere deutsche Privatrechtsgeschichte im Rahmen der europäischen Rechtsentwicklung, 4. Aufl., Wien – Köln – Graz 1985; *Heinrich Mitteis / Heinz Lieberich*: Deutsche Rechtsgeschichte, 19. Aufl., München 1992.
Aus der neueren Literatur, die teilweise zugleich Studienliteratur ist *Detlef Liebs*: Römisches Recht, 6. Aufl., Göttingen 2004; *Michael Rainer*: Das Römische Recht in Europa. Von Justinian zum BGB, Wien 2012; *W. J. Zwalfe / A. J. B. Sirks*: Grundzüge der europäischen Privatrechtsgeschichte, Wien – Köln – Weimar 2012; *Ulrich Eisenhardt*: Deutsche Rechtsgeschichte, 6. Aufl., München 2013; *Stephan Meder*: Rechtsgeschichte, 5. Aufl., Köln – Weimar – Wien 2014; *Wilhelm Braunecker*: Europäische Privatrechtsgeschichte, Wien – Köln – Weimar 2014; *Hans Schlosser*: Neuere Europäische Rechtsgeschichte, 2. Aufl., München 2014; *Rudolf Gmür / Andreas Roth*: Grundriss der deutschen Rechtsgeschichte, München 2014; *Jan Dirk Harke*: Römisches Recht, 2. Aufl., München 2016; *Inge Hanewinkel / Nikolaus Linder*: Römisches Recht im kulturellen Kontext, Baden-Baden 2021.

Und auch insofern können nur Grundzüge und auch diese nur lückenhaft dargestellt werden. Wir bewegen uns auf einem Feld, in dem die Quellen und die Forschungsliteratur, die es seit Jahrhunderten gibt, schlechterdings nicht überschaut werden können. Auch für die Rechtsgeschichte gilt der – freilich unbeweisbare, aber plausible – Satz, daß die meisten wissenschaftlichen Veröffentlichungen juristischer Natur sind.[7]

II. Das Römische Recht von den Zwölf-Tafel-Gesetzen bis zu Justinian

Wenden wir uns zunächst dem Römischen Recht selbst zu.

1. Römisches Recht als Rechtsgeschichte und als Zivilrecht

Das „Römische Recht“ ist zur Zeit seiner Geltung in der Römischen Geschichte als solches keine feststehende, einmal fixierte Größe, sondern Inbegriff und Summe einer sich über fast 1000 Jahre hinweg entwickelnden und sich entsprechend wandelnden Rechtsordnung. „Römisches Recht“ ist *Rechtsgeschichte* und wird in der wissenschaftlichen

---

Als konzise Kurzfassung der Geschichte der Rezeption aus *verfassungsgeschichtlicher* Sicht *Otto Kimminich*: Deutsche Verfassungsgeschichte, 2. Aufl., Baden-Baden 1987, S. 190 ff. („Die Rezeption des römischen Rechts und ihre Bedeutung für den Staat der Neuzeit“).
Einen fundierten Gesamtüberblick über die gesamte Rechtsgeschichte bieten jeweils *Uwe Wesel*: Geschichte des Rechts. Von den Frühformen bis zur Gegenwart, 4. Aufl., München 2014; *Hans Hattenhauer*: Europäische Rechtsgeschichte, 4. Aufl., Heidelberg 2004. –
Das neue große Werk „Handbuch des Römischen Privatrechts“. Herausgegeben von *Ulrike Babusiaux* u. a., 2 Bde., Tübingen 2021, hat für den vorliegenden Beitrag nicht mehr berücksichtigt werden können.
Das Schrifttum ist weithin zugänglich im Institut für Geschichtliche Rechtswissenschaft der Juristischen Fakultät der Universität Heidelberg, in der Universitätsbibliothek Mannheim und im Max-Planck-Institut für Europäische Rechtsgeschichte in Frankfurt am Main.

7 In Vorwegnahme der bevorstehenden Darstellung der Rezeption *Vincenzo Colli*: Juristische Buchproduktion im Mittelalter, Frankfurt am Main 2002.

Literatur auch als solche behandelt;[8] wissenschaftliche Gesamtdarstellungen des Römischen Rechtes kommen ohne die jeweilige historische Ortsbestimmung nicht aus.[9] Es lassen sich demzufolge mehrere Epochen oder geschichtliche Entwicklungsstufen des Römischen Rechts ausmachen, allerdings bis zu einem Endpunkt hin, der Abschluß und Neubeginn zugleich ist.

Das Römische Recht, das darf allgemein vorangestellt werden, unterscheidet von Anfang an die Bereiche *Zivilrecht* – also das Recht freier Bürger untereinander –, *Strafrecht* und *Staatsrecht*. Es hat im Laufe seiner Entwicklung diese Grundunterscheidung durchgehalten und jeweils verfeinert. In dieser bis heute gültigen Unterscheidung darf bereits eine der großen Leistungen des Römischen Rechtes gesehen werden. Der Vortrag beschränkt sich nachfolgend im wesentlichen auf das Zivilrecht.

2. Das Zwölf-Tafel-Gesetz

Am Anfang steht das *Zwölftafelgesetz*. Es wird etwa auf die Zeit der Mitte des 5. Jahrhunderts vor Christus datiert und stammt damit aus der Zeit nach Vertreibung der Könige und der Entstehung der Republik.[10] „Der erste einigermaßen feste Punkt in der Geschichte des römischen Rechts ist die berühmte Zwölftafelgesetzgebung, in der die Römer selbst die Grundlage ihres gesamten Rechtslebens … erblickten."[11]. Die Zwölftafelgesetzgebung ist allerdings nicht ein völ-

8 Statt aller *Wolfgang Kunkel / Martin Schermaier*: Römische Rechtsgeschichte, 14. Aufl., Köln – Weimar – Wien 2005; *Wolfgang Waldstein / Michael Rainer*: Römische Rechtsgeschichte, 11. Auflage, München 2014; *Mario Bretone*: Geschichte des Römischen Rechts. Von den Anfängen bis Justinian, 2. Auflage, München 1998.

9 *Detlef Liebs*: Römisches Recht, 6. Aufl., Göttingen 2014;*Max Kaser*: Das Römische Privatrecht. Erster Abschnitt: Das altrömische, das vorklassische und das klassische Recht, 2. Aufl., München 1971; ders.: Das Römische Privatrecht. Zweiter Abschnitt: Die nachklassischen Entwicklungen, 2. Aufl., München 1978 (= Handbuch der Altertumswissenschaften. Rechtsgeschichte des Altertums, Band X, 3.3.1 und 3.3.2).

10 Greifbare Textausgabe: *Das Zwölftafelgesetz*. Texte, Übersetzungen und Erläuterungen von Dr. Rudolf Düll, 3. Aufl., München 1959.

11 *Wolfgang Kunkel*: Römische Rechtsgeschichte, 3. Aufl., Köln – Graz 1960, S. 17.

liger Neuanfang, sondern geht auf frühere Quellen zurück, die hier erstmals und mit allgemeiner Anerkennung codifiziert werden, sofern der Begriff der Codifizierung auf diese frühe Gesetzgebung überhaupt Anwendung finden kann. Als solche dürfte bereits diese erste Gesetzgebung für die frühe römische Gesellschaft von außerordentlicher Bedeutung gewesen sein. Gab es denn ein geschriebenes und damit objektiv geltendes, nachprüfbares Recht, das Rechtssicherheit, gerade auch für den „einfachen Mann" gewährleistete. Die Überlieferung ist lückenhaft; die rekonstruierten Texte bleiben unsicher und müssen in Rechnung stellen, daß in die anderweitigen Quellentexten, aus denen heraus die Zwölftafelgesetze rekonstruiert worden sind, auch neuere Rechtssätze Eingang gefunden haben.[12]

Dem Inhalte nach regeln das Zwölftafelgesetz Privatrechtsverhältnisse von Bürgern untereinander, *ius civile*, das man heute Zivilrecht nennt, sowie ein gerichtliches Verfahren zur Rechtsdurchsetzung, den Zivilprozeß. Materien sind Kauf und Tausch mit den jeweiligen Rechtsformen, Vermögen und Eigentum, Schadensersatz, Familienverhältnisse.[13] Die Regelungen spiegeln die sozialen Verhältnisse der altrömischen bäuerlichen Gesellschaft wider.[14]

Zum Zwölftafelgesetz können drei übergreifende Feststellungen getroffen werden. Zum einen konstituiert sich hier das Zivilrecht als selbständiges, autonomes Rechtsgebiet und damit als Rechts- und Lebensform einer sich – selbstverständlich unter allen Vorbehalten antiker Gesellschaften – als frei verstehenden Gesellschaft; diese Autonomie des Zivilrechts hat sich für alle Zeiten, auch vorbehaltlich mancher gegenläufiger historischer und geistesgeschichtlicher Entwicklungen, im Grundsatz bis heute unüberholbar gehalten. Zum anderen ist das Zwölftafelgesetz *Gesetz*, also geschriebenes Recht, wer auch immer der Gesetzgeber war. Das Gesetz als Rechtsquelle tritt deutlich hervor und

12 *Kunkel*, a.a.O, (Fußn. zuvor), S. 18.

13 Einzelheiten etwa bei: *Stephan Meder*: Rechtsgeschichte, 5. Aufl., Köln – Weimar – Wien 2014, S. 29 ff.

14 Zur Sozialstruktur der damaligen Zeit *Waldstein / Rainer*, a.a.O. (Fußn. 8), S. 23 f.

eröffnet damit das Jahrtausende alte Spannungsverhältnis zwischen *Gesetz* und mündlichem, ungeschriebenem *Gewohnheitsrecht*. Zum Dritten scheint die Zahl *Zwölf* mit ihrer *mythischen* Assoziation auf einen weit zurückliegenden Ursprung des Rechtes in der Religion zu verweisen, auf die ursprüngliche Einheit von Recht, Moral und Religion, auf die Identität von Richteramt und Priestertum. Das Recht hat sich, trotz aller Säkularisierung, die auch im Zwölftafelgesetz zum Ausdruck kommt, von diesen Ursprüngen nie vollständig loslösen können.

3. Das Römische Recht als Juristenrecht

Ungeschriebenes Recht setzt bald nach dem Zwölftafelgesetz in Form von Erläuterungen, Kommentaren, Glossen zu diesem Gesetzeswerk ein und gewinnt bald selbständige Bedeutung. Träger dieser Kommentierung und damit Fortentwicklung war ein bald in der frühen Republik aufkommender Stand von rechtskundigen Personen, die bei Rechtsstreitigkeiten und Prozessen hinzugezogen wurden und Rechtsgutachten abgaben.[15] Dieser „Juristenstand" gewann zunehmend an Einfluß und wurde bereits zur Zeit der römischen Republik zum maßgeblichen Träger der Fortentwicklung des Rechtes und damit zum eigentlichen Begründer des Römischen Rechtes, wie es jahrhundertlang galt und von Justinian schließlich codifiziert worden ist.

Das Juristenrecht entfaltete sich über die Jahrhunderte der Römischen Geschichte hinweg, von der Republik über den Aufbau des Prinzipates bis hin in die Kaiserzeit der Spätantike.[16] Die Entwicklung im einzelnen darf hier mit großen Schritten übergangen werden. Das Juristenrecht fand seinen Ausdruck in einem unübersehbaren juristi-

15 Zu den römischen Juristen vgl. die klassische Prosopographie von *Wolfgang Kunkel*: Die Römischen Juristen. Herkunft und soziale Stellung, Neuausgabe Köln – Weimar – Wien 2001.

16 Vgl. zu den sozialen und rechtlichen Verhältnissen der Spätantike *Franz Wieacker*: Recht und Gesellschaft in der Spätantike, Stuttgart 1964. Wohl grundlegend *Alexander Demandt*: Die Spätantike. Römische Geschichte von Diocletian bis Justinian 284–565 n. Chr., München 1989 (= Handbuch der Altertumswissenschaften, III 6). *Alexander Demandt* war mehrfach Referent der „Lebendigen Antike".

schen Schrifttum, war also kein Gesetzesrecht, auch wenn es seinerseits auf gesetzgeberische Akte der römischen Staatsgewalt mit Kommentaren reagiert hat. Was sich herausgebildet hat, waren einzelne Rechtsschulen wie diejenige der Sabinianer und Proculianer um die „Zeitenwende"; hervorgetreten sind berühmte Namen wie *Marcus Antistius Labeo* (ca. Anfang des 1. Jahrhunderts), *Aemilius Papinianus* (um 200) und *Domitius Ulpianus* (um 220). Fast vollständig überliefert ist das seinerzeit weit verbreitete Lehrbuch „Institutiones" von *Caius* (um 160), das eine übersichtliche und systematische Darstellung der Rechtsmaterien und Rechtsformen der klassischen Zeit enthält.[17] Es liest sich heute zwar anders als das BGB, ist dennoch verständlich und schlüssig. Insgesamt teilt die rechtshistorische Literatur die immerhin mehrhundertjährige Entwicklungs- und Geltungszeit des Römischen Rechtes in eine frühklassische, hochklassische und spätklassische Epoche ein, worin deren jeweiliger Unterschied auch bestehen mag.

4. Die Codification Justinians

Unter veränderten historischen Bedingungen kam es zu Beginn des 6. Jahrhunderts zu einem großen Abschluß, der zugleich für die künftige Entwicklung einen neuen Anfang gesetzt hat. In Ostrom regierte Kaiser *Justinian* (482–565; Kaiser seit 527). Von dessen weltpolitischer Bedeutung soll hier nicht die Rede sein. Für die Rechtsgeschichte aber hat er schlechthin überragende Bedeutung. Sein Werk ist die Codifikation des gesamten Römischen Rechtes im *Corpus Iuris Civilis*. Ausgangspunkt ist einerseits die damals bereits kaum mehr überschaubare und daher auch in der Praxis nur noch schwer handhabbare Masse der Rechtsüberlieferung, andererseits der politische Wille zur Einigung und Festigung des Reiches durch eine einheitliche, objektiv geltende Rechtsordnung.

17 *Gai* Institutiones secundum Codicis Veronensis Apographum Studemundianum et reliquias in Aegypto repertas edidit M. David, Leiden 1948.

4.1.

Durch einen Gesetzgebungsakt hat Kaiser Justinian den *Corpus Iuris Civilis* nach langen Vorarbeiten im Jahre 533 inkraftgesetzt. Das Gesetzeswerk umfaßt vier Teile: Die „Institutiones", die „Digesta", den „Codex" und die „Novellae".

Die *„Institutiones"* sind der Sache nach ein Lehrbuch des Römischen Privatrechtes. Es beinhaltet Familienrecht, Erbrecht, Schuldrecht, Sachenrecht und zivilprozessuale Klagearten.

Die *„Digesta"* enthalten die Hauptmasse des Corpus Iuris Civilis. Sie sind, wie bereits die Bezeichnung „Digesta", „Geordnetes" oder „Sortiertes" ergibt,[18] eine umfassende und systematisierte Sammlung der Kernsätze und Erkenntnisse der gesamten Rechtsliteratur als früh-, hoch- und spätklassischer Zeit. Gegenstand sind sämtliche Materien des Privatrechtes. Die Digesten sind für die nachfolgende Rechtsentwicklung von schlechthin grundlegender Bedeutung.

Der *„Codex"* enthält kaiserliche Gesetzgebung der vorjustinianischen und justinianischen Zeit. Er hat für die Folge kaum Bedeutung erlangt.

Dasselbe gilt für die spätere Gesetzgebung der *Novellae*, auf die hier ebenfalls nicht näher eingegangen zu werden braucht.

4.2.

Die Digesten mußten die tradierte Rechtsmasse aufarbeiten, aussortieren und systematisch ordnen. Die jahrhundertalte Überlieferung, die hinter den zu verarbeitenden Texten stand, hat freilich auch Widerspüche entstehen lassen. Diese Widersprüche mußten in der Redaktion ausgeräumt werden. Dies hat zu sogenannten „Interpolationen" geführt, mit denen die Redaktoren die Texte verändert und harmonisiert haben. Diese „Interpolationen" sind später zum Gegenstand einer spezifischen Forschung geworden. Die Bearbeitung und Systematisierung hat freilich den ungeheuren Stoff nicht zu verringern vermocht

18 Gebräuchlich und gleichbedeutend ist auch die griechische Bezeichnung *„Pandecta"*, „Allumfassendes".

und die Anwendbarkeit in der Praxis wohl kaum erleichtert.[19] Für die wissenschaftliche Exegese sind die Digesten allerdings eine unerschöpfliche Fundgrube.[20]

4.3.

Die „Institutiones" und die „Digesta" sind in *lateinischer Sprache* verfaßt, wie denn überhaupt die Rechtssprache lateinisch war. Dasselbe gilt auch für die Hauptmasse des „Codex" und der „Novellae". Aber letztere enthalten auch Texte in *griechischer Sprache.* Dies wirft ein Licht auf das Umfeld der spätrömischen Gesetzgebung, wie überhaupt des römischen Rechtes selbst. Justinian war Kaiser des oströmischen Reiches, und der östliche Reichsteil war griechisch geprägt und sollte auch in der späteren byzantinischen Zeit zur griechischen Sprache zurückkehren. So stellt sich denn überhaupt die Frage nach dem Einfluß griechischen Rechtes auf die römische Rechtsentwicklung. Doch dieser, auch in der Rechtswissenschaft mehr am Rande behandelten Frage kann nicht näher nachgegangen werden.[21] Der im Mittelalter aufgekommene Slogan „*graeca non leguntur*" mag sein übriges getan haben, daß die Frage weithin offen ist.

19 Plastische Beispiele von römischen Rechtssätzen, die im wesentlichen aus den Digesten entnommen sind und freilich nicht über die Komplexität der gesamten Rechtsmasse hinwegtäuschen sollten, bietet *Detlef Liebs*: Lateinische Rechtsregeln und Rechtssprichwörter, 7. Aufl., München 2007.

20 Bis hin in die romanistischen Übungen und Seminare des heutigen juristischen Studiums, soweit es diese denn noch gibt, wo die „Digestenexegese" eine charakteristische Rolle spielt, und bis hin zur „Digestenexegese" als zusätzlicher Promotionsleistung nach der Promotionsordnung bestimmter juristischer Fakultäten, was freilich aus kritischer Sicht durchaus als l'art pour l'art gelten darf.

21 Zum griechischen Recht im Zusammenhang mit der römischen Rechtsgeschichte vgl. etwa *Erwin Seidl*: Römische Rechtsgeschichte und römisches Zivilprozeßrecht, 3. Aufl., Köln u. a. 1971, S. 42 ff.; zum Beitrag des griechischen Rechtes zur römischen Rechtsentwicklung vgl. auch kurz *Friedrich Ebel / Georg Thielmann*: Rechtsgeschichte. Band I: Antike und Mittelalter, 2. Aufl., Heidelberg 1998, S. 9 ff.; *Ulrich Eisenhardt*: Deutsche Rechtsgeschichte, 6. Aufl., München 2013, S. 110 f.; *Uwe Wesel*: Geschichte des Rechts. Von den Frühformen bis zur Gegenwart, 4. Aufl., München 2014, S. 115 ff.

4.4.

Der Corpus Iuris Civilis ist durch einen *Gesetzgebungsakt* des Kaisers inkraftgesetzt worden. Juristenrecht ist zum Gesetzesrecht geworden. Trotzdem ist das Spannungsfeld zwischen *gesetztem* und *nichtgesetztem* Recht in der Sache nicht aufgehoben worden, sondern gerade durch das Corpus Iuris Civilis eher noch deutlich hervorgetreten: Weder die Institutionen noch die Digesten sind der Form und der Sprache nach Gesetz als allgemeine Regel mit einem abstrakten Tatbestand und einer bestimmten Geltungsanordnung. Wie kann ein juristisches Lehrbuch und eine schlechthin unüberschaubare Masse einzelner Sentenzen aus vielschichtiger Überlieferung „Gesetz" sein![22][23] Immerhin, die Geltungsanordnung des Kaisers steht im Raum. Im übrigen hat Justinian gleichsam noch eines „daraufgesetzt": Um der abschließenden Codifikation denn auch nachhaltige und definitive Geltung zu verleihen, ist dem Gesetzeswerk das *Verbot der Auslegung* hinzugefügt worden. Dies freilich war von Anfang an eine Illusion. Die weitere Rechtsentwicklung hat das Gegenteil daraus gemacht.

4.5.

Die *Überlieferung* des Corpus Iuris Civilis hing am seidenen Faden. Als das Corpus im 11. Jahrhundert wiederentdeckt wurde, gab es nur ein einziges Exemplar und dieses auch nur in einer defizitären Fassung. Die Rekonstruktion des Corpus auf der Grundlage der dann gefundenen *Florentina*, einer vollständigen Fassung, hat dann Jahrhunderte später zu einer ersten redigierten Druckauflage geführt, die *Dionysius*

---

22 Zu den Formen jedenfalls neuzeitlicher Gesetzgebung grundlegend *Hans Schneider*: Gesetzgebung 3. Aufl., Heidelberg 2002.

23 Der Zufall hat es gefügt, daß wenige Wochen nach dem Vortrag des Verfassers vom 5.10.2016 Professor Dr. iur. Dr. h. c. *Detlef Liebs* vor der Heidelberger Rechtshistorischen Gesellschaft e. V. am 22. 11. 2016 einen Vortrag ausgerechnet zum Thema „Wenn Fachliteratur zum Gesetz wird. Inwieweit werden römische Juristenschriften im Laufe der Jahrhunderte aktualisiert?" gehalten hat.

Gothofredus (1549–1622) im Jahre 1583 herausgebracht hat und die zur Grundlage späterer Nachdrucke geworden ist.[24]

III. Grundprinzipien und Inhalte des Römisches Rechtes und des Corpus Iuris Civilis

An dieser Stelle mag im Verlauf der historischen Darstellung zum ersten Male etwas innegehalten werden. Wie läßt sich das Römische Recht bis hin zum Corpus Iuris Civilis in seinen Prinzipien und Inhalten *allgemein* bestimmen? Es sind diese Inhalte und Prinzipien, mit denen das Römische Recht auch nach Untergang des Römischen Reiches in die Geschichte eingetreten ist.

1. Die Unterscheidung von Privatrecht, Strafrecht und Öffentlichem Recht

So mag denn zunächst an eine bereits getroffene Feststellung erinnert werden: Im Römischen Recht ist die auch heute konstituierende Unterscheidung von *Zivilrecht, Strafrecht und Öffentlichem Recht* grundgelegt worden. Alle drei Rechtsgebiete haben für die Gesellschaft unterschiedliche Funktion und folgen je verschiedenen Regeln. Für die europäische Rechtsentwicklung ist das Römische Privatrecht von größter Bedeutung geworden.[25] Aus dem Öffentlichen Recht haben zwei Linien des Staatsrechtes eine Fortgeltung erfahren, von denen sogleich die Rede sein soll. Vom Strafrecht darf hier abgesehen werden.

---

24 Vgl. etwa *Corpus Iuris Civilis*, 3 Bände, Neudruck Dublin – Zürich 1973.

25 Vgl. die große Gesamtdarstellung von *Max Kaser* im Handbuch der Altertumswissenschaft, *Max Kaser*: Das Römische Privatrecht. Erster Abschnitt: Das altrömische, das vorklassische und das klassische Recht, 2. Aufl., München 1971; ders.: Das Römische Privatrecht. Zweiter Abschnitt: Die nachklassischen Entwicklungen, 2. Aufl., München 1978 (= Handbuch der Altertumswissenschaften. Rechtsgeschichte des Altertums, Band X, 3.3.1 und 3.3.2); in kürzerer Fassung *Max Kaser*: Römisches Privatrecht, 15. Aufl., München 1989 (jetzt *Max Kaser / Rudolf Knütel /Sebastian Lohsse*: Römisches Privatrecht, 21. Aufl., München 2017); neuerdings *Jens Peter Meincke*: Römisches Privatrecht auf Grundlage der Institutionen Iustinians, 4. Aufl., Baden-Baden 2021.

2. Öffentliches Recht und Staatsrecht

Öffentliches Recht konstituiert die Macht, die Organe und die Funktionsweise des Staates und regelt das Verhältnis des Bürgers zu dieser staatlichen Gewalt. Zwei Linien aus dem Römischen Staatsrecht[26] haben für die Folgezeit historische Bedeutung erlangt und fortgewirkt.

2.1.

Da ist zunächst und vorrangig der Prinzipat und das spätere *Kaisertum*. Gerade weil da Römische Reich die gesamte Mittelmeerwelt und Teile darüberhinaus umfaßte, war der Kaiser in Rom und später dann in Byzanz der weltliche Herrscher schlechthin, der alle staatliche Macht in der gesamten bekannten Welt in Händen hielt. Daran hat auch die Christianisierung des Reiches seit Konstantin nichts geändert; eher umgekehrt hat das Christentum die kaiserliche Macht alternativlos als Inbegriff weltlicher Macht mitbegründet.

2.2.

Die zweite Linie ist das römische *Bürgerrecht*. Das Bürgerrecht war von Anfang an, seit dem Zwölftafelgesetz, da. Es bezeichnet eine Rechtsstellung des Individuums, die auf Mitbestimmung in den Dingen des Gemeinwesens zielt und einem Herrschaftsspruch von Machthabern autonom entgegentritt. Der Bürger ist nicht Untertan, ist keiner Herrschaftsgewalt bedingungslos unterworfen, er hat vielmehr ein von der Herrschaft unabgeleitetes Recht auf Freiheit und Mitbestimmung. Diese Idee des Bürgerrechtes kann historisch nicht hoch genug veranschlagt werden. Natürlich unterliegt die Reichweite des römischen Bürgerrechtes den gesellschaftlichen Bedingungen der Antike und deren Ungleichheiten, insbesondere der Sklavenwirtschaft. Schlechthin egalitär war es, jedenfalls vorerst, nicht. Und ob konkrete, mit dem

26 *Theodor Mommsen*: Römisches Staatsrecht, 5 Bde., Leipzig 1887–1888; ders.: Abriss des Römischen Staatsrechtes, Neudruck Darmstadt 1982 (zu Theodor Mommsen am 26. 2. 2003 der Referent in der „Lebendigen Antike“ *Stefan Rebenich*: Theodor Mommsen. Eine Biographie, München 2002).

Bürgerrecht verbundenen Rechtspositionen immer und überall gegolten haben und durchsetzbar waren, welchem Wandel sie im Laufe der langen Zeit römischer Herrschaft unterlagen, welchen Inhalt das Bürgerrecht überhaupt hatte, mag hier dahinstehen. Auch mag dahinstehen, welche praktischen Folgen die Verleihung des römischen Bürgerrechtes an alle Einwohner des Reiches durch Kaiser Caracalla im Jahre 222 hatte. Die Idee jedenfalls bleibt, und deren innere Potenz hat in der Geschichte nicht aufgehört zu wirken.[27]

Alle Welt kennt die Berufung des *Apostels Paulus* auf sein römisches Bürgerrecht und die konkreten Rechtsfolgen hieraus für sein persönliches Gerichtsverfahren.[28] Man stelle sich vor: Ein Mensch vom Rande der Gesellschaft, der Prediger einer obskuren Sekte, ein Spinner und Phantast genießt die Privilegien eines Römischen Bürgers und die Garantien eines geregelten Verfahrens![29] Auch das ist Römisches Recht.[30]

27 Hierzu neuerdings *Michael Sommer*: Die Zauberformel für Rechtssicherheit, in: Frankfurter Allgemeine Zeitung, 31.8.2016, S. 12: „Einen Katalysator für gelingende Integration setzte schon die Antike erfolgreich ein: Was unsere Politiker vom Bürgerrecht bei den Griechen und Römern lernen können."

28 Apostelgeschichte 16, 37–38; 22, 22–29; 25, 10–12.

29 Der Frage, ob der Status von Paulus als eines Römischen Bürgers in den wissenschaftlichen Paulus-Biographien thematisiert wird, kann hier nicht näher nachgegangen werden. Dies scheint eher nicht der Fall zu sein. Immerhin spricht Jürgen Becker, allerdings mehr im Hinblick auf das gerichtliche Verfahren, von einem „rechtshistorischen Gestrüpp", *Jürgen Becker*: Paulus. Der Apostel der Völker, 3. Aufl., Tübingen 1998, S. 504.

30 Die andere Textstelle aus der Apostelgeschichte hat zwar mit dem Römischen Bürgerrecht von Paulus nichts zu tun, wirft aber doch ein bezeichnendes Licht auf die geradezu rechtstaatliche und befriedende Praxis des Römischen Rechtes aus der Sicht einer gewiß insoweit unabhängigen Quelle: Nachdem Paulus in Ephesus durch seine Predigt den commerziellen Devotionalienhandel gefährdete und die Silberschmiede daher zum Aufstand aufgerufen hatten, verwies die römische Stadtverwaltung, nachdem sie Ruhe hergestellt hatte, auf das ordentliche gerichtliche Verfahren: „Wenn also Demetrius und seine Zunftgenossen eine Klage gegen irgend jemand haben, so gibt es dafür Gerichtstage und Prokonsuln; dort mögen sie einander verklagen." (Apostelgeschichte 19, 38, Einheitsübersetzung).

3. Das Privatrecht als Constituens der Bürgergesellschaft

Mit dem römischen Bürgerrecht korrespondiert das Römische Privatrecht als die Rechtsordnung autonomer Bürger. Das Privatrecht versteht sich als autonome Rechtsetzung der Gesellschaft und grenzt deren Rechtsleben von staatlicher Herrschaftsgewalt ab. Es gewährt die Freiheit zu wirtschaftlichem Handeln und zu einem privaten Leben.

3.1.

Das Römische Privatrecht hat die Rechtsfigur der individuellen *Rechtsfähigkeit* der einzelnen Person herausgebildet und zum zentralen Bezugspunkt der Rechtsordnung gemacht. Man spricht daher von einer *Individualisierung des Rechtes,* die das Römische Recht prägt, die aber auch Kritik gefunden hat. Freilich bedeutet die Rechtsfähigkeit im Römischen Recht noch nicht allgemeine Gleichheit: Sklaven waren in der antiken Welt ohne Recht. Eng verbunden mit der Rechtsfähigkeit ist die *Privatautonomie,* also die freie Befugnis, mit Personen freier Wahl und nach eigener Entscheidung Verträge abzuschließen. Die Vertragsformen waren allerdings vorgegebenen; ausgeprägt waren Kauf, Tausch, Dienst- und Werkvertrag. Das Römische Recht unterscheidet *Schuldrecht* und *Sachenrecht*: ersteres betrifft die Entstehung persönlicher Verbindlichkeiten („obligationes"), letzteres den Erwerb von materiellen Dingen, „Sachen" („res"), und den Umgang mit ihnen; Sklaven waren „Sachen" und damit ein uns heute allerdings fremder Gegenstand umfangreicher Regelungen. Breiten Raum nimmt das Familien- und das Erbrecht ein. Die Befugnisse des „pater familias" sind geregelt, die Rechtsfolgen der Ehe sowie die letztwilligen Verfügungen und die Rechtsstellung der Erben. Streitigkeiten über die Rechtslage werden in einem *Zivilprozeß* ausgetragen, dessen prinzipielle Grundlegung und Ausgestaltung für die Entwicklung der gesamten europäischen Rechtsordnung nicht hoch genug veranschlagt werden kann. Gekennzeichnet ist der Zivilprozeß durch die grundlegende Unterscheidung von Sachverhaltsfeststellung einerseits und der „Subsumtion" des festgestellten Sachverhaltes unter eine vorgegeben Norm, die das Gericht kennt und, falls nötig, auslegen muß und aus der sich dann die Rechtsfolge ergibt. „Da mihi factum, dabo tibi ius.“[31] Die spezifisch römische *Präzision individueller Rechtsträgerschaft und tatbestandlicher Anspruchsgrundlagen* kommt gerade im Zivilprozeß voll zum Tragen. Der römische Zivilprozeß ist zugleich sozusagen das Einfallstor eines Juristenrechts, das kraft Sachkunde gelehrter und im Einzelfall jeweils hinzugezogener Juristen Gutachten zu der anzuwendenden Norm und Auslegungsregeln zur Verfügung stellt. Aus dem Gutachterwesen hat sich das gesamte Römische Privatrecht vom Ursprung her entwickelt.

3.2.

Michael Stolleis, der „Lebendigen Antike“ wohlbekannt,[32] gibt plastische Beispiele aus praktischen Rechtsleben der römischen, vornehmlich spätrömischen Gesellschaft und der ausgefeilten Kausistik des Rechtes: „Wenn ein Kleiderreiniger Kleidung zum Reinigen übernommen hat und Mäuse die Kleidungsstücke zernagen, dann haftet er mit der Klage aus dem Werkvertrag, weil er dagegen hätte Vorsorge treffen müssen. ... Es geht um flüchtige Sklaven, um das Würfelspiel, um Begräbnisplätze, um die Rückgabe von anvertrauten, unrechtmäßig oder irrtümlich erlangten Sachen ... Wie werden Fälle von Verlusten auf See abgewickelt? ... Welche Regeln sind für die Heiratsverträge zulässig und üblich?“[33] Oder: „Durch das Erbrecht der Digesten blickt man auf eine pulsierende römische Rechtswelt der Spätantike, in der es riesige Vermögen, Landbesitz, Bankgeschäfte, Warenspekulation, aber auch Transaktionen über Strohmänner oder Sklaven gab. Wenn ein Wohlhabender verstarb, drängelten sich die wahren und die falschen Erben, ehelich und nichteheliche Kinder ..., vor allem aber Gläubiger,

31 Quellennachweis bei *Detlef Liebs*: Lateinische Rechtsregeln und Sprichwörter, 7. Aufl., München 2007, S. 60.

32 Vorträge am 20. November 2002 und am 25. Mai 2015. Vgl. *Frank Hennecke / Friedrich Kuntz* (Hrsg.): Lebendige Antike Ludwigshafen. Einführungstexte 1954–2014, Ludwigshafen am Rhein 2015, S. 186.

33 *Michael Stolleis*: Juristenlatein, Ludwigshafen am Rhein 2015, S. 10.

eventuell auch die Kameraden des Soldaten, der am Abend vor der Schlacht in höchster Eile und formlos noch etwas versprochen hatte."[34]

IV. Fortwirkende Leitbilder des Römischen Rechtes

Damit lassen sich allgemeine Leitbilder des Römischen Rechtes in wenigen Sätzen formulieren, die über Jahrhunderte hinweg gewirkt haben.

1. Prinzipat und Kaisertum

Da ist zuvörderst der Prinzipat und das *Kaisertum* zu nennen, als Inbegriff einer universalen Herrschaftsgewalt. Davon war bereits die Rede war und darauf wird noch einmal zurückzukommen sein.

2. Das Bürgerrecht

Von ähnlich grundlegender Bedeutung ist die Idee eines *Bürgerrechtes* als eines von monokratischer oder staatlicher Herrschaftsgewalt unabgeleiteten, diesem vorausliegenden Freiheits- und Mitwirkungsrechtes. Wir würden heute das Bürgerrecht als Voraussetzung aller Demokratie begreifen.[35]

---

34 *Stolleis*, a.a.O. (Fußn. zuvor), S. 11.

35 So treibt denn das „Bürgerrecht" vor allem, aber nicht erst seit der „Flüchtlingskrise" vom Herbst 2015 die Politik und die Staatsrechtswissenschaft um, vgl. *Christian Walter* und *Klaus Ferdinand Gärditz*: Der Bürgerstatus im Lichte der von Migration und europäischer Integration, in: Veröffentlichungen der Vereinigung der Deutschen Staatsrechtslehrer, Band 72, Berlin – Boston 2013, S. 7 ff.
Zum Bürgerrecht, gerade auch im Blick auf die Antike, seinerzeit *Rudolf Smend*: Bürger und Bourgeois im deutschen Staatsrecht, in: ders.: Staatsrechtliche Abhandlungen und andere Aufsätze, 2. Aufl., Berlin 1968, S. 309 ff.
Zu einem späteren Selbstverständnis des Bürgerrechts und seiner Entfaltung im 19. Jahrhundert *Hans Hattenhauer*: Die geistesgeschichtlichen Grundlagen des deutschen Rechts, 4. Aufl., Heidelberg 2004, S. 125 ff.: „Der Bürger und sein Recht".

3. Die Privatrechtsordnung

Entsprechend gilt eine *Privatrechtsordnung* als Inbegriff von Privatautonomie und privater Lebens- und Rechtsverhältnisse, die zwar staatlichem Zugriff unterliegen mag, aber monokratischer oder staatlicher Herrschaft prinzipiell nicht zur Disposition steht.

4. Die Idee der Codification

Die Gesetzgebung Justinians hat den Grundgedanken der *Codification des Rechtes durch Gesetz* in die Rechtsgeschichte eingebracht. Das Codificationsprinzip hat seither die gesamte Rechtsgeschichte, jedenfalls explizit seit dem 18. Jahrhundert, begleitet. „Der Kodex als Gesetz der Gesetze, als die nach Möglichkeit jedem zugängliche Quelle allen Rechts für die gegebene Gemeinschaft verkörpert ein kontinentales Ideal der Rechtsmethodologie."[36] So steht denn heute das Projekt einer Kodifikation des gesamten Privatrechtes der Europäischen Union im Raum.

5. Juristenstand und Rechtswissenschaft

Unüberholbar ausgebildet hat das Römische Recht einen professionalisierten *Juristenstand* und eine *wissenschaftliche* Behandlung des Rechts. Es hat darüberhinaus, diese Aussage darf gewagt werden, zum *Ethos des Juristen* beigetragen.[37]

---

36 *Wolfgang Fikentscher*: Methoden des Rechts in vergleichender Darstellung. Band IV: Dogmatischer Teil, Tübingen 1977, S. 132, unter der Überschrift: „Die Übersteigerung der Gesetzesvorstellung im Kodex".

37 *Ernst-Wolfgang Böckenförde*: Vom Ethos der Juristen, Berlin 2010, S. 12 ff.
Das gilt zwar, sollte aber nicht täuschen; es gibt Gegenbilder. Vgl. *Ingo Müller*: Furchtbare Juristen. Die unbewältigte Vergangenheit unserer Justiz, München 1989; *Bernd Rüthers*: Entartetes Recht. Rechtslehren und Kronjuristen im Dritten Reich, 2. Aufl., München 1989.

6. Eigenständigkeit des Rechts gegenüber Religion und Moral

Ebenso unüberholbar und gleichwohl immer gefährdet ist die Loslösung des Rechtes als eines spezifischen Normtyps von Moral und Religion. Die *Säkulariserung* des Rechtes als einer rationalen, realitätsbezogenen, nüchternen Ordnung freien irdischen Lebens darf als Leistung auch des Römischen Rechtes gelten. Die heute beobachtbare Moralisierung des Rechtes ist eine gegenläufige Bewegung.[38]

7. Recht und Gerechtigkeit

Es kommt zur Säkularisierung allerdings ein Korrektiv hinzu: Ganz zu Beginn der „Institutiones" im Corpus Iuris von Justinian heißt es: „Iustitia est constans et perpetua voluntas suum cuique tribuens. 1. Iuris prudentia est divinarum atque humanarum rerum notitia, iusti atque iniusti scientia."[39] In Übersetzung: „Gerechtigkeit ist der unwandelbare und dauerhafte Wille, der einem jeden sein Recht gewährt. 1. Rechtswissenschaft ist die Kenntnis von den göttlichen und menschlichen Dingen, das Wissen vom Rechten und Unrechten."[40] Was hier einem säkularisierten Recht entgegentritt, ist die *Idee der Gerechtigkeit.* Alles positive Recht ist an eine *vorausliegende* Idee der Gerechtigkeit rückgebunden und material ausgerichtet, die ihm letztlich Geltung und Legitimation verleiht, im Falle der Verfehlung freilich auch nimmt. Der Inhalt von Gerechtigkeit läßt sich allerdings nicht absolut und zeitübergreifend bestimmen, unterliegt historischem und gesellschaftlichem Wandel, wohnt aber allem Recht als ewiges Movens, gleichsam als Unruhe inne.

---

38 Vor einer moralischen Begründung und Aufladung des Rechtes warnt gegenwärtig *Christoph Möllers*: Die Möglichkeit der Normen, Frankfurt am Main 2015.

39 Inst. Liber Primus, I. Vgl. auch D. I, 1: „... unde nomen iuris descendat, est autem a iustitia appellatum: nam, ut Celsus eleganter definit, ius est ars boni et aequi."

40 *Rolf Knütel / Berthold Kupisch / Sebastian Lohsse / Thomas Rüfner*: Corpus Iuris Civilis. Die Institutionen. Text und Übersetzung, 4. Aufl., Heidelberg u. a. 2013, S. 1.

Gerechtigkeit kann material letztlich nur metaphysisch bestimmt werden. Dies ist gleichsam die offene Flanke, die Paradoxie der Idee: Als Idee unverzichtbar, unter den konkreten Bedingungen der Welt aber auch für Ideologie oder freiheitswidrige Glaubensherrschaft anfällig. In der Rechtsgeschichte steht seither die „Ewige Wiederkehr des Naturrechts“[41] gegen „Das Ungerechte an der Gerechtigkeit“.[42]

Justinian jedenfalls hat sein Gesetzeswerk von vorneherein „In Nomine Domini Nostri Jhesu Christi“ erlassen.[43]

V. Grundsatzprobleme

Die Überlegungen weiten sich aus zu zwei Grundsatzproblemen, die das Römische Recht aufwirft und die die gesamte Rezeption und die geistesgeschichtliche Auseinandersetzung bestimmt haben. In wenigen Worten sei hierauf hingewiesen. In Andeutungen war davon bereits die Rede.

1. Geschriebenes und ungeschriebenes Recht

Da steht zunächst das Verhältnis von geschriebenem Recht und ungeschriebenem Recht im Raum.

1.1.

Geschriebenes Recht ist Gesetzesrecht. Das *Gesetz* wird von einer von woher auch immer *autorisierten* Instanz erlassen. Es ist *publik* und formuliert Rechtssätze in *fester sprachlicher Gestalt.* Es schafft Rechtssicherheit und hat allgemeine Geltung. Das Gesetz spielt in der Rechtsgeschichte eine bedeutsame Rolle, hat auch das Römische Recht

41 *Heinrich Rommen*: Die Ewige Wiederkehr des Naturrechts, 2. Aufl., München 1947.

42 *Bernd Rüthers*: Das Ungerechte an der Gerechtigkeit, Defizite eines Begriffs, 2. Aufl., Osnabrück 1993.

43 *Knütel / Kupisch / Lohsse / Rüfner*, a.a.O. (Fußn. 40), S. XVII.

bestimmt und ist heute die ganz überwiegende Form des geltenden Rechtes in aller Welt.

1.2.

Das „Gesetz" gibt Anlaß zu einem kleinen Exkurs. Berühmt in der Rechtsgeschichte ist der *Codex Hammurabi* aus Babylon.[44] Erlassen etwa im 17. Jahrhundert vor Christus, ist er ein frühestes Zeugnis autoritativer Rechtssetzung, die sich aber gerade durch die Schriftlichkeit und die Publizität von der Autorität in gewissem Sinne emanzipiert und Eigengesetzlichkeit über den Setzungsakt des monarchischen Autokraten hinaus gewinnt. Von fundamentaler Bedeutung ist das *Mosaische Gesetz*, das „Gesetz" schlechthin. Es ist von Gott gegeben und ursprünglich auf steinerne Tafeln geschrieben. Im Detail ausformuliert ist es in der Torah und dort in den Büchern Exodus, Leviticus, Numeri und Deuteronomium niedergeschrieben.[45] Die historischen, religions- und geistesgeschichtlichen Folgen sind unabsehbar. Das „Gesetz" hat freilich auch zu Gesetzlichkeiten geführt, die zum Gegenstand neutestamentlicher Kritik geworden sind. Das „Gesetz" ist geradezu zum Trauma des Apostels *Paulus* geworden.[46] „Des Gesetzes Werke" unterliegen der Kritik der Reformation. Das „Gesetz" gab Anlaß zu mythischen Überhöhungen und zu Dystopien wie bei *Franz Kafka*.[47]

---

44 Hierzu *Erwin Seidl*: Römische Rechtsgeschichte und römisches Zivilprozeßrecht, 3. Aufl., Köln u. a. 1971, S. 23 ff.; *Roman Herzog*: Staaten der Frühzeit. Ursprünge und Herrschaftsformen, München 1988, S. 290 ff.; *Friedrich Ebel / Georg Thielmann*: Rechtsgeschichte. Band I: Antike und Mittelalter, 2. Aufl., Heidelberg 1998, S. 9 ff.; *Uwe Wesel*: Geschichte des Rechts. Von den Frühformen bis zur Gegenwart, 4. Aufl., München 2014, S. 71 ff., 82 f.

45 Ex. 19, 1–31,18; 34, 1–40, 38; Lev. 1–27,34; Num. 1 – 30, 17; Deut. 1 – 26, 11; 27, 9–26. Zur Schriftlichkeit Ex. 32, 15–16; Deut. 9, 7–21; 27, 1–8.

46 Etwa Röm 2, 12–29; 4, 13–17; 7, 1–24.

47 Etwa in der Parabel „Vor dem Gesetz" aus dem Roman „Der Prozess", *Franz Kafka*: Der Prozess. Roman, Frankfurt am Main – Hamburg 1960, S. 155/156 (= Exempla Classica, Band 3).

1.3.

Das Gesetzesrecht kann sich in seiner Geltung von ungeschriebenem Recht nicht lösen. Auch das Gesetz kann nicht alle denkbaren Rechtsfälle im voraus antezipieren. Es selbst enthält in seinen Tatbeständen ausdeutbare Begriffe, bedient sich sogar häufig gezielt allgemeiner Klauseln („Treu und Glauben", § 242 BGB), die je im Einzelfall ausgefüllt werden müssen. Zum Gesetz kommt die *Auslegung* hinzu. Die Auslegung interpretiert das Gesetz und entwickelt es weiter für bisher ungekannte Fälle. Die Auslegung ist Sache der kundigen Juristen in der Rechtsprechung und in der Rechtswissenschaft. Dies gilt vom Römischen Recht bis zum heutigen Tag. Zu jedem Gesetzeswerk gibt es sogleich den kundigen Kommentar. Die Auslegung wird neben dem Wortlaut des Gesetzes selbst zur Rechtsquelle. Das Spannungsverhältnis von geschriebenem Gesetz und ungeschriebener Auslegung bestimmt die gesamte Rechtsordnung. Die ungeschriebene Auslegung kann sich auf die Autorität des Gesetzgebers und dessen Legitimation nicht berufen und setzt an dessen Stelle als Surrogat Methode, Wissenschaftlichkeit und Vernunft. Bis der Gesetzgeber wiederum selbst eingreift und das Spiel gleichsam von neuem beginnt. Und was gilt, wenn es den ursprünglichen Gesetzgeber aus historischen oder politischen Gründen nicht mehr gibt? Dann verwandelt sich das Gesetzesrecht in Gewohnheitsrecht und lebt als solches weiter.

Im Grunde zeigt sich, daß das Gesetz, von einer Autorität erlassen, niemals alleinige Quelle des Rechtes sein kann, sondern seinen Wirkungsgrad auch von anderen gesellschaftlichen Quellen außerhalb der Autorität des legitimierten Gesetzgebers her erfährt. In der Anwendung des Gesetzes ist der Richter eben doch mehr als nur „la bouche qui prononce les paroles de la loi."[48] Dieser Sachverhalt ist nicht ungefährlich; die Vernunft des Römischen Rechtes und seine inhaltliche

48 *Charles de Montesquieu:* Vom Geist der Gesetze, Buch XI Kap. 6 (= *Charles de Montesquieu*: Vom Geist der Gesetze, 2 Bde., übersetzt und herausgegeben von Ernst Forsthoff, 2. Aufl., Tübingen 1992, Band I S. 225).

Rückbindung an das „bonum et aequum“ aber wirken als Korrektiv und haben legitimierende Kraft.

1.4.

Es gibt indes auch eine Form der Schriftlichkeit von Recht, das nicht zugleich Gesetzesrecht ist: Das *Völkerrecht*, jedenfalls in der Form des Völker*vertragsrecht*es. Doch dieses weite Rechtsgebiet darf an dieser Stelle unbehandelt bleiben, zumal es in dem universalen Geltungsbereich des Römischen Rechtes so gut wie keine hiervon unabhängigen Völkerrechtssubjekte geben konnte. Dessenungeachtet aber kannte die Antike, jedenfalls im Vorderen Orient und in vorrömischer Zeit, völkerrechtliche Verträge. Weithin berühmt sind die hethitischen Staatsverträge[49], die vornehmlich mit den ägyptischen Pharaonen abgeschlossen worden sind.

1.5.

Dem Gesetzesrecht steht gegenüber das *Gewohnheitsrecht* und das sonst ungeschriebene Recht, das in einer bestimmten Gesellschaft kraft Tradition und allgemeiner Überzeugung gilt. Das Gewohnheitsrecht enthält sehr wohl Rechtssätze und ist auf praktische Fälle selbstverständlich anwendbar, entbehrt aber fester sprachlicher Form, mag daher flexibel bleiben, birgt aber Rechtsunsicherheit. Das Gewohnheitsrecht belegt, daß es nicht der Autorität einer rechtssetzenden Instanz bedarf, um Recht zur Geltung zu bringen, daß Herrschaft und Macht nicht als alleinige Rechtsquelle in Betracht kommen. Gewohnheitsrecht bezieht seine Legitimation aus allgemeiner Überzeugung und gleichbleibender Übung, kann freilich seinerseits einer inhaltlichen Richtigkeit als Legitimationsgrund nicht entbehren, sonst gälte es nicht. Rechtsordnungen der Gegenwart, die gewohnheitsrechtlich geprägt sind, leiden daher nicht an einem Mangel an Legitimation. Dem Gewohnheitsrecht tritt aber, je nach geschichtlicher Situation und ge-

49 Hierzu *Seidl*, a.a.O. (Fußn. 44), S. 48 ff.; *Viktor Korosec*: Hethitische Staatsverträge, Leipziger Rechtswissenschaftliche Studien, Heft 60, Leipzig 1931.

sellschaftlicher Verfassung, der Gesetzgebungsakt einer mit Macht ausgestatteten *staatlichen* Instanz gegenüber, der das Gewohnheitsrecht entweder codifiziert oder gezielt verändert. Hierin kann sich eine fortgeschrittene Rechtskultur ausdrücken, und es können sich hieraus durchaus auch Konflikte ergeben. Die Rezeption des Römischen Rechtes in Europa ist von dieser Spannung geprägt. Die Frage der Legitimation stellt sich allemal.

1.6.

Der Unterschied von geschriebenem und ungeschriebenem Recht tritt denn auch in den unerschiedlichen Begriffen „*ius*" und „*lex*" hervor. „Recht wird – frühzeitig profaniert – in den Kategorien *ius* und *lex* greifbar. Beide sind voneinander unterschieden und konkurrieren teilweise miteinander. Demgegenüber bedeutete *lex* eine einseitige, sprachlich artikulierte rechtliche Festsetzung als Akt einer Autorität."[50]

2. Der Geltungsgrund des Rechtes

Die Frage nach dem Verhältnis von geschriebenem und ungeschriebenem Recht führt hin zu der tiefergehenden Frage nach dem *Geltungsgrund* des Rechtes überhaupt. Dieser Geltungsgrund liegt auch dem Römischen Recht immer voraus, ist hier womöglich auch bereits bewußt reflektiert.

Nun hat die Frage nach dem Geltungsgrund des Rechtes zwei Seiten. Es geht zum einen darum, zu fragen, warum Recht in einer Gesellschaft faktisch gilt, anerkannt und befolgt wird. Diese Frage läßt sich nach *sozial- und politikwissenschaftlichen* Kriterien beantworten. So mögen denn allgemeine opportune Übung, praktische Zweckmäßigkeit und vor allem auch die Durchsetzungsmacht der Sanktionen die allgemeine faktische Geltung begründen. Blickt man speziell auf das Gesetzesrecht, mag die Autorität, die Gebietshoheit und die Durchset-

50 *Ernst-Wolfgang Böckenförde*: Geschichte der Rechts- und Staatsphilosophie, 2. Aufl., Tübingen 2006, S. 153.

zungsmacht des Gesetzgebers hinzukommen. Diese Frage aber darf hier im weiteren zurückstehen.

Die andere Frage nach dem Geltungsgrund ist die *normtheoretische*: Auf welchen *Seinsgrund* läßt sich die Sollens-Ordnung des Rechtes zurückführen? Zu dieser vielschichtigen Frage gibt es in der Geistesgeschichte viele Antworten, die hier nicht näher erörtert werden können. Autoritative Setzung, Tradition und allgemeine Überzeugung und Übung geben nur vorläufige Antworten, die nur auf einen tieferliegenden Grund verweisen. Der reine Positivismus allerdings reicht als Grund nicht hin. Eine göttliche Setzung mag zwar ausreichen, ist aber jedenfalls in pluralistischen Gesellschaften nicht verallgemeinerbar und bedarf gerade von daher ohnehin eines dem Rechtsbegriff selbst immanenten vernunftorientierten und freiheitsstiftenden Korrektivs, das eine göttliche Setzung wiederum relativiert. Ein rein gottgesetzter Positivismus ist fundamentalistisch und daher totalitär. Tiefer greift die Rückführung des Rechtes auf die Vernunft, auf die Idee der Gerechtigkeit, auf eine anthropologische Grunddisposition wie das römische „ubi socieats, ibi ius“[51] und damit letztlich auf ein nicht mehr hinterfragbares, freilich auch ungeschriebenes *Naturrecht*. Das Naturrecht aber ist Gegenstand einer unabsehbaren geistesgeschichtlichen Auseinandersetzung. Die Rechtsphilosophie der Antike hat hierfür den Grundstein gelegt,[52] und das Römische Recht ist hiervon nicht unberührt.[53]

51 Zu den Quellen *Detlef Liebs*: Lateinische Rechtsregeln und Rechtssprichwörter, 7. Aufl., München 2007, S. 237.

52 Vgl. etwa *Hans Welzel*: Naturrecht und materiale Gerechtigkeit, 4. Aufl., Göttingen 1962, S. 9 ff.: „Das antike Naturrecht“.

53 Die umfangreiche Arbeit von *Tomasz Giaro*: Römische Rechtswahrheiten. Ein Gedankenexperiment, Frankfurt am Main 2007, fragt nach der „*Wahrheit*“ des Römischen Rechtes in seiner Begründung, Auslegung und Anwendung. Das hat mit einer naturrechtlichen Begründung des Rechtes zwar nichts unmittelbar zu tun, ist hierzu aber doch wohl ein sehr originelles Komplement.

VI. Die historische Situation zur Zeit Justinians

Damit sind insgesamt gleichsam die Potenziale bezeichnet, mit denen das Römische Recht nach Justinian der Geschichte des Abendlandes entgegengeht. Daher mag an dieser Stelle noch einmal innegehalten und die historische Situation zur Zeit Justinians ins Bewußtsein gehoben werden.

Die Christliche Kirche ist seit Konstantin zur römischen Staatskirche geworden. Die Ökumenischen Konzilien von Nicaea (325) und Chalcedon (451) haben bereits stattgefunden. Augustinus (354–430) hatte bereits gelebt.

Die Trennung des Reiches in eine östliche und in eine westliche Reichshälfte durch Kaiser Theodosius im Jahre 385 ist bereits erfolgt. Westrom ist mit dem letzten Kaiser im Jahre 476 untergangen. Das Papsttum in Rom ist im Begriffe, das hier entstandene Vakuum durch Entfaltung weltlicher und geistlicher Macht zu füllen.[54] Im übrigen beherrschen infolge der Völkerwanderung germanische Stämme weite Teile des bisherigen weströmischen Reiches. Die Einfälle der Hunnen haben indessen nach dem Tod von Attila (453) aufgehört. Kaiser Justinian hat Teile Italiens und Nordafrikas wiedergewonnen und die verbliebene römische Herrschaft im östlichen Mittelmeer zu stabilisieren versucht. Die Einheit der Mittelmeerwelt freilich ist noch nicht zerbrochen. *Franz Georg Meier* spricht allerdings bereits von der „Verwandlung der Mittelmeerwelt".[55] Der Sturm des Islam aber steht erst noch bevor.

Eines aber ist auch geschehen: Die Antike hat, nach den Worten von *Carl Schneider*, mit den Jahren 525, 527 oder 533 ihr Ende gefunden.[56]

---

54 Generell hierzu aus dem älteren, aber „klassischen" Schrifttum mit entsprechender These *Johannes Haller*: Das Papsttum. Idee und Wirklichkeit, Band 1: Die Grundlagen, Neudruck Hamburg 1965.

55 *Franz Georg Meier*: Die Verwandlung der Mittelmeerwelt, Frankfurt am Main – Hamburg 1968 (= Fischer Weltgeschichte, Band 9).

56 In den Vorlesungen über „Hellenismus und frühes Christentum", insbesondere zu der Zeit von Justinian, ausgehend von den späten fünfziger bis zu den frühen

Drei, oder wenn man will vier Ereignisse dieser Jahre markieren das Ende: Der Bau der Hagia Sophia in Konstantinopel, die Gründung des Klosters Monte Cassino durch Benedikt von Nursia, die Schließung der Platonischen Akademie in Athen durch Justinian und der Gesetzesakt des Corpus Iuris Civilis.[57]

Damit gehen wir dem Mittelalter entgegen.

VII. Die Rezeption im abendländischen Kaisertum

1. Karl der Große

Ein zeitlicher Sprung über die sogenannten „dunklen" Jahrhunderte des frühen Mittelalters führt in das Jahr 800. Am Weihnachtstag dieses Jahres ist bekanntlich der König der Franken, der Karolinger *Karl der Große*, vom Papst in Rom zum *Römischen Kaiser* gekrönt worden.[58]

---

siebziger Jahren des 20. Jahrhunderts in der Friedenskirche in Ludwigshafen am Rhein; teilweise dokumentiert in: *Frank Hennecke / Erwin Radek / Paul Schröder* (Hrsg.): Gymnasium und Welt. Eine Festschrift, Norderstedt – Ludwigshafen am Rhein 2014, S. 237 ff. (insbes. S. 248 ff.).
Carl Schneider, der herausragende Kenner der Hellenismus und der Spätantike, dessen Lebenswerk gerade auch der Rezeption der griechischen Antike durch die frühe christliche Kirche galt, hat seinerzeit die „Lebendige Antike" durch den ersten Vortrag vom 16. September 1954 mitbegründet (vgl. *Carl Schneider*: Geistesgeschichte des antiken Christentums, 2 Bde., München 1954). Vgl. *Frank Hennecke / Friedrich Kuntz* (Hrsg.) Lebendige Antike Ludwigshafen. Einführungstexte 1954–2014, Ludwigshafen am Rhein 2015, S. 26 f.

57 Zu der Ungewißheit der Jahreszahlen hat es einen beglückenden Zufall in der persönlichen Biographie des Verfassers gegeben, der ihn am 12. Oktober 2016 nach Monte Cassino führte und dort in der Schrift von *Tommaso Leccisotti*: Monte Cassino, Sein Leben und seine Ausbreitung, Basel 1949, folgende Ausführungen finden ließ: „Die verbreitetste Überlieferung verlegt die Ankunft Benedikts auf Montecassino in das Jahr 529, in dem Justinian die Philosophenschule zu Athen, ein unnütz und gefährlich gewordener Hort für Wortfechtereien, schließen ließ und seinen ‚Codex' veröffentlichte. Dieses Datum, seit siebenhundert Jahren angenommen, kann nach so langer Zeit und nach so vielen Wechselfällen nur mit einer gewissen Weitherzigkeit gesetzt werden, im Sinne eines Terminus ad quem."

58 Zu den historischen Voraussetzungen und dem Umfeld der Herrschaft und der Kaiserkrönung Karls des Großen weit ausgreifend und unter Hinweis auf *Christopher Dawson*: Die Gestaltung des Abendlandes. Eine Einführung in die Geschichte

In dieser Kaiserkrönung lag die eine welthistorische Bedeutung der Rezeption des Römischen Rechtes. Aus dem Römischen Staatsrecht ist die Institution des Kaisertums nach Jahrhunderten eines wohl auch als solches von den Zeitgenossen empfundene Vakuums in Westeuropa wiederbelebt, unter völlig veränderten Zeitumständen in eine veränderte Welt übertragen, von anderen Akteuren und Rechtsträgern übernommen, in geradezu revolutionärer Weise *rezipiert* worden.

2. Der römische Kaisertitel

Es war die spezifische Kaiseridee des römischen Reiches, die von Iulius Caesar[59] und Octavian, dem Kaiser Augustus, begründet und über Jahrhunderte hinweg ausgebaut und gelebt wurde. Diese spezifische Kaiseridee verbindet sich mit einer universalen Herrschaft, wie sie im Römischen Weltreich verwirklicht war, mit *Rom* als dem Mittelpunkt der Welt und Bezugspunkt abendländischer Kultureinheit, der „Rom-Idee", und – *mit der Geltung des Römischen Rechtes.* Hierdurch unterscheidet sich der römische Kaisertitel als der höchste weltliche Herrschergrad von sonstigen altorientalischen und außereuropäischen Herrschaftstiteln, die sich über ein einfaches Königtum erheben sollen und sich der Sache nach als „Kaiser-Titel" im Sinne höchster Herrschaftsgewalt verstehen lassen wie etwa der altägyptische Pharao oder der persische Großkönig – der μεγας βασιλευς der Griechen – oder sich auch explizit als Kaiser-Titel bezeichnen wie der Tenno in Japan, der türkische Sultan oder die chinesischen „Kaiser". Für diesen heraus-

der abendländischen Einheit, Frankfurt am Main – Hamburg 1961, sowie *Henri Pirenne*: Mahomet und Karl der Große. Untergang der Antike am Mittelmeer und Aufstieg des germanischen Mittelalters, Frankfurt am Main – Hamburg 1963, *Koschacker*, a. a. O (Fußn. 6, S. 17 ff.
Im übrigen *Dietmar Willoweit*: Deutsche Verfassungsgeschichte, 7. Aufl., München 2013, S. 35 ff.: „Das Kaisertum Karls des Großen"; *Heinrich Mitteis / Heinz Lieberich*: Deutsche Rechtsgeschichte, 19. Aufl., München 1992, S. 103 ff.: „Das karolingische Imperium".

59 *Sigrid Mratschek* fragte am 7. 9. 2000 im Rahmen der „Lebendigen Antike" nach Caius Iulius Caesar als dem „ersten Kaiser". Vgl. *Frank Hennecke / Friedrich Kuntz* (Hrsg.): Lebendige Antike Ludwigshafen. Einführungstexte 1954–2014, Ludwigshafen am Rhein 2015, S. 178.

ragenden Herrschertitel steht das auch in Rom gebräuchliche Wort „Imperator", wie es denn auch auf der Grabinschrift von Kaiser Karl V im Escorial in Spanien zu lesen ist.[60] Es ist aber der spezifische römische Kaisertitel, der die abendländische Geschichte genuin geprägt hat. In dem vom Namen Caesars abgeleiteten, graecisierten Wort „Kaiser" wird diese Singularität deutlich.

3. Otto der Große und die „renovatio imperii"

Den zweite Schritt der Rezeption des römischen Kaisertums tat dann der Sachsenkönig Otto der Große. Auch er ließ sich zum Römischen Kaiser krönen (962) und verband mit dieser Krönung die politische Idee der „renovatio imperii": Ausdrücklich wurde ein weströmisches Kaisertum wiederbegründet und ein „Römisches Reich" der Idee nach wiederhergestellt.[61] Das Reich, später „offiziell als Sacrum Romanum Imperium bezeichnet, sollte, wie sein Name sagt, in Fortsetzung des römischen Weltreichs die gesamte christliche Welt umspannen. In der Hand des Kaisers sollte sich alle weltliche Gewalt in der Christenheit vereinigen. Die geistige Verbindung dieser Zeit mit der Antike war eine sehr enge. Sie fand in der Rezeption des Römischen Rechtes ihren wirksamsten Ausdruck. So dachte man die Kaiserwürde in der Tradition des Imperium Romanum."[62] So denn auch *Heinrich August Winkler*: „Das mittelalterliche Reich war kein neues, sondern das alte, das Römische Reich: das war die Kernthese der Theorie von der trans-

60 *August von Platen*: Der Pilgrim vor St. Just: „Mehr als die Hälfte dieser Welt war mein." (in: Platens Werke, Band 1, Gütersloh o. J., S. 85/86).

61 Zum Kaisertum Ottos des Großen *Karl Hampe*: Das Hochmittelalter. Geschichte des Abendlandes von 900 bis 1250, 4. Aufl., Münster – Köln 1953, S. 20 ff. (27 f.); *Heinrich Mitteis*: Der Staat des hohen Mittelalters, 11. Aufl., Darmstadt 1986, S. 119 ff.; *Willoweit* a.a.O. (Fußn. 58), S. 58 ff.: „Das universale Kaisertum und der Konflikt mit dem Papst"; *Hermann Conrad*: Deutsche Rechtsgeschichte. Band I: Frühzeit und Mittelalter, 2. Aufl., Karlsruhe 1962, S. 229 ff.: „Das Kaisertum", S. 233: „Das Reich galt als das Imperium Romanum."; *Heinrich Mitteis / Heinz Lieberich*: Deutsche Rechtsgeschichte, 19. Aufl., München 1992, S. 156 ff.: „Das Heilige Römische Reich".

62 *Ernst Forsthoff*: Deutsche Verfassungsgeschichte der Neuzeit, 2. Aufl., Stuttgart 1961, S. 1.

latio imperii, von der Übertragung des Römischen Reiches von den Griechen auf die Franken. Der früheste Beleg dieser Lehre stammt aus der Mitte des 10. Jahrhunderts... Die Theorie der ‚translatio imperii' war ein klassischer Fall von politischer Theologie und damit von Geschichtspolitik. Daß mittelalterliche Theologen und Geschichtsschreiber so viel Wert auf den Nachweis von Kontinuität, ja Identität zwischen dem römischen und dem mittelalterlichen Reich legten, hatte Gründe, die bis in die Zeit des Urchristentums zurückreichten."[63]

4. Fortbestand und Realität bis zum Ende des Heiligen Römischen Reiches Deutscher Nation

Die geschichtliche Situation und die tatsächliche Macht des deutschen Königs und „Römischen Kaisers" entsprachen zwar in keiner Weise, weder räumlich noch machtpolitisch, der antiken römischen Weltherrschaft; die Rezeption war vollständig unhistorisch und anachronistisch, aber die Symbolkraft war außerordentlich und geschichtsmächtig und hat die Herrschaftsansprüche des Deutschen Königs und jetzt Römischen Kaisers legitimiert: Die Kaiserkrone stand für die Einheit der abendländischen Welt in der Rom-Idee, im lateinischen Christentum und im Römischen Recht. Nicht einmal die im Entstehen begriffenen Nationalstaaten Frankreich und England, die zu keinem Zeitpunkt der kaiserlichen Herrschaftsgewalt unterlagen, haben den Kaisertitel als solchen jemals infragegestellt.

63 *Heinrich August Winkler*: Geschichte des Westens. Von den Anfängen in der Antike bis zum 20. Jahrhundert, München 2009, S. 46.
Mit „politischer Theologie" spielt Winkler bewußt auf Carl Schmitt an, der diesen Begriff in die Staatslehre eingeführt hat, *Carl Schmitt*: Politische Theologie. Vier Kapitel zur Lehre von der Souveränität, 2. Ausg., München – Leipzig 1934. Winkler führt im übrigen des weiteren aus, a.a.O., daß sich das mittelalterliche Reich, das Sacrum Imperium, als „κατεχων" im Sinne von 2. Thessalonicher 2, 7–8 verstanden hat, was wiederum ebenfalls ein Thema von Carl Schmitt war. Auch diese Zusammenhänge waren Gegenstand der „Lebendigen Antike", vgl. *Frank Hennecke*: Politische Antike: Carl Schmitt, 3. Aufl., Ludwigshafen am Rhein 2017 (= Schriftenreihe des Förderkreises Lebendige Antike Ludwigshafen am Rhein e. V. Band 17; Vortrag vom 13. 6. 2012).

Der Kaisertitel ging dann nach dem legendären Glanz, den die Staufer ihm verliehen, im späten Mittelalter dauerhaft auf das Haus Habsburg über. Erst die Usurpation durch Napoleon führte zum Bruch: mit Napoleon selbst ging sein eigener Kaisertitel unter, und durch Napoleon fand das Heilige Römische Reich mit seinem Kaiser im Schicksalsjahr 1806 ein Ende. Habsburg hat dann den Titel auf Österreich übertragen und noch hundert Jahre fortgeführt.[64] Mit dem Untergang der Österreichisch-Ungarischen Monarchie im Jahre 1918 hat auch dieses Kaiserreich zu bestehen aufgehört. Es war die abendländische Kaiserkrone, die Habsburg bis zum Ende getragen hat. Es gibt Verluste in der Geschichte, unumkehrbar[65] und von unvergleichlichem Schmerz.

VIII. Die Wiederentdeckung des Corpus Iuris Civilis und der Verlauf der Rezeption in Italien und (Mittel) – Europa

Doch unternehmen wir noch einen anderen historischen Sprung, der an die Rezeption des Römischen Privatrechtes in Europa heranführt.

1. Bologna und die Wiederentdeckung des Corpus Iuris Civilis

Der Beginn des 11. Jahrhunderts war auch der Beginn der später historisch außerordentlich bedeutsamen Stadtkultur in Ober- und Mittelitalien. So war denn um diese Zeit bereits eine Universität in *Bologna*

64 Als letzte große Darstellung der Idee einer universalen Herrschaft, freilich räumlich begrenzt und bereits gefährdet, siehe *Kronprinz Erzherzog Rudolf* (Hrsg.): Die Oesterreichisch-Ungarische Monarchie in Wort und Bild, Wien 1885 ff.; noch einmal formuliert ein Vertreter Habsburgs die „Reichsidee", *Otto von Habsburg*: Die Reichsidee. Geschichte und Zukunft einer übernationalen Ordnung, 2. Aufl., Wien – München 1987.

65 Welche historische Schuld die Alliierten des Ersten Weltkrieges an diesem Ende zu tragen haben, mag hier dahinstehen. Aber die böswillige Verständnislosigkeit Westeuropas gegenüber den Ländern und Völkern Mitteleuropas hält in der von Westeuropa dominierten Politik der Europäischen Union bis zum heutigen Tage an. Mit dem Untergang Österreich-Ungarns ist auch Mitteleuropa zerstört worden. Doch das ist eine politisch nicht korrekte Bemerkung nebenbei, die eigentlich nicht hierhergehört.

entstanden. Hier stieß man auf eine jahrhundertelang verschollene Handschrift des Corpus Iuris Civilis. Diese Wiederentdeckung war eine Sensation: Trat doch die wohl noch erahnte, aber nicht mehr bekannte Rechtskultur der Römer mit ihrem vollen Gewicht und Umfang wieder vor aller Augen und traf sich diese Wiederentdeckung des Römischen Kaiserrechtes, als welches es ja einherkam, mit der renovatio imperii des Deutschen Königs und Römischen Kaisers, der seine Herrschaftsansprüche auch in Italien zur Geltung brachte. Das war ein unvergleichliches Zusammentreffen historischer Umstände und eine einmalige Gunst der Stunde.

2. Das kaiserliche Recht als Geltungsgrund des Corpus Iuris Civilis

Die Professoren der Universität Bologna nahmen sich des wiedergefunden Schatzes an, den es ja zunächst nur einer einzigen Handschrift gab, wurden erstmals wieder seit dem Untergang des Römischen Reiches zu professionellen Juristen. Sie nahmen die Aufarbeitung des Rechtsstoffes in Angriff. Die leitende Idee, die sich aufdrängte, war ebenso einfach wie überzeugend und wirkmächtig: Wenn es denn wieder einen Römischen Kaiser gab, mußte auch das Recht des Kaisers zu Geltung gebracht werden, ja galt es eigentlich ohnehin schon. Das wiedererstandene weströmische Kaisertum wurde zur unwiderstehlichen Triebkraft für die Rezeption des altrömischen Rechts.

Diese Idee war zwar ebenfalls unhistorisch und anachronistisch – die Zeit damals dachte nicht in historisierenden Kategorien –, hat aber den jahrhundertelangen Prozeß der Rezeption des Römischen Rechtes in Gang gesetzt. Es war ein einzigartiger historischer Vorgang.

3. Die Glossatoren des 11. Jahrhunderts

Das riesige Konvolut der Digesten als solches aber war dem zeitgenössischen Verständnis kaum zu vermitteln, für die praktische Nutzanwendung in gerichtlichen Verfahren nicht zu gebrauchen und für die juristische Kommunikation und die akademische Lehre nur schwer zugänglich. Die Juristen in Bologna des 11. Jahrhunderts sahen daher ihre erste Aufgabe darin, das gewaltige Werk für das Verständnis und die praktische Anwendung zu erschließen. Sie taten dies in *Glossen* und kurzen Kommentaren zu den einzelnen Kapiteln der Digesten. So geschah gleichsam eine Übersetzung in die akademische Lehre und für den zeitgenössischen Gebrauch. Diese erste Aufarbeitung der sogenannten *Glossatoren* legte den Grundstein für die folgende Rezeption des römischen Rechtes in Zentraleuropa.[66] Diese Rezeption geschah dabei von Anfang an auf zwei Wegen: Über die akademische Lehre und *Juristenausbildung* an den aufkommenden europäischen Universitäten, die damals wahrlich noch in einer globalen Kommunikation standen, und über das *Gutachterwesen* in Zivilprozessen, zu dem die gelehrten Juristen, die das als autoritativ geltende „kaiserliche" Recht kannten, hinzugezogen wurden. Es war allein die Idee und deren Überzeugungskraft, die dem Römischen Recht seit dem Mittealter zur Geltung verholfen hat, und nicht etwa der Machtanspruch eines autoritativen Gesetzgebers.

„Die Bedeutung der Glossatoren liegt in den Vorarbeiten zu einem *Ius commune* das später in mehr oder minder veränderter Gestalt in ganz Kontinentaleuropa rezipiert worden ist. Die Glossatoren haben die grundlegenden Rechtsinstitute, Rechtsbegriffe und Einteilungen des späteren Ius commune dem von ihnen aufgeschlossenen Corpus iuris entnommen. Sie schufen damit verbindende Elemente der kontinentalen Privatrechtssysteme. Dazu gehören z. B. die Einteilung in obligatorische und dingliche Rechte, Vertrags- und Deliktsrecht sowie Kategorien wie z. B. positiver Schaden und entgangener Gewinn, ungerechtfertigte Bereicherung und Geschäftsführung ohne Auftrag … Die Glossatoren gelten zu Recht als die Begründer einer wissenschaftlichen Rechtskultur, die u. a. auch die Entstehung einer neuen Bildungs- und Führungsschicht gefördert hat."[67]

---

66 Zu den Glossatoren eingehend *Hermann Lange*: Römisches Recht im Mittelalter. Band I: Die Glossatoren, München 1997.

67 *Ulrich Eisenhardt*: Deutsche Rechtsgeschichte, 6. Aufl., München 2013, S. 94.

4. Die Kommentatoren des 14. und 15. Jahrhunderts

Die Beschäftigung mit dem Römischen Recht, vornehmlich den Digesten, entwickelte sich weiter und gewann dann in den folgenden Jahrhunderten an Gewicht und Umfang. Angesichts der wachsenden Nachfrage in den spätmittelalterlichen, bereits städtischen Gesellschaften und der schriftstellerischen Produktivität der Juristen, die zugleich zu einem ansehnlichen Stand herangewachsen waren, nimmt dies nicht wunder. Wissenschaft, auch die Rechtswissenschaft, befindet sich in stetem Wandel und besteht in der Entfaltung und dem Fortschritt der Erkenntnisse. Aus den Glossen wurden Kommentare und Monographien. Aus der Kasuistik der Digesten, und das ist die neue Entwicklung, wurden allgemeine Rechtsgrundsätze abgeleitet, die sich dann wiederum auf andere Rechtsfälle anwenden ließen. War für die Glossatoren das Corpus Iuris noch eine nicht hinterfragbare Autorität, trat jetzt eine allmähliche Verselbständigung gegenüber den Quellen und damit eine Modernisierung ein. Man spricht für das 14. und frühe 15. Jahrhundert von den „*Postglossatoren*" oder „*Kommentatoren*".[68] Berühmte Namen wie *Bartolus de Sassoferato* (1313–1357) oder *Baldus de Ubaldis* (1327–1400) gewannen für die Zeitgenossen und die Nachfolger hohe Autorität.

5. Juristische Literatur und Juristenstand

Es muß hierbei in Rechnung gestellt werden, daß die gesamte, umfangreiche juristische Literatur in der Zeit vor dem Buchdruck nur in handschriftlicher und damit arbeitsaufwendiger und wertvoller Form und natürlich nur auf Latein verfügbar war und daß nicht für jedermann die hierdurch begrenzte Ressource der Vervielfältigung erreichbar war.[69] Allein hierdurch tat sich früh eine soziale Kluft zwischen dem Stand der Juristen und derer, die sie sich haben leisten können,

68 Zu den Kommentatoren eingehend *Hermann Lange / Maximiliane Kriechbaum*: Römisches Recht im Mittelalter. Band II: Die Kommentatoren, München 2007.

69 Der Frage, ob und inwieweit es zu späteren Druckerzeugnissen und Texteditionen gekommen ist, kann an dieser Stelle nicht weiter nachgegangen werden. Die Hand-

und dem „Volk" auf, dem eine solche Ressource „Recht" weder zugänglich noch überhaupt verständlich war. Diese Kluft wirkt bis zum heutigen Tage nach, auch wenn gegenwärtig noch andere Gründe für eine gelegentliche Rechtsferne der Bevölkerung wirksam sein dürften.

IX. Konkurrierende Rechtsquellen zur Zeit der Rezeption

Man muß sich freilich, und auch dies bedeutet ein gewisses Innehalten, bewußt machen, daß es zur Zeit der Rezeption vom 11. bis zum 15. Jahrhundert und naturgemäß in den Jahrhunderten zuvor Rechtsquellen nichtrömischer Herkunft gab. Eine rechtslose Zeit gibt es nicht. Gegenüber diesen Rechtsquellen mußte sich das Römische Recht durchsetzen. Daß es dazu ohne gewaltsame Konflikte gekommen ist, ist ein Wunder der Geschichte.

1. Das germanische Recht

Da gibt es denn, und das kann nicht verwundern, das *germanische* Recht. Dessen Wirksamkeit und Geltung vom frühen bis zum späten Mittelalter muß in den germanisch bestimmten Teilen Europas, gerade auch Englands, angenommen werden. Hiervon kann an dieser Stelle nicht gehandelt werden. Für Deutschland steht der berühmte und geradezu sprichwörtlich gewordene *Sachenspiegel* aus der Zeit der ersten Hälfte des 13. Jahrhunderts. Der Sachsenspiegel ist ein Werk von *Eike von Repgow*, der fern von Italien aus der Gegend von Magdeburg in Mitteldeutschland stammt; sein Geburtsjahr liegt zwischen 1180 und 1190, sein Todesjahr war 1233. Der Sachsenspiegel ist wiederum kein Gesetzeswerk; er ist vielmehr die schriftstellerische Zusammenfassung, quasi Codifikation, geltenden Gewohnheitsrechtes durch einen einzelnen Autor.[70] Der Sachsenspiegel hat, trotz der Konkurrenz zum

---

schriften selbst sind in den Archiven und Bibliotheken der klassischen Hochschulstandorte Alteuropas weit verstreut, so in Bologna, in Paris, im Vatikan.

70 Greifbare Ausgabe: *Sachsenspiegel*. Landrecht und Lehnrecht, hrsgg. von Friedrich Ebel, Stuttgart 2012.

Römischen Recht, in der deutschen Rechtsgeschichte nie seine Bedeutung verloren. Insgesamt ist das „Deutsche Privatrecht“ nie vollständig untergegangen, auch wenn es weitgehend nur in seiner Gegenüberstellung zum Römischen Recht faßbar wird.[71] Zu den spezifischen Eigenarten dürfte die Herausbildung rechtlicher Gemeinschafts- und Genossenschaftsformen gehören.[72]

2. Das Kanonische Recht

Fast gleichzeitig zur Arbeit der Glossatoren hat sich das *Kanonische Recht* der Katholischen Kirche im 12. Jahrhundert neu konstituiert.[73] Auf jahrhundertealten Quellen aufbauend hat das Decretum Gratiani um 1140 den Anstoß zu neuer Entfaltung gegeben. Das kanonische Recht hat seit je neben dem weltlichen Recht eine besondere Stellung innegehabt, die in der Natur der Römisch-Katholischen Kirche selbst begründet ist, hat aber anderseits wegen weltlicher Territorialherrschaft der Kirche, wegen des kirchlichen Sachvermögens und wohl auch wegen des kirchlichen Personalwesens in einer gewissen Parallele zum weltlichen Recht gestanden; es gibt sich überschneidende Rechtsbereiche. „Das kanonische Recht des Hochmittealters war zwar *von* der Kirche, aber bei weitem nicht nur *für* die Kirche gesetztes Recht.“[74] Ein Kontakt mit dem weltlichen Römischen Recht konnte aus historischen und systematischen Gründen ohnehin nicht ausbleiben.[75] So ist

71 Vgl. *Heinrich Mitteis / Heinz Lieberich*: Deutsches Privatrecht, 8. Aufl., München 1978.

72 *Mitteis / Lieberich* a.a.O. (Fußn. zuvor), S. 39 ff.

73 *Christoph Link*: Kirchliche Rechtsgeschichte, 3. Aufl., München 2017, S. 40: „Das klassische kanonische Recht“; *Heinrich de Wall / Stefan Muckel*: Kirchenrecht, 3. Aufl., München 2012, S. 17 ff.: „Das klassische kanonische Recht und das Corpus Iuris Canonici.“; *Stefan Meder*: Rechtsgeschichte, 5. Aufl., Köln – Weimar – Wien 2014, S. 147 ff.: „Die mittelalterliche Kirche und das kanonische Recht“. Siehe jetzt auch *Frank Hennecke*: Kirche und Reich. Das Kanonische Recht als Erbe der Antike, Ludwigshafen am Rhein 2017, S. 42 f.

74 *Link*, a.a.O. (Fußn. zuvor), S. 42.

75 An den Universitäten wurde sowohl das römische als auch das kanonische Recht gelehrt. Daher verleihen auch heute noch bestimmte traditionsreiche juristische Fakultäten den akademischen Grad eines „Doctor iur utriusque“, eines „Doktors

denn auch anzunehmen, daß sich die Rezeption des Römischen Rechtes und die Entfaltung des Kanonischen Rechtes zu einem *Corpus Iuris Canonici* wechselseitig befruchtet haben.[76] Zu einer gesetzgeberischen Codifizierung des Kanonischen Rechtes ist es allerdings kraft päpstlichen Gesetzgebungsaktes erst im 20. Jahrhundert durch den „Codex Iuris Canonici" von Papst Benedikt XV im Jahre 1917[77] und dessen Neufassung durch Papst Johannes Paul II im Jahre 1983 gekommen.[78]

3. Das Partikularrecht

Die Rezeption des Römischen Rechtes geschah in der Mitte lokaler Rechtsgebiete in den Regionen und insbesondere der aufkommenden

---

Beider Rechte". Vgl. hierzu *Karl Kroeschell / Albrecht Cordes / Karin Nehlsen-von Stryk*: Deutsche Rechtsgeschichte. Band 2: 1250–1650, 9. Aufl., Köln - Weimar - Wien 2008, S. 12/13.
Zur Begriffsgeschichte der Bezeichnung „iuris utriusque" aus der älteren Literatur sehr eingehend *Emil Seckel*: Beiträge zur Geschichte beider Rechte im Mittealter. Band I: Zur Geschichte der populären Literatur des römisch-kanonischen Rechts, Tübingen 1898 (Neudruck Hildesheim 1967).

76 wie denn überhaupt der Einfluß des kanonischen Rechtes auf die europäische, römisch-rechtlich geprägte Privatrechtsordnung erheblich gewesen sein dürfte. Hier gibt es, wie *Link* a.a.O. (Fußn. 73), S. 43, ausführt, noch Forschungsbedarf. Immerhin aber „liegen Wurzeln weiterer grundlegender moderner Rechtsprinzipien im kanonischen Recht: z. B. das strafrechtliche Schuldprinzip, der Gedanke der Formfreiheit im Vertragsrecht, die Begründung der Verbindlichkeit von Verträgen mit dem Willen der Parteien, die Gründung der Ehe auf den Konsens der Eheleute... Kanonisches Recht und Kanonistik sind ... grundlegende und unlösbare Bestandteile unserer rechtlichen Tradition." (*de Wall / Muckel*, a.a.O. (Fußn. 72), S. 22.)
Auf das kanonische Prinzip von „pacta sunt servanda" als Formfreiheit von Verträgen, das sich insoweit vom römischen Recht abhebt, weist insbesondere *Meder* ausführlich hin, a.a.O., S. 161 ff., 460 ff.
Eine bemerkenswerte Äußerung findet sich bei *Max Weber*: Wirtschaft und Gesellschaft, 5. Aufl., Studienausgabe, Tübingen 1976, S. 481: „... daß das kanonische Recht für das profane Recht geradezu einer der Führer auf dem Wege zur Rationalität wurde."

77 Als Ausgabe des seinerzeitigen Codex vgl. *Codex Iuris Canonici* Pii X Pontificis Maximi iussu digestus Benedicti Papae XV auctoritate promulgatus Praefatione E. Mi Petri Card. Gasparri et Indice analytico-alphabetico auctus, Città del Vaticano 1965.

78 *Codex Iuris Canonici.* Auctoritate Ioannis Pauli PP. II promulgatus. Libreria Editrice Vaticana M DCCC LXXXIII. Codex des Kanonischen Rechtes. Lateinisch-deutsche Ausgabe, 2. Aufl., Kevelaer 1984.

Städte Ober- und Mittelitaliens. Dieses jeweilige *Statuarrecht* stand ursprünglich gegen das Römische Recht, konnte diesem aber nicht standhalten, wobei aber eine wechselseitige Beeinflussung, wohl auch eine nur *subsidiäre* Geltung römischen Rechtes vor Ort nicht auszuschließen ist. Auch das berühmte *Magedburger Stadtrecht* darf, trotz weiter Verbreitung im späten Mittelalter, als solches Statuarrecht bezeichnet werden.

4. Entstehung von Ius Commune

Insgesamt ist die juristische Landschaft in Kontinentaleuropa während der Zeit der Rezeption vom 11. bis zum 15. Jahrhundert durch ein *Nebeneinander* verschiedener Rechtsquellen gekennzeichnet. Es darf als Verdienst der Rezeption gewertet werden, die nichtrömischen Rechtsquelle nicht völlig verdrängt, sondern durch wechselseitige Assimilation und Fortentwicklung gleichsam als Amalgam in Kontinentaleuropa, vornehmlich in Deutschland, ein *Ius Commune* unter Führung des Römischen Rechtes als *usus modernus* konfliktfrei hervorgebracht zu haben, das seit dem 16. Jahrhundert einvernehmlich galt.

X. Die Rezeption im Zusammenhang mit den geistigen Strömungen des Hochmittelalters und der frühen Neuzeit

Die Rechtsentwicklung bis zum 16. Jahrhundert hat sich aber nicht ohne Zusammenhang mit den geistigen Strömungen dieser Zeit entfalten können, mußte gleichsam durch zwei oder drei geistes- und kulturgeschichtliche Epochen hindurch.

1. Die Scholastik

Da steht zunächst die *Scholastik*. Die Scholastik als die fundamentale Auseinandersetzung zwischen den vorausgesetzten Dogmen des Christlichen Glaubens und der existentiellen Vernunft der Philosophie auf der Basis der Rezeption des Aristoteles bestimmte mit beispielloser Leidenschaft und intensiver Kontoverse die geistige Welt des hohen und späten Mittelalters. Es konnte daher nicht ausbleiben, daß sich die Begriffe und Methoden scholastischen Denkens auch auf die Entwicklung der Rechtswissenschaften auswirkten. Noch wurden die Wissenschaften als Einheit angesehen. Worin die Einflußnahme der Scholastik auf die Rechtswissenschaft im einzelnen bestand, kann an dieser Stelle freilich nicht nachgezeichnet werden.

2. Humanismus und Italienische Renaissance

Mit dem *Humanismus* gegen Ende des 15. Jahrhunderts kam ein neues Lebensgefühl und ein neues Verständnis von Wissenschaft auf. Die Autoritätsabhängigkeit der Scholastik vom Dogma und der Rechtswissenschaft vom justinianischen Corpus Iuris Civilis wurde überwunden; an deren Stelle trat die autonome Vernunft und, zumal mit der Wiederentdeckung Griechischen, die *Rückkehr zu den Quellen*. Dieser wissenschaftliche Paradigmenwechsel hat die Loslösung des Ius Commune von der altrömischen Autorität weiterhin verstärkt, das Corpus Iuris Civilis historisiert und die Rechtswissenschaft damit modernisiert. In der Tat spricht man jetzt von einem *Usus modernus*.

Parallel hierzu steht die *Italienische Renaissance*. Gerade diese versteht sich, allein schon vom Begriff her, als neue Rezeption der Antike. Auch hierauf ist hier nicht näher einzugehen. Das *individualistische* Menschenbild der Renaissance dürfte allerdings mit dem individualistischen Grundzug des Römischen Rechtes korrelierten, diesen womöglich für die weitere Entwicklung verstärkt haben.

XI. Der Usus modernus seit dem 16. Jahrhundert in Deutschland

Damit ist das 16. und frühe 17. Jahrhundert erreicht. Für Deutschland lassen sich vier exemplarische Feststellungen treffen.

1. Das Ius Commune als usus modernus

Zur allgemeinen Geltung gekommen ist in der Tat das Ius Commune als usus modernus.[79] Es ist die Frucht der jahrhundertelangen Entwicklung, Anpassung und Modernisierung und ist schlechthin zur Consuetudo geworden.[80] Die „Rezeption" hat eine Synthese hervorgebracht, aber die Vorherrschaft des Römischen Rechtes in Sprache, Begriffen und Rechtsregeln durchgesetzt. „Das deutsche Recht zog sich auf *Sondergebiete* zurück, die dem römischen fremd geblieben waren, wie das Handels-, Schiffahrts-, Berg-, Gewerberecht."[81] Auch die Reformation hat hieran nichts geändert.[82] Als Name für den Usus modernus steht jedenfalls in Deutschland *Hermann Conring* (1606–1681).[83]

2. Das Reichskammergericht

Deutliches Zeichen der Herrschaft des Römischen Rechtes im Heiligen Römischen Reich Deutscher Nation war das Edikt von Kaiser Maximilian I, wonach das von ihm gegründete *Reichskammergericht* das Römische Recht anzuwenden hatte. Dabei konnte der Kaiser an sich nur anordnen, was ohnehin schon galt. In den Jahren 1513 bis 1514 hatte das Reichskammergericht seinen Sitz in *Speyer*.

---

79 Hierzu des näheren insbesondere *Franz Wieacker*: Privatrechtsgeschichte der Neuzeit, 2. Auf., Göttingen 1967, S. 204 ff.
Wilhelm Braunecker: Europäische Privatrechtsgeschichte, Wien – Köln – Weimar 2014, spricht ganz offen von einem „Ius Romano Germanicum", S. 83 ff.

80 Vgl. hierzu auch *Roy Carré*: Consuetudo. Das Gewohnheitsrecht in der Rechtsquellen- und Methodenlehre des späten ius commune in Italien (16.–18. Jahrhundert), Frankfurt am Main 2005.

81 *Heinrich Mitteis / Heinz Lieberich*: Deutsche Rechtsgeschichte, 19. Aufl., München 1992, S. 330.

82 Eine Rezension von *Michael Stolleis* in der Frankfurter Allgemeinen Zeitung vom 16.11.2016, S. 12, führt zu *Martin Heckel*: Martin Luthers Reformation und das Recht, Tübingen 2016, worauf hier nur hingewiesen werden kann.

83 Vgl. die von *Michael Stolleis* besorgte Neuausgabe von *Hermann Conring*: Der Ursprung des Deutschen Rechts, Frankfurt am Main 1994.

3. Loslösung von der Autorität des Kaisers

War noch zu Beginn der Rezeption im 11. Jahrhundert die Autorität des Kaisers der bewegende Grund für die Einführung des Römischen Rechtes, hat die wissenschaftliche und praktische Entstehung des Ius Commune zu einer Ablösung gerade von dieser Autorität geführt. Das Römische Recht hatte sich verselbständigt, war in eine allgemein anerkannte Geltung übergangen und bedurfte der kaiserlichen Autorität nicht mehr. Einen Beitrag hierzu hat denn auch der Humanismus geleistet, der das Entstehen gesellschaftlicher Strukturen gefördert hat, die sich jedenfalls nicht mehr von überkommenen Autoritäten her rechtfertigten.

4. Die wissenschaftlichen und die sozialen Folgen der Rezeption des Römischen Rechtes

Die wissenschaftlichen und die sozialen Folgen der Rezeption des Römischen Rechtes lassen sich im 16. Jahrhundert deutlich bestimmen. „Die Hauptwirkung der Rezeption liegt indessen nicht in der Überfremdung des Rechts durch Aufnahme einzelner Sätze, vielmehr im *Wandel der geistigen Grundlagen*. Das fremde Recht brachte eine ganz neue Dogmatik und juristische Logik mit, die dem Volk unverständlich blieb. Es öffnete sich eine tiefe Kluft zwischen Volk und Recht, Volk und Juristen. Zugleich verschärften sich die sozialen Gegensätze: Nur reiche Leute konnten sich einen gelehrten Advokaten leisten oder das Gutachten einer Rechtsfakultät einholen.“[84] Die Verwissenschaftlichung einschließlich der Ausbildung einer juristischen Fachsprache waren gewiß unumgänglich, aber die Entfremdung zwischen dem „Volk“ und den „Juristen“ hält gleichsam als Hypothek der Rezeption des Römischen Rechtes bis zum heutigen Tage an.

84 *Mitteis / Lieberich*, a.a.O. (Fußn. 81), S. 330.

XII. Das Aufkommen des Vernunftrechtes im 17. Jahrhundert und die Codifiactionsbestrebungen des 18. Jahrhunderts

Die Rechtsgeschichte steht im Kontext der Geistes- und Politikgeschichte. Dies ist selbstverständlich, führt allerdings zu einer wachsenden Komplexität der Rechtsentwicklung. Für das 17. und 18. Jahrhundert seien nur wenige Sachverhalte und Entwicklungen benannt.

Humanismus und Reformation haben die Geltung traditioneller Autoritäten außerkraftgesetzt. Neue Begründungen gab seit dem späten 17. Jahrhundert die „Vernunft" und in deren Folge das „Vernunftrecht". Die große Diskussion um das „Naturrecht" kam auf. Staatliche Herrschaft sollte sich teils durch „Vertrag", teils durch „Vernunft" rechtfertigen. Der aufkommende absolutistische Territorialstaat konnte gerade deswegen rationaler Strukturen nicht entbehren. Die Aufklärung tat ihr Übriges.[85]

Für das Recht trat „Vernunft" und das ungeschrieben „Naturrecht" als Geltungsgrund hervor. Zugleich erfuhr das geltende Recht eine zunehmende Systematisierung und Rationalisierung, die sich mit der reinen Überlieferung oder gar volksnahem Gewohnheitsrecht nicht mehr abfinden konnte. Das Zeitalter der Codificationen begann. Auf der Basis des Römischen Rechtes kam es in Frankreich zum „*Code civil*" von 1804, eher als „Code Napoléon" bekannt, in Oesterreich zum „*Allgemeinen Bürgerlichen Gesetzbuch für die gesamten Deutschen Erbländer der Österreichischen Monarchie*", dem AGBGB von 1811[86]; in Preußen freilich eher auf der Grundlage des deutschen Rechtes und des Naturrechtes[87] zum „*Allgemeinen Landrecht für die Preußischen Staaten*" von 1794.

85 Zum „Zeitalter des Vernunftrechts" eingehend *Wieacker*, a.a.O. (Fußn. 2), S. 249 ff.; zum „Naturrecht, insbesondere in Deutschland" *Koschacker*, a. a. O. (Fußn. 3), S. 245 ff.

86 Hierzu im gesamteuropäischen Kontext *Barbara Dölemeyer / Heinz Mohnhaupt* (Hrsg.): 200 Jahre AGBGB (1811–2011). Die österreichische Kodifikation im internationalen Kontext, Frankfurt am Main 2012.

87 Hierzu näher *Reinhart Koselleck*: Preußen zwischen Reform und Revolution, Neuausgabe München 1989, S. 23 ff.

XIII. Die Rezeption in Deutschland im 19. Jahrhundert bis zum Erlaß des BGB

Wir treten ein in das lange, große, deutsche 19. Jahrhundert. „Am Anfang war Napoléon".[88] Linksrheinisch galt der Code civil. Was aufkam, war die Romantik. Und mit der Romantik eine neue Sicht, ja Verklärung des Mittelalters, zugleich der Nationalismus. Was zugleich aufkam, war so etwas wie eine zweite Rezeption des Römischen Rechtes. Die Rechtsgeschichte spricht von der „Historischen Rechtsschule" und der „Pandektenwissenschaft".[89] Herausragender Vertreter war *Friedrich Carl von Savigny* (1779–1861). Ganz aus dem Geiste der Romantik heraus verstand er das Recht als organisch gewachsenen Ausdruck eines Volksgeistes und widersetzte er sich gegen damalige Codificationsbemühungen und damit Gesetzgebungsprojekte in Deutschland.[90] Andererseits forderte er, sozusagen statt einer Codification, die wissenschaftliche Durchdringung und Systematisierung des überkommen Rechtsstoffes. Und das ist das Erstaunliche: Das im Volksgeist überkommene Recht war für Savigny das Römische Recht; dem Römischen Recht galt sein großes Werk „System des heutigen römischen Rechts".[91] Das Römische Recht war nach Sayigny und der von ihm begründeten „Historischen Rechtsschule" endgültig in den Volksgeist deutscher Überlieferung eingegangen. Die Rezeption war vollständig in Tradition übergegangen. Doch das blieb nicht ohne Widerspruch: Die Erinnerung an die deutsche Rechtstradition war durchaus noch lebendig, und die Tradition war nicht erloschen. Es bildeten sich die „romanistische" und die „germanistische" Richtung der „Historischen

---

88 *Thomas Nipperdey*: Deutsche Geschichte 1800 – 1866. Bürgerwelt und starker Staat, München 1983, S. 11.

89 *Wieacker*, a.a.O. (Fußn. 5), S. 348 ff.

90 *Friedrich Carl von Savigny*. Vom Beruf unsere Zeit für Gesetzgebung und Rechtswissenschaft, Heidelberg 1814.

91 *Friedrich Carl von Savigny*: System des heutigen römischen Rechts, 8 Bde., Berlin 1840–1849.

Rechtsschule", deren Streit das ganze 19. Jahrhundert beschäftigte.[92] Es darf jedoch die Feststellung getroffen werden, daß am Ende die Romanistische Schule das Übergewicht gewann. Zu deren Hauptwerk wurde in der 2. Jahrhunderthälfte das Werk von *Bernhard Windscheid* (1817–1892) „Pandekten"[93], wobei auffällt daß jetzt die griechische Bezeichnung gegenüber den früheren „Digesten" bevorzugt wurde. Ein schönes Beispiel der späten Rezeption sind auch die „Institutionen" von *Rudolph Sohm*,[94] die an Caius[95] und an Justinians „Institutiones" erinnern.

Die wissenschaftliche Auseinandersetzung des 19. Jahrhunderts, die zugleich zu einer umfassenden Aufarbeitung des gesamten Rechtsstoffes geführt hat, mündete dann gegen Ende des Jahrhunderts in die Vorbereitung und schließlich dann auch Verabschiedung des „Bürgerlichen Gesetzbuches" durch den Deutschen Reichstag im Jahre 1896.[96] Das BGB ist dann zu Beginn des neuen Jahrhunderts am 1. 1. 1900 inkraftgetreten.

XIV. Das Bürgerliche Gesetzbuch (BGB)

Das Bürgerliche Gesetzbuch enthielt jedenfalls damals die Kodifikation fast des gesamten Privatrechtes. Ausgenommen waren Materien des Handelsrechtes, die gesonderter Gesetzgebung unterlagen.

---

92 Hierzu neuerdings *Gerhard Dilcher*: Die Germanisten und die Historische Rechtsschule. Bürgerliche Wissenschaft zwischen Romantik, Realismus und Rationalisierung, Frankfurt am Main 2016.

93 *Bernhard Windscheid*: Lehrbuch des Pandektenrechtes, 3 Bde., Leipzig 1862–1870.

94 *Rudolph Sohm*: Institutionen des Römischen Rechts, 6. Aufl., Leipzig 1896. *Rudolph Sohm* ist sonst eher aus dem Kirchenrecht bekannt (*Rudolph Sohm*: Kirchenrecht, 2 Bde., Berlin 1892/1923).

95 s. oben Fußn. 17.

96 Ein Resumée zu den Vorberatungen des BGB, gerade auch im Hinblick auf den Einfluß der Pandektistik, gibt *Michael Rainer*: Das Römische Recht in Europa. Von Justinian zum BGB, Wien 2012, S. 392 f.
Ausführlich zur Gesetzgebungsgeschichte des BGB *Franz Wieacker*: Privatrechtsgeschichte der Neuzeit, 2. Aufl., Göttingen 1967, S. 468 ff.

1. Die 5 Bücher des BGB

Das BGB gliedert sich bekanntlich in fünf Teile, „Bücher" genannt: Den Allgemeinen Teil, das Schuldrecht, das Sachenrecht, das Familienrecht und des Erbrecht. Bereits diese Einteilung läßt römisch-rechtlichen Einfluß erkennen. So ist denn in der Tat der Allgemeine Teil, das Schuldecht, das Sachenrecht römisch-rechtlich bestimmt, ohne aber daß gesagt werden könnte, das BGB enthalte gar eine Codification des römischen Rechtes: zu sehr sind im 19. Jahrhundert, zumal in der Vorbereitung des BGB, die römisch-rechtlichen und die deutschrechtlichen Traditionen mit einander verwoben, wissenschaftlich aufbereitet und systematisiert worden. Das BGB repräsentiert die gesamte Rechtsentwicklung in Deutschland seit den Zeiten der Rezeption des Römischen Rechtes und der ersten Dokumente Deutschen Rechts.

2. Der römisch-rechtliche Gehalt in den Büchern 1–3

Als spezifisch römisch-rechtlich lassen sich im BGB ausmachen die Individualisierung aller Rechtspositionen, die auf soziale Differenzen keine Rücksicht nimmt und die in der *Privatautonomie* ihren Höhepunkt findet, in den verschiedenen Vertragstypen, in der Unterscheidung von Schuld- und Sachenrecht und in Teilen des Erbrechtes.

3. Das BGB als Gesetz

Das BGB ist *Gesetz.* Hierin liegt der grundlegende Einschnitt in der Geschichte des Privatrechtes. War das Privatrecht, sei es römisch-rechtlicher, sei es deutsch-rechtlicher Herkunft bisher ungeschriebenes Gewohnheitsrecht, hat jetzt der staatliche Gesetzgeber die Privatrechtsordnung inkraftgesetzt. War zwar die Verabschiedung des BGB im Jahre 1896 eher eine „Konsensdeklaration" auf der Grundlage gewachsener Strukturen und wissenschaftlicher Übereinkünfte, so war es eben doch der entschiedene Willensakt des Gesetzgebers, der die Rechtsgeltung herbeigeführt hat. Der Gesetzgeber war der Deutsche Reichstag und damit das *Parlament.* Das aber hatte weitreichende Folgen.

XV. Neuere Entwicklungen in der Gegenwart

1. Verhältnisbestimmung von Staat und Gesellschaft durch die Gesetzgebung des BGB

Mit der Verabschiedung des BGB durch den parlamentarischen Gesetzgeber ist die Privatrechtsordnung der Zivilgesellschaft in den Bereich des *Politischen* hinübergeraten. Und ganz so unpolitisch, wie das Wort von der „Konsensdeklaration" von 1896 nahelegen könnte, war die Verabschiedung des BGB auch von Anfang an nicht; jedenfalls der Mangel an *sozialen* Regelungen war damals schon Gegenstand der Kritik: Die formale individuelle Privatautonomie setzt eine soziale Gleichheit voraus, die es tatsächlich nicht gibt.

Die Privatrechtsordnung als Gesetz verändert das Verhältnis von Staat und Zivilgesellschaft; die zivile Lebensordnung gilt jetzt nicht mehr primär als autonome Setzung der Gesellschaft, sondern kraft heteronomen Willensaktes des staatlichen Gesetzgebers. Das uralte Spannungsverhältnis von Gewohnheitsrecht und Gesetz ist endgültig zugunsten des Gesetzes entschieden. Das Gesetz aber ist politischer Willensakt. Das Bürgerliche Recht, ursprünglich Ausdruck einer autonomen Bürgergesellschaft, wird zur Dispositionsmasse der Politik. Es dient nicht zuletzt der Steuerung der Gesellschaft. Das BGB und damit die Privatrechtsordnung hat sich von dieser Grundverschiebung seither nicht mehr loslösen können.

2. Die sozialstaatliche Fortentwicklung des BGB

So hat es denn seit den hundert Jahren der Geltung des BGB jedenfalls in der zweiten Jahrhunderthälfte deutliche Veränderungen des Zivilrechtes durch die Gesetzgebung gegeben. Das Familienrecht ist an veränderte Wertvorstellungen angepaßt worden. Die *sozialstaatliche* Fortentwicklung des Zivilrechtes hat zu einem sozialen *Arbeitsrecht* erheblichen, allerdings auch außergesetzlichen Umfanges geführt. Das soziale *Mietrecht* hat die Privatautonomie gerade auf diesem sozial sensiblen Feld weitgehend eingeschränkt.

3. Sondergesetzgebung

Die ursprünglich als abschließend gedachte Kodifikation des Privatrechtes ist inzwischen einem Pluralismus von Rechtsquellen gewichen. Sondervorschriften etwa zum Verbraucherschutz, zu Allgemeinen Geschäftsbedingungen, zur Produkt- und Umwelthaftung sind neben das BGB getreten.[97] Im Kollektiven Arbeitsrecht – dem Recht der Tarifpartner und des Arbeitskampfes – gibt es kein Gesetzes-, sondern nur Gewohnheits- und Richterrecht, im Individualarbeitsrecht steht umfangreiches, nicht kodifiziertes Gesetzesrecht neben dem BGB. Diese gesetzlichen Regelungen sind Schutzvorschriften gegen gesellschaftliche oder industrielle Macht zugunsten des – vermeintlich – schwächeren Bürgers oder Arbeitnehmers. Sie gehen mit einer Einschränkung der Privatautonomie gesellschaftlicher oder industrieller Akteure einher.

4. Der Einfluß des Verfassungsrechts

Erheblichen Einfluß auf die Privatrechtsordnung hat aufgrund der Rechtsprechung des Bundesverfassungsgerichts das *Verfassungsrecht* genommen. In die Auslegung privatrechtlicher Normen fließen nach dieser Rechtsprechung verfassungsrechtliche Wertentscheidungen ein. Diese sind naturgemäß politischer Natur. Begründet worden ist diese Rechtsprechung durch das epochemachende, aus privatrechtlicher Sicht aber verhängnisvolle „Lüth-Urteil" des Bundesverfassungsgerichts von 1958.[98]

97 Auf das inzwischen entstandene „Sonderprivatrecht" weist insbesondere *Meder* hin, vgl. *Stephan Meder*: Rechtsgeschichte, 5. Aufl., Köln u. a. 2014, S. 452 f.

98 Entscheidungen des Bundesverfassungsgerichts, Band 7, S. 198 ff.
Hierzu *Dietmar Willoweit*: Deutsche Verfassungsgeschichte, 7. Aufl., München 2013, S. 401: „Die Reichweite dieser Grundrechtswirkungen vor allem auf das Privatrecht konnte nicht abschließend geklärt werden." und S. 402: „Diese Entwicklung einer allmählichen Integration verfassungsrechtlicher Maximen in die Privatrechtsordnung ist bisher nicht zum Abschluß gekommen."

5. Die Europäische Union

Zunehmend wächst der Einfluß des Rechtes der Europäischen Union. Das *Europäische Recht* ist inzwischen neben dem nationalen Recht zur maßgeblichen Rechtsquelle geworden. Das Recht der Europäischen Union, das in den konstituierenden Verträgen über die EU, dem „Primarrecht", und in Richtlinien und in Verordnungen, dem „Sekundarrecht", zum Ausdruck kommt, speist sich einerseits aus politischen Zielsetzungen, andererseits auch aus angelsächsischen Rechtstraditionen, die jedenfalls nicht römisch-rechtlich geprägt sind. Da mag es denn auch Konflikte mit dem jeweiligen nationalen Recht der Staaten der EU geben. Auf diese Problemlage kann an dieser Stelle jedoch nicht näher eingegangen werden.[99] Soviel aber darf festgestellt werden, daß jedenfalls das europäische Arbeitsrecht und Verbraucherschutzrecht Einschränkungen der Privatautonomie enthält, wie denn auch eine gewisse Dominanz öffentlich-rechtlicher Regelungen im Umweltrecht feststellbar ist.[100] Eine massive Beschränkung der Privatautonomie liegt in den „Antidiskrimierungsrichtlinien" der EU[101], in der die Rechtsetzung hinter die eigentlich seit römischer Zeit bereits erreichte Trennlinie zwischen Recht und Moral zurückfällt. „Sammelklagen" und gerichtliche Klagebefugnisse rechtlich nicht betroffener Verbände und Personen haben freilich mit der Formstrenge und der notwendigen Rechtsinhaberschaft im römischen Zivilprozeß nichts mehr zu tun. Milliardenforderungen unbestimmter amerikanischer Interessen-

99 Desnäheren *Frank Hennecke:* Die Umsetzung von EG-Richtlinien zum Umweltrecht in der politischen Praxis, in: Jahrbuch des Umwelt- und Technikrechts 2001, Berlin 2001, S. 193 ff.

100 wodurch sich das Verhältnis von Staat und Gesellschaft, auch mit Wirkung auf die Privatrechtsordnung, verschiebt, vgl. *Frank Hennecke*: Zur Neubestimmung des Verhältnisses von Staat und Gesellschaft im Umweltrecht, in: Jahrbuch des Umwelt- und Technikrechts 1999, Berlin 1999, S. 7 ff.

101 Vgl. die Richtlinie 2000/43/EG des Rates vom 29. Juni 2000 zur Anwendung des Gleichheitsgrundsatzes ohne Unterschied der Rasse oder der ethnischen Herkunft, Amtsblatt der Europäischen Union, L 180/ 22 vom 19.7.2000; Richtlinie 2000/78/EG des Rates vom 27. November 2000 zur Festlegung eines allgemeinen Rahmens für die Verwirklichung der Gleichstellung in Beschäftigung und Beruf, Amtsblatt der Europäischen Union Nr. L 303 vom 2.12.2000, S. 0016–0022.

tenkreise gegenüber einer deutschen Bank[102] wären auf dem Boden römischer Rechtskultur undenkbar.

6. Die Neuausgabe des Corpus Iuris Civilis

Eine jedenfalls wissenschaftliche Wiedergewinnung Römischen Rechtes besteht in der Neuausgabe des Corpus Iuris Civilis durch deutsche Rechtswissenschaftler seit den achtziger Jahren des 20. Jahrhunderts. Geleistet worden ist mit diesem monumentalen Werk bisher eine Neuausgabe der Institutionen und der Digesten in lateinischer Sprache und in einer zeitgemäßen Übersetzung.[103] *Michael Stolleis* hat von diesem Vorhaben in der „Lebendigen Antike" berichtet.[104] Ob die Neuausgabe auch eine neue Rezeption des Römischen Rechtes auslösen kann?

7. Europäisches Privatrecht

Jedenfalls könnte das Corpus Iuris Civilis bei der von der Europäischen Union geplanten Kodifikation des gesamten Europäischen Privatrechtes hilfreich sein. Es gibt einen Beschluß des Europäischen Parlamentes von 1989, eine solche Kodifikation zu schaffen. Das Projekt ist aber bisher nicht vorangekommen. Die Schwierigkeiten sind immens. Es müßte um nicht mehr oder weniger gehen als um eine „Zusammenführung von kontinentaleuropäischem Gesetzesrecht mit der

---

102 laut aktueller Medienberichte vom September 2016, vgl. etwa Frankfurter Allgemeine Zeitung, 17.9.2016, S. 1 („Amerika will 14 Milliarden von Deutscher Bank") und S. 21.

103 *Corpus Iuris Civilis*. Text und Übersetzung, hrsgg. von Okko Behrends / Rolf Knütel /Berthold Kupisch / Hans Hermann Seiler, Band I: Institutionen, 2. Aufl., Heidelberg 1997; Band II: Digesten 1–10, Heidelberg 1995; Band III: Digesten 11–20, Heidelberg 1999; Band IV: Digesten 21–27, Heidelberg 2005; Band V: Digesten 28–34, Heidelberg 2012. Als handliche Ausgabe der „Institutionen" *Rolf Knütel / Berthold Kupisch / Sebastian Lohsse / Thomas Rüfner*: Corpus Iuris Civilis. Die Institutionen. Text und Übersetzung, 4. Aufl., Heidelberg 2013.

104 *Michael Stolleis*: Juristenlatein, Ludwigshafen am Rhein 2015 (= Schriftenreihe des Förderkreises Lebendige Antike Ludwigshafen am Rhein e. V., Band 22; Text des Vortrages vom 20.5.2015).

Rechtstradition des angelsächsischen Fall- und Regelrechts des Common Law... Der Zugang zu dem System eines gesamteuropäischen Privatrechtes muß über die nationalen Kodifikationen gesucht werden, in denen die historisch gewachsenen Elemente und Grundwerte eines europäischen Rechtes weiterleben. Die eine Säule der neuen Rechtsordnung wird deshalb in der Lehrtradition der Universität und des Ius Commune einschließlich seiner doktrinären Fortbildung durch juristischen Humanismus, Usus modernus, das Vernunftrecht und die auf das Ausland ausstrahlende Pandektistik gefunden. Daneben unverzichtbar erscheint als weiteres Element das Common Law."[105] Aber das alles ist höchst umstritten. Um eine „Juristische Zeitgeschichte" wird eine heftige Auseinandersetzung geführt.[106] Der Ausgang ist offen.[107]

Eine Rahmenbedingung für die Erforschung und historische Erklärung jedenfalls des gegenwärtigen europäischen Privatrechtes stellt das *Max-Planck-Institut für Europäische Rechtsgeschichte* in Frankfurt am Main bereit.[108] Der Verfasser hatte am 30. September 2016 Gelegenheit, unter Führung von Professor Dr. iur. Dr. h. c. *Michael Stolleis*+ das Institut und seine bis ins 16. Jahrhundert zurückreichende, aber hauptsächlich aus Beständen seit dem 19. Jahrhundert bestehende Bibliothek zu besuchen. Das Institut ist in einem herausragenden Neu-

---

105 *Hans Schlosser*: Grundzüge der Neueren Privatrechtsgeschichte. Rechtsentwicklungen im europäischen Kontext, 10. Aufl., Heidelberg 2005, S. 296/297.

106 im Rahmen derer Schlosser in der Neuausgabe seiner „Privatrechtsgeschichte" wohl resigniert hat, *Hans Schlosser*: Neuere Europäische Rechtsgeschichte, 2. Aufl., München 2014, S. 418/419.

107 zur laufenden Diskussion etwa seinerzeit schon *Peter-Christian Müller-Graff*: Privatrecht und Europäisches Gemeinschaftsrecht – Gemeinschaftsprivatrecht, 2. Aufl., Baden-Baden 1991; ders. (Hrsg.): Gemeinsames Privatrecht in der Europäischen Gemeinschaft, 2. Aufl., Baden-Baden 1999; *Bettina Heiderhoff*: Gemeinschaftsprivatrecht, 2. Aufl., München 2007, sowie die jeweiligen Beiträge in der Zeitschrift „GPR – Grundlagen – Schriften zum Gemeinschaftsprivatrecht".

108 zum Institut: *Max-Planck-Institut für Europäische Rechtsgeschichte Frankfurt am Main* (Hrsg.): Max-Planck-Institut für Europäische Rechtsgeschichte. Max Planck Institute für European Legal History, Frankfurt am Main 2016.

bau der Moderne[109] beherbergt, erschließt die Bestände mit moderner Digitaltechnik und repräsentiert damit eine Einheit von Tradition und Moderne in einzigartiger Weise.

XVI. Versuch einer Wertung

Individualismus, Privatautonomie und vor allem der Selbststand der Privatrechtsordnung gegenüber der staatlichen Gewalt waren oben als Merkmale des Römischen Rechtes ausgemacht worden. Von daher lassen sich vielleicht einige Aussagen zur Bewertung der heutigen Rechtslage ableiten.

Das Grundproblem besteht in der Unterwerfung der Privatrechtsordnung und damit der Lebensverhältnisse der Bürger unter die parlamentarische Gesetzgebung. Es gilt einerseits als große Errungenschaft des modernen Verfassungsstaates, daß die demokratische Volksvertretung im Parlament zugleich zum zentralen Organ der Gesetzgebung im gewaltengeteilten Rechtsstaat geworden ist. Diese Identität ist historisch bedingt, aber nicht ohne weiteres zwangsläufig und sachlogisch; doch das mag hier dahinstehen. Im Parlament jedenfalls formiert sich politischer Wille. Das Gesetz ist Politik. Das Gesetz ist zudem äußerster Ausdruck staatlicher Macht.

In der politischen Gesetzgebung durch das Parlament liegt eine Gefahr, die jeder staatlichen Macht innewohnt: Herrschaft über die Menschen auszuüben. Auch der parlamentarische Gesetzgeber der Bundesrepublik Deutschland unter der Geltung des Grundgesetzes ist nicht davor sicher, dieser Gefahr zu widerstehen. Dies gilt um so weniger, wenn parlamentarische Mehrheiten dazu neigen, ihre Gesetzgebungsgewalt zu politischen Steuerung der Gesellschaft einzusetzen. Dann kommt es leicht zu einem *Grundverständnis von Politik, das nicht von einer*

---

109 zum Bau: *Max-Planck-Gesellschaft zur Förderung der Wissenschaften e. V.* (Hrsg.): Max-Planck-Institut für Europäische Rechtsgeschichte Frankfurt am Main. Institutsneubau, München 2013.

prinzipiellen Freiheit der Bürger ausgeht, sondern sich als prinzipielle Befugnis zur Disposition über Freiheit, Eigentum und Vermögen der Bürger versteht. Weite Teile der Gesetzgebung sind von eben einem solchen Grundverständnis geprägt. Die Rechtssetzung der EU und des deutschen Gesetzgebers denkt weithin nicht in den Kategorien der Freiheit, sondern der politischen Steuerung. Die Umwelt-, Klimaschutz-[110], Einwanderungs-, Steuergesetzgebung sind hierfür markante Beispiele. Diese Gesetzgebung zielt auf das Verhalten des Bürgers und auf gesellschaftliche Veränderung. Trotz allem Despotismus kaiserlicher Gewalt im Römischen Reich waren die Autonomie des Römischen Privatrechtes und die Idee des Römischen Bürgerrechtes, das der kaiserlichen Disposition nicht unter-, sondern vorauslag, im Prinzip freiheitlicher als die Steuerungsgesetzgebung der EU und des Deutschen Bundestages. Eine Rückbesinnung auf das Bürgerrecht und eine freie Gesellschaft täte not.

Grundsätzlich sollten dem staatlichen Machtanspruch die *Grundrechte* der Bürger entgegentreten. Sie hätten auch das Potential dazu, würden sie als Ausdruck prinzipieller Freiheit des Bürgers und der Gesellschaft verstanden.[111] Genau dieses prinzipielle allgemeine Freiheitsverständnis der Grundrechte als vorausliegender Freiheit der gesamten Gesellschaft ist in der deutschen Gesetzgebungspraxis und in der Rechtsprechung des Bundesverfassungsgerichts weithin verlorengegangen. Die Grundrechte sind auf die jeweiligen tatbestandlichen Formulierungen im Grundgesetz zurückgefahren und fragmentiert worden. Sie gelten nur nach Maßgabe der Gesetzesvorbehalte und der Rechtsprechung, nicht mehr kraft der Idee einer der Staatsgewalt vorausliegenden, de-

110 den ideologischen Einbruch auf diesem Gebiet untersucht *Frank Hennecke*: Klimaschutz – Fundamentalismus in der Gesetzgebung?, Ludwigshafen am Rhein 2016.

111 so noch *Josef Isensee*: Subsidiaritätsprinzip und Verfassungsrecht. Eine Studie über das Regulativ des Verhältnisses von Staat und Gesellschaft, 2. Aufl., Berlin 2001.

ren Dispositionsgewalt entzogenen Freiheit.[112] Sie sind damit in die Defensive geraten und müssen immer wieder in einzelnen Gerichtsverfahren mit überdies ungewissem Ausgang erkämpft werden. Die Vortrags- und Beweislast trägt der Bürger, wenn er sich gegen gesetzgeberische Eingriffe wehrt. Der Gesetzgeber ist in der Vorhand, auch dann, wenn er auf die Lebensverhältnisse der Bürger zugreift.

Dieser aktuellen Grundsituation könnte eine Besinnung auf das Römische Recht mit seinem Potenzial an Rechtssicherheit und an gesellschaftlicher und individueller Freiheit entgegengesetzt werden. Wie denn überhaupt die rechtsgeschichtlichen Grundlagen Europas zu einem neuen Verständnis der Europäischen Einheit verhelfen könnten.[113] Vielleicht wäre es an der Zeit, in einer neuen Rezeption das Erbe der Antike im Römischen Recht, gar in einer freiheitlichen Europäischen Privatrechtsordnung, wieder neu zu beleben.

112 auf diese Verkürzung und Fragmentierung der Grundrechte weist insbesondere *Schachtschneider* hin, vgl. *Karl A. Schachtschneider / Jost Bauch*: Einwanderung oder Souveränität. Deutschland am Scheideweg, o. O. 2015, S. 76 ff.

113 *Michael Stolleis*: Unsere Rechtsgemeinschaft, in: Frankfurter Allgemeine Zeitung, 30.5.2016, S. 13: „Die Grundlagen der europäischen Lebensweise sind keine bürokratischen Konstruktionen, sondern in Jahrhunderten erstritten worden – Eine Widerrede gegen den defätistischen Geist der Europaskepsis und das Betäubungsmittel des Nationalismus".

Schrifttumsverzeichnis

Babusiaux, Ulrike u. a. (Hrsg.): Handbuch des Römischen Privatre3chts, 2 Bde., Tübingen 2021.

Becker, Jürgen: Paulus. Der Apostel, 3. Aufl., Tübingen 1998.

Böckenförde, Ernst-Wolfgang: Geschichte der Rechts- und Staatsphilosophie, 2. Aufl., Tübingen 2006.

Böckenförde, Ernst-Wolfgang: Vom Ethos der Juristen, Berlin 2010.

Braunecker, Wilhelm: Europäische Privatrechtsgeschichte, Wien – Köln – Weimar 2014.

Bretone, Mario: Geschichte des Römischen Rechts. Von den Anfängen bis Justinian, 2. Auflage, München 1998.

Cai Institutiones secundum Codicis Veronensis Apographum Studemundianum et reliquias in Aegypto repertas edidit M. David, Leiden 1948.

Carré, Roy: Consuetudo. Das Gewohnheitsrecht in der Rechtsquellen- und Methodenlehrte des späten ius commune in Italien (16.–18. Jahrhundert), Frankfurt am Main 2005.

Codex Iuris Canonici Pii X Pontificis Maximi iussu digestus Benedicti Papae XV auctoritate promulgatus Praefatione E. Mi Petri Card. Gasparri et Indice analytico-alphabetico auctus, Città del Vaticano 1965.

Codex Iuris Canonici. Auctoritate Ioannis Pauli PP. II promulgatus. Libreria Editrice Vaticana M DCCC LXXXIII. Codex des Kanonischen Rechtes. Lateinisch-deutsche Ausgabe, 2. Aufl., Kevelaer 1984.

Colli, Vincenzo: Juristische Buchproduktion im Mittelalter, Frankfurt am Main 2002.

Conrad, Hermann: Deutsche Rechtsgeschichte. Band 1: Frühzeit und Mittelalter, 2. Aufl., Karlsruhe 1962.

Conring, Hermann: Der Ursprung des Deutschen Rechts, hrsgg. von Michael Stolleis, Frankfurt am Main 1994.

Corpus Iuris Civilis. 3 Bde., Neudruck Dublin – Zürich 1973.

Corpus Iuris Civilis. Text und Übersetzung. Hrsgg. von Okko Behrends / Rolf Knütel /Berthold Kupisch / Hans Hermann Seiler, Band I: Institutionen, 2. Aufl., Heidelberg 1997; Band II: Digesten 1–10, Heidelberg 1995; Band III: Digesten 11–20, Heidelberg 1999; Band IV: Digesten 21–27, Heidelberg 2005; Band V: Digesten 28–34, Heidelberg 2012.

Das Zwölftafelgesetz. Texte, Übersetzungen und Erläuterungen von Dr. Rudolf Düll, 3. Aufl., München 1959.

Dawson, Christopher: Die Gestaltung des Abendlandes. Eine Einführung in die Geschichte der abendländischen Einheit, Frankfurt am Main – Hamburg 1961.

Demandt, Alexander: Die Spätantike. Römische Geschichte von Diocletian bis Justinian 284–565 n. Chr., München 1989 (= Handbuch der Altertumswissenschaften, III 6).

Die Oesterreichisch-Ungarische Monarchie in Wort und Bild, hrsgg. von Kronprinz Erzherzog Rudolf, Wien 1885 ff.

Dilcher, Gerhard: Die Germanisten und die Historische Rechtsschule. Bürgerliche Wissenschaft zwischen Romantik, Realismus und Rationalisierung, Frankfurt am Main 2016.

Dölemeyer, Barbara / Mohnhaupt, Heinz (Hrsg.): 200 Jahre AGBGB (1811–2011). Die österreichische Kodifikation im internationalen Kontext, Frankfurt am Main 2012.

Ebel, Friedrich / Thielmann, Georg: Rechtsgeschichte. Band I: Antike und Mittelalter, 2. Aufl., Heidelberg 1998.

Eisenhardt, Ulrich: Deutsche Rechtsgeschichte, 6. Aufl., München 2013.

Fikentscher, Wolfgang: Methoden des Rechts in vergleichender Darstellung. Band IV: Dogmatischer Teil, Tübingen 1977.

Forsthoff, Ernst: Deutsche Verfassungsgeschichte der Neuzeit, 2. Aufl., Stuttgart 1961.

Giaro, Tomasz: Römische Rechtswahrheiten. Ein Gedankenexperiment, Frankfurt am Main 2007.

Gmür, Rudolf / Roth, Andreas: Grundriss der deutschen Rechtsgeschichte, München 2014.

Habsburg, Otto von: Die Reichsidee. Geschichte und Zukunft einer übernationalen Ordnung, 2. Aufl., Wien - München 1987.

Haller, Johannes: Das Papsttum. Idee und Wirklichkeit, 5 Bde., Neudruck Hamburg 1965.

Hampe, Karl: Das Hochmittealter. Geschichte des Abendlandes von 900 bis 1250, 4. Aufl., Münster - Köln 1953.

Hanewinkel, Inge / Linder, Klaus: Römisches Recht im kulturellen Kontext, Baden-Baden 2021.

Harke, Jan Dirk: Römisches Recht, 2. Aufl., München 2016.

Hattenhauer, Hans: Europäische Rechtsgeschichte, 4. Aufl., Heidelberg 2004.

Hattenhauer, Hans: Die geistesgeschichtlichen Grundlagen des deutschen Rechts, 4. Aufl., Heidelberg 2004.

Heckel, Martin: Martin Luthers Reformation und das Recht, Tübingen 2016.

Heiderhoff, Bettina: Gemeinschaftsprivatrecht, 2. Aufl., München 2007.

Hennecke, Frank: Zur Neubestimmung des Verhältnisses von Staat und Gesellschaft im Umweltrecht, in: Jahrbuch des Umwelt- und Technikrechts 1999, Berlin 1999, S. 7 ff.

Hennecke, Frank: Die Umsetzung von EG-Richtlinien zum Umweltrecht in der politischen Praxis, in: Jahrbuch des Umwelt- und Technikrechts 2001, Berlin 2001, S. 193 ff.

Hennecke, Frank: Politische Antike: Carl Schmitt, 3. Aufl., Ludwigshafen am Rhein 2017 (= Schriftenreihe des Förderkreises Lebendige Antike Ludwigshafen am Rhein e. V., Band 17).

Hennecke, Frank: Klimaschutz – Fundamentalismus in der Gesetzgebung?, Ludwigshafen am Rhein 2016.

Hennecke, Frank: Kirche und Reich. Das Kanonische Recht als Erbe der Antike, Ludwigshafen am Rhein 2017 (=Schriftenreihe des Förderkreises Lebendige Antike Ludwigshafen am Rhein e. V., Band 27).

Hennecke, Frank: Das Römische Recht als Rezeption der Antike – vom Mittelalter bis zur Europäischen Union, 2. Auflage, Ludwigshafen am Rhein 2017.

Hennecke, Frank / Radek, Erwin / Schröder Paul (Hrsg.): Gymnasium und Welt. Eine Festschrift, Norderstedt – Ludwigshafen am Rhein 2014.

Hennecke, Frank / Friedrich Kuntz (Hrsg.): Lebendige Antike Ludwigshafen. Einführungstexte 1954–2014, Ludwigshafen am Rhein 2015 (= Schriftenreihe des Förderkreises Lebendige Antike Ludwigshafen am Rhein e. V., Band 19).

Hennecke, Frank / Jünger, Rainer M. / Kuntz, Friedrich (Hrsg.): Klassik in Ludwigshafen – Sechzig Jahre „Lebendige Antike“, Ludwigshafen am Rhein 2015, S. 27 ff.

Herzog, Roman: Staaten der Frühzeit. Ursprünge und Herrschaftsformen, München 1988.

Isensee, Josef: Subsidiaritätsprinzip und Verfassungsrecht. Eine Studie über das Regulativ des Verhältnisses von Staat und Gesellschaft, 2. Aufl., Berlin 2001.

Kafka, Franz: Der Prozeß. Roman, Frankfurt am Main – Hamburg 1960 (= Exempla Classica Band 3).

Kaser, Max: Das Römische Privatrecht. Erster Abschnitt: Das altrömische, das vorklassische und das klassische Recht, 2. Aufl., München 1971 (= Handbuch der Altertumswissenschaften.. Rechtsgeschichte des Altertums, Band X, 3.3.1 und 3.3.2).

Kaser, Max: Römisches Privatrecht, 15. Aufl., München 1989.

Kaser, Max / Knütel, Rudolf /Sebastian Lohsse: Römisches Privatrecht, 21. Aufl., München 2017.

Kimminich, Otto: Deutsche Verfassungsgeschichte, 2. Aufl., Baden-Baden 1987.

Knütel, Rolf / Kupisch, Berthold / Lohsse, Sebastian / Rüfner, Thomas: Corpus Iuris Civilis. Die Institutionen. Text und Übersetzungen, 4. Aufl., Heidelberg u. a. 2013.

Korosec, Viktor: Hethitische Staatsverträge, Leipziger Rechtswissenschaftliche Studien, Heft 60, Leipzig 1931.

Koschacker, Paul: Europa und das Römische Recht, 4. Aufl., München – Berlin 1966.

Koselleck, Reinhart: Preußen zwischen Reform und Revolution, Neuausgabe München 1989.

Kroeschell, Karl / Cordes, Albrecht / Nehlsen-von Stryk, Karin: Deutsche Rechtsgeschichte. Band 2: 1250–1650, 9. Aufl., Köln – Weimar – Wien 2008.

Kunkel, Wolfgang: Römische Rechtsgeschichte, 3. Aufl., Köln – Graz 1960.

Kunkel, Wolfgang: Die Römischen Juristen. Herkunft und soziale Stellung, Neuausgabe Köln – Weimar – Wien 2001.

Kunkel, Wolfgang / Schermaier, Martin: Römische Rechtsgeschichte, 14. Aufl., Köln – Weimar – Wien 2005.

Lange, Hermann: Römisches Recht im Mittelalter. Band I: Die Glossatoren, München 1997.

Lange, Hermann / Kriechbaum, Maximiliane: Römisches Recht im Mittelalter. Band II: Die Kommentatoren, München 2007.

Leccisotti, Tommaso: Monte Cassino. Sein Leben und seine Ausbreitung, Basel 1949.

Liebs, Detlef: Römisches Recht, 6. Aufl., Göttingen 2004.

Liebs, Detlef: Lateinische Rechtsregeln und Rechtssprichwörter, 7. Aufl., München 2007.

Link, Christoph: Kirchliche Rechtsgeschichte, 3. Aufl., München 2017.

Link, Hannelore: Rezeptionsforschung. Eine Einführung in Methoden und Probleme, 2. Aufl., Stuttgart u. a. 1980.

Max-Planck-Gesellschaft zur Förderung der Wissenschaften e. V. (Hrsg.): Max-Planck-Institut für Europäische Rechtsgeschichte Frankfurt am Main. Institutsneubau, München 2013.

Max-Planck-Institut für Europäische Rechtsgeschichte Frankfurt am Main (Hrsg.): Max-Planck-Institut für Europäische Rechtsgeschichte. Max Planck Institute für European Legal History, Frankfurt am Main 2016.

Meder, Stephan: Rechtsgeschichte, 5. Aufl., Köln – Weimar – Wien 2014.

Meier, Franz Georg: Die Verwandlung der Mittelmeerwelt, Frankfurt am Main – Hamburg 1968 (= Fischer Weltgeschichte, Band 9).

Meincke, Jens Peter: Römisches Privatrecht, 4. Aufl., Baden-Baden 2021.

Mitteis, Heinrich: Der Staat des hohen Mittelalters, 11. Aufl., Darmstadt 1986.

Mitteis, Heinrich / Lieberich, Heinz: Deutsches Privatrecht, 8. Aufl., München 1978.

Mitteis, Heinrich / Lieberich, Heinz: Deutsche Rechtsgeschichte, 19. Aufl., München 1992.

Mittelstraß, Jürgen (Hrsg.): Enzyklopädie Philosophie und Wissenschaftstheorie, Bd. 3, Stuttgart – Weimar 1995.

Möllers, Christoph: Die Möglichkeit der Normen, Frankfurt am Main 2015.

Mommsen, Theodor: Römisches Staatsrecht, 5 Bde., Leipzig 1887–1888.

Mommsen, Theodor: Abriss des Römischen Staatsrechts, Neudruck Darmstadt 1982.

Montesquieu, Charles de: Vom Geist der Gesetze, 2 Bde., übersetzt und herausgegeben von Ernst Forsthoff, 2. Aufl., Tübingen 1992.

Müller, Ingo: Furchtbare Juristen. Die unbewältigte Vergangenheit unserer Justiz, München 1989.

Müller-Graff, Peter-Christian: Privatrecht und Europäisches Gemeinschaftsrecht – Gemeinschaftsprivatrecht, 2. Aufl., Baden-Baden 1991.

Nipperdey, Thomas: Deutsche Geschichte 1800 – 1866. Bürgerwelt und starker Staat, München 1983.

Pirenne, Henri: Mahomet und Karl der Große. Untergang der Antike am Mittelmeer und Aufstieg des germanischen Mittelalters, Frankfurt am Main – Hamburg 1963.

Platen, August von: Werke, Band I, Gütersloh o. J.

Rainer, Michael: Das Römische Recht in Europa. Von Justinian zum BGB, Wien 2012.

Rebenich, Stefan: Theodor Mommsen. Eine Biographie, München 2002.

Rommen, Heinrich: Die Ewige Wiederkehr des Naturrechts, 2. Aufl., München 1947.

Rüthers, Bernd: Entartetes Recht. Rechtslehren und Kronjuristen im Dritten Reich, 2. Aufl., München 1989.

Rüthers, Bernd: Das Ungerechte an der Gerechtigkeit. Defizite eines Begriffs, 2. Aufl., Osnabrück 1993.

Sachsenspiegel. Landrecht und Lehnrecht, hrsgg. von Friedrich Ebel, Stuttgart 2012.

Savigny, Friedrich Carl von: System des heutigen römischen Rechts, 8 Bde., Berlin 1840–1849.

Schachtschneider, Karl A. / Bauch, Jost: Einwanderung oder Souveränität. Deutschland am Scheideweg, o. O. 2015.

Schlosser, Hans: Grundzüge der Neueren Privatrechtsgeschichte. Rechtsentwicklungen im europäischen Kontext, 10. Aufl., Heidelberg 2005.

Schlosser, Hans: Neuere Europäische Rechtsgeschichte, 2. Aufl., München 2014.

Schmitt, Carl: Politische Theologie. Vier Kapitel zur Lehre von der Souveränität, 2. Ausg., München – Leipzig 1934.

Schneider, Carl: Geistesgeschichte des antiken Christentums, 2 Bde., München 1954.

Schneider, Hans: Gesetzgebung, 3. Aufl., Heidelberg 2002.

Seckel, Emil: Beiträge zur Geschichte beider Rechte im Mittelalter. Band I: Zur Geschichte der populären Literatur des römisch-kanonischen Rechts, Tübingen 1898 (Neudruck Hildesheim 1967).

Seidl, Erwin: Römische Rechtsgeschichte und römisches Zivilprozeßrecht, 3. Aufl., Köln u a. 1971.

Smend, Rudolf: Staatsrechtliche Abhandlungen und andere Aufsätze, 2. Aufl., Berlin 1968.

Sohm, Rudolph: Institutionen des Römischen Rechts, 6. Aufl., Leipzig 1896.

Sohm, Rudolph: Kirchenrecht, 2 Bde., Berlin 1892/1923.

Sommer, Michael: Die Zauberformel für Rechtssicherheit, in: Frankfurter Allgemeine Zeitung, 31. 8. 2016, S. 12.

Stolleis, Michael: Juristenlatein, Ludwigshafen am Rhein 2015 (= Schriftenreihe des Förderkreises Lebendige Antike Ludwigshafen am Rhein e. V., Band 22).

Stolleis, Michael: Unsere Rechtsgemeinschaft, in: Frankfurter Allgemeine Zeitung, 30. 5. 2016, S. 13.

Stolleis, Michael: Rezension zu Martin Heckel: Martin Luthers Reformation und das Recht, in: Frankfurter Allgemeine Zeitung, 16. 11. 2016, S. 12.

Waldstein, Wolfgang / Rainer, Michael: Römische Rechtsgeschichte, 11. Aufl., München 2014.

Wall, Heinrich de / Muckel, Stefan: Kirchenrecht, 5. Aufl., München 2017.

Walter, Christian / Gärditz, Klaus Ferdinand: Der Bürgerstatus im Lichte von Migration und europäischer Integration, in: Veröffentlichungen der Vereinigung der Deutschen Staatsrechtslehrer, Band 72, Berlin – Boston 2013.

Weber, Max: Wirtschaft und Gesellschaft, 5. Aufl., Studienausgabe, Tübingen 1976.

Welzel, Hans: Naturrecht und materiale Gerechtigkeit, 4. Aufl., Göttingen 1962.

Wesel, Uwe: Geschichte des Rechts. Von den Frühformen bis zur Gegenwart, 4. Aufl., München 2014.

Wesenberg, Gerhard / Wesener, Gunter: Neuere deutsche Privatrechtsgeschichte im Rahmen der europäischen Rechtsentwicklung, 4. Aufl., Wien – Köln – Graz 1985.

Wieacker, Franz: Recht und Gesellschaft in der Spätantike, Stuttgart 1964.

Wieacker, Franz: Privatrechtsgeschichte der Neuzeit unter besonderer Berücksichtigung der deutschen Entwicklung, 2. Aufl., Göttingen 1967.

Willoweit, Dietmar: Deutsche Verfassungsgeschichte, 7. Aufl., München 2013.

Windscheid, Bernhard: Lehrbuch des Pandektenrechts, 3 Bde., Leipzig 1862–1870.

Winkler, Heinrich August: Geschichte des Westens. Von den Anfängen in der Antike bis zum 20. Jahrhundert, München 2009.

Zwalfe, W. J. / Sirks, A. J. B.: Grundzüge der Europäischen Privatrechtsgeschichte, Wien – Köln – Weimar 2012.

Kirche und Reich. Das Kanonische Recht als Erbe der Antike

Vorbemerkung

Das vorliegende Kapitel ist die überarbeitete und aktualisierte Textfassung eines Vortrages, den der Verfasser am 31. Mai 2017 im Rahmen der Vortrags- und Veranstaltungsreihe „Lebendige Antike Ludwigshafen am Rhein“ im alten Ratssaal der Stadt gehalten hat und der seinerzeit in diesem Zusammenhang im Eigenverlag veröffentlicht worden ist und Verbreitung gefunden hat.[114]

Der Vortrag war im Einladungsfaltblatt zu der Veranstaltung wie folgt angekündigt worden: „Das zu Anfang charismatische Urchristentum hat sehr bald kirchen-rechtliche Strukturen ausgebildet. Es war später dann nach dem Untergang des Weströmischen Reiches die institutionelle Verfaßtheit der lateinischen Kirche, die sich in einem weithin rechtsfreien Raum als ordnungsbildend auswirkte. Das territoriale Übergreifen auf den weltlichen Lebensraum war ebenso die Folge wie ein territorialer Herrschaftsanspruch der Kirche, der später in den geistlichen Fürstentümern des Alten Reiches unmittelbar galt und gegenüber der weltlichen Herrschaft u. a. im Investiturstreit offensiv erhoben wurde. Parallel zur Rezeption des Römischen Rechtes setzte seit dem hohen Mittelalter eine Systematisierung und Verwissenschaftlichung des Kanonischen Rechtes ein, die ihrerseits in einer wechselseitigen Beziehung zur Rezeption des Römischen Rechtes stand und zu

114 *Frank Hennecke*: Kirche und Reich. Das Kanonische Recht als Erbe der Antike, 2. Auflage, Ludwigshafen am Rhein 2018. Zur 1. Auflage (2017) vgl. die Rezension von *Reinhart Staats* in: Blätter für Pfälzische Kirchengeschichte, Jahrgang 85, 2018, S. 218–220.

dessen Fortentwicklung bis zu den großen Zivilrechtskodifikationen des 19. Jahrhunderts beitrug. Die historische Weiterentwicklung führte schließlich zu Beginn des 20. Jahrhunderts zu einer Codifizierung des Kanonischen Rechtes im ‚Codex Iuris Canonici', der die rechtliche Verfaßtheit der Römisch-Katholischen Kirche befestigt hat. Das Kanonische Recht ist zugleich zu einer der Voraussetzungen des geltenden Staatskirchenrechtes in Deutschland geworden."

Die Volkshochschule Ludwigshafen hatte den Vortrag in ihr Programm mir folgenden Hinweis aufgenommen: „Neben dem Römischen Recht gibt es eine weitere Rechtstradition aus der Antike, die seit dem Ende des Weströmischen Reiches die Geschichte Europas beeinfußt hat: Das Kanonische Recht der Römisch-Katholischen Kirche. Dessen Entstehung, Entwicklung und Auswirkungen bis heute sind Gegenstand des Vortrages."

I. Einleitung

1.

Vor einem Dreivierteljahr sprachen wir an dieser Stelle vom Römischen Recht als einem Erbe der Antike und von dessen Fortwirken bis auf den heutigen Tag.[115] Wir hatten damals angedeutet, daß die seit dem 11. Jahrhundert einsetzende Rezeption des Römischen Rechtes in Parallele stand zu der Herausbildung der *Kanonistik*, der wissenschaftlichen Behandlung des kirchlichen, des „kanonischen" Rechtes und daß es hierbei wechselseitige Beeinflussungen gab. Die Überlegungen heute gelten diesem Kirchlichen Recht als dem gleichsam zweiten Strom abendländischer Rechtsentwicklung, der bis in die Antike zurückreicht und bis in die Gegenwart Bedeutung hat.

115 Vgl. *Frank Hennecke*: Das Römische Recht als Rezeption der Antike – vom Mittelalter bis zur Europäischen Union, Ludwigshafen am Rhein 2017 (Vortrag vom 5. Oktober 2016, Schriftenreihe des Förderkreises Lebendige Antike Ludwigshafen am Rhein e. V., Band 25).

2.

Das Kanonische Recht gilt als das Recht der römisch-katholischen Kirche.[116] Es tritt heute als der von Papst Johannes Paul II im Jahre 1983 inkraftgesetzte Codex Iuris Canonici (CIC) sichtbar und mit aktueller Geltung in Erscheinung.[117] Der Codex ist nach seinem Selbstverständnis gemäß dem Zweiten Vatikanischen Konzil[118] und der einführenden Constitutio Apostolica des Papstes[119] die verbindliche Lebensordnung der Kirche als Volk Gottes auf dem Pilgerweg von Zeit und Geschichte.[120] Die Ursprünge liegen Jahrhunderte zurück. Diesen Ursprüngen, aber auch den vielfachen Wandlungen in der Geschichte wollen wir in großen Linien nachgehen. Das Wort „Kanon" – griechisch κανων, Richtmaß, Richtschnur – selbst weist bereits auf griechische Wurzeln. Der Begriff wurde schon sehr früh für kirchliche Rechtssätze verwendet, die so von den weltlichen Rechtssätzen, den νομοι, unterschieden wurden.[121]

---

116 Das grundlegende Lehrbuch des Kanonischen Rechtes in deutscher Sprache: *Winfried Aymans / Klaus Mörsdorf*: Kanonisches Recht. Lehrbuch aufgrund des codex iuris canonici, Band I, Paderborn u.a. 1991; dies.: Band II, Paderborn u. a. 1997; dies.: Band III, Paderbron u. a. 2007; *Winfried Aymans / Klaus Mörsdorf / Ludger Müller*: Kanonisches Recht, Band IV, Paderborn u. a. 2013.
Vgl. auch *Stephan Haering / Wilhelm Rees / Heribert Schmitz* (Hrsg.): Handbuch des Katholischen Kirchenrechts, 3. Aufl., Regensburg 2015, und die lexikalische Darstellung von *Sabine Demel*: Kirchenrecht. Grundbegriffe für Studium und Praxis, 2. Aufl., Freiburg/Brg. 2013.
Zur Geschichte des katholischen Kirchenrechts *Willibald M. Plöchl*. Geschichte des Kirchenrechts, 5 Bde., Bd. I, 2. Aufl., Wien – München 1960: Bd. II, 2. Aufl., Wien – München 1962; Bd. III, 2. Aufl., Wien – München 1970; Bd. IV, Wien – München 1966; Bd. V., Wien – München 1969; *Hans Erich Feine*: Kirchliche Rechtsgeschichte. Die katholische Kirche, 5. Aufl., Köln – Wien 1972

117 greifbare Textausgabe: *Codex Iuris Canonici*. Codex des kanonischen Rechts. Lateinisch-deutsche Ausgabe, 2. Aufl., Kevelaer 1984 (nachfolgend zitiert „CIC").

118 entsprechend der Konzilskonstitution „Lumen Gentium", in: *Karl Rahner / Herbert Vorgrimler* (Hrsg.): Kleines Konzilskompendium, Freiburg (Brg.) 1966, S. 123 ff.

119 CIC S. VIII.

120 so wörtlich aufgenommen von *Heinrich de Wall / Stefan Muckel*: Kirchenrecht, 5. Aufl., München 2017, S. 97.

121 *de Wall / Muckel*, a.a.O. (Fußn. zuvor), S 95.

3.

Gleichsam den Horizont unserer Überlegungen sollen ein Zitat und eine Erfahrung eröffnen.

3.1.

„Das Kirchenrecht steht mit dem Wesen der Kirche in Widerspruch.“[122] Dieses Donnerwort des evangelischen Rechts- und Kirchenhistorikers *Rudolph Sohm* (1841–1917) hat jahrzehntelang vor allem die evangelische Kirchenrechtswissenschaft beeinflußt und sollte denn auch das Kanonische Recht im Innersten vernichtend treffen.[123] Es gilt heute als überwunden, kann denn Kirche als Gemeinschaft von Menschen einer rechtlichen Ordnung nicht entbehren. Aber das Wort zwingt zu einer Selbstvergewisserung der Kirche und zu einer Begriffsbestimmung des Rechts. Ein grundlegender Konflikt, eine prinzipielle Antinomie ist damit angesprochen.[124]

3.2.

Im Jahre 1980 fand in Berlin der Deutsche Juristentag statt. Das ist die die traditionelle und repräsentative Großveranstaltung der deutschen Juristenschaft, die sich in zweijährigem Turnus mit jeweils aktuellen Themen der Rechtspolitik befaßt. Damals stand auf dem Programm die wachsende „Verrechtlichung“ aller Lebensbereiche aufgrund ausufernder Tätigkeit des Gesetzgebers. Grundtenor war die

122 *Rudolph Sohm*: Kirchenrecht, Band I, Leipzig 1892, S. 1.

123 in der Folge dann gleichsam der Ausbau der Frontstellung bei *Rudolph Sohm*: Wesen und Ursprung des Katholizismus, 2. Aufl., Berlin – Leipzig 1912 (= Neuausgabe Darmstadt 1967), und als späteres Gegenbild *Carl Schmitt*: Römischer Katholizismus und politische Form, 2. Aufl., München 1925 (= Neuausgabe Stuttgart 1984).

124 zu *Sohm* und dessen Wirkungsgeschichte, aber auch zu den Einwänden und alternativen Positionen *Christoph Link*: Kirchliche Rechtsgeschichte, 3. Aufl., München 2017, S. 1–7; *Werner Böckenförde*: Das Rechtsverständnis der neueren Kanonistik und die Kritik Rudolph Sohms, Münster 1969.
Vgl. auch aus dem älteren Schrifttum *Hans Barion*: Rudolph Sohm und die Grundlegung des Kirchenrechts, Tübingen 1931.

Klage darüber. Im Beiprogramm aber war eine Vortragsveranstaltung angekündigt mit dem provokativen Gegentitel „Freude am Gesetz". Diesen Vortrag hielt der weithin bekannte jüdische Gelehrte *Pinchas Lapide*, einer der maßgeblichen Interpreten des Neuen Testamentes aus jüdischer Sicht. In der Tat, er sprach von der Freude an der Torah, am Gesetz, im Vortrag und auf der Tischrunde danach. Denkwürdig ist sein Wort: „Wenn ich mir das Corpus Iuris Canonici, die Fülle der Canones, der Dekretalien der Päpste, die Beschlüsse der Synoden ansehe, frage ich mich, wer wohl Grund hat, wen als Gesetzesreligion zu bezichtigen…"

4.

Der Satz von Rudolph Sohm ist eine theologische, speziell ekklesiologische Aussage. Sohm kommt selbstverständlich nicht umhin, schon für die Anfänge des Christentums, für die Frühzeit der Kirche festzustellen, daß rechtliche Ordnungsprinzipien bereits in Geltung sind und sich schnell entfaltet haben. Sein durchaus auch polemischer Satz setzt das Kirchenrecht ja gerade voraus. Daß er dessen Vorhandensein als „Abfall" von der ursprünglich rein charismatischen Gemeinschaft kennzeichnet, ist demgegenüber keine historische Aussage mehr, sondern eine ekklesiologische Wertung. Auf diese aber soll es in unserer Betrachtung nicht ankommen. Es geht uns allein um die *historische* Entstehung und Entfaltung des Kanonischen Rechts. Dessen Selbstverständnis freilich setzt eine theologische Begründung des Kirchenrechts voraus, die, durchaus in Kontoverse, von der Theologie zu leisten ist, aber in die Kanonistik hineinreicht. Nicht ohne Grund sind Kanonistik und Theologie eng miteinander verbunden. Die vorliegende Betrachtung darf sich demgegenüber auf das Kanonische Recht in seiner historischen Erscheinung beschränken. Diese Betrachtung setzt allerdings voraus, daß es eine Kirchengeschichte ohne eine kirchliche Rechtsgeschichte nicht geben kann.

5.

Auch mit mehrfacher anderer Beschränkung muß unsere Betrachtung auskommen. So ist das Evangelische Kirchenrecht, das sich vom Kanonischen Recht in Entstehung, Begründung und Entfaltung vollständig unterscheidet, nicht Gegenstand unserer Überlegung. Dem Primat des Papstes von Rom sind die unierten Kirchen des *orientalischen Ritus* unterstellt. Für sie gilt das lateinische Kanonische Recht in Gestalt des Codex Iuris Canonici nicht. Neben dem CIC steht daher der Codex Canonum Ecclesiarum Orientalium (CCEO), der den nichtlateinischen, vornehmlich liturgischen Traditionen der Ostkirchen gerecht wird. Diese ganz eigene, in der Tradition auch überreiche Welt kann nicht in unser Blickfeld genommen werden.[125]

Das Kanonische Recht ist in seiner geschichtlichen Entwicklung von der allgemeinen Kirchengeschichte und in weiterem Sinne auch von der Weltgeschichte abhängig, wie es denn auch seinerseits in die Kirchen- und Säkulargeschichte hineingewirkt hat. So muß denn immer auch ein Blick auf die allgemeine Geschichte geworfen werden. Aber es sind nur Fragmente von Welt-, Kirchen- und Kirchenrechtsgeschichte, die angesichts der ungeheuren Fülle der Überlieferung hier zur Darstellung kommen können. So muß sich denn schließlich auch die Verarbeitung des unermeßlichen und schlechthin nicht bewältigbaren Schrifttums auf das für das Verständnis Notwendigste beschränken.[126] Die Betrachtung will allerdings das gewaltige und grundle-

125 Zum Kirchenrecht der Ostkirchen vgl. *Friedrich Heiler*: Die Ostkirchen, München – Basel 1971, S. 89 ff.; *Panagiotis Boumis*: Das Kirchenrecht der Orthodoxen Kirche, in: *Wilhelm Nyssen / Hans-Joachim Schulz / Paul Wiertz* (Hrsg.): Handbuch der Ostkirchenkunde, Band III, Düsseldorf 1997, S. 145 ff.
Als Sammlung des griechischsprachigen Kirchenrechts vgl. die zweisprachige und kommentierte Ausgabe *Iuris ecclesiastici Graecorum Historia et Monumenta. Iussu PII IX Pont. Max. curante I. B. Pitra S. R. E. Card.*, Tom I, II, Rom 1864/1868.

126 als durchgängige Referenzliteratur zur vorliegendem Beitrag vgl. die ebenso aktuellen wie leicht zugänglichen und überschaubaren Gesamtdarstellungen von *Christoph Link*: Kirchliche Rechtsgeschichte, 3. Aufl., München 2017; *Heinrich de Wall / Stefan Muckel*: Kirchenrecht, 5. Aufl., München 2017, sowie aus der älteren Literatur die dem Verfasser biographisch naheliegende, konzise Kurzdarstellung

gende Schrifttum des neunzehnten, frühen zwanzigsten Jahrhunderts nicht vergessen, kann sich aber bei vielen Themen auf eine Fülle ganz neuen und umfangreichen Schrifttums berufen, das überraschenderweise gerade in jüngster Zeit erschienen ist.

6.

Was freilich, über das Kanonische Recht hinaus, aber auch nur fragmentarisch, ins Blickfeld tritt, ist das *Staatskirchenrecht*: der Inbegriff rechtlicher Normen, die das Verhältnis von Staat und Kirche bestimmen. Eine solche explizite Verhältnisbestimmung ist als Notwendigkeit erst das Ergebnis eines jahrhundertelangen Prozesses, aber vom Ursprung des Kirchenrechts her angelegt und gerade vom Kanonischen Recht als dessen sachlicher und historischer Voraussetzung gestaltet. Die aktuelle Bedeutung des Kanonischen Rechtes tritt gegenwärtig gerade im Staatskirchenrecht und in dessen Problemlagen zutage.

II. Die Urkirche

Gehen wir zurück zu den Ursprüngen. Immer wieder gilt es sich bewußt zu machen, daß es die Antike, die römisch-griechische Antike ist, in der das Christentum, die Kirche und dann auch das Kirchenrecht historisch entstanden sind. Zwar ist das schlechthin konstituierende Kaisertum des Augustus im allgemeinen Bewußtsein, aber daß etwa Ovid ein Zeitgenosse von Jesus oder Tacitus Zeitgenosse des Paulus

---

von *Siegfried Reicke*: Kirchenrecht, Sonderdruck aus: *Rudolf Reinhardt* (Hrsg.): Einführung in die Rechtswissenschaft, Marburg 1949/1950.

Ganz generell *Hubert Jedin* (Hrsg.): Handbuch der Kirchengeschichte, 7 Bde., Sonderausgabe, Freiburg – Basel – Wien 1985, und zum frühen Christentum die ersten drei Bände des monumentalen enzyklopädischen Werkes *Die Geschichte des Christentums,* deutsche Ausgabe, hrsgg. von *Norbert Brox* u. a.: Bd. I: Die Zeit des Anfangs (bis 250), hrsgg. von *Luce Pietri*, Freiburg – Basel – Wien 2003; Bd. II: Das Entstehen der einen Christenheit (250–430), hrsgg. von *Charles Pietri / Luce Pietri*, Freiburg – Basel Wien 1996; Bd. III: Der lateinische Westen und der byzantinische Osten (431–642), hrsgg. von *Luce Pietri*, Freiburg – Basel – Wien 2001.

war, klingt gar nicht mehr so selbstverständlich. Doch das Christentum reicht dann weit über die Antike hinaus, ist denn auch Anfang und Grund von deren Ende.

1. Jesus von Nazareth

Ob Jesus von Nazareth zu seinen Lebzeiten eine „Kirche“ gegründet hat, ist in der historischen Forschung seit jeher umstritten. Die Bewertung der wenigen historischen Fakten geschieht immer aus der Perspektive nachösterlicher Positionen. Zu dieser Frage kann daher auch an dieser Stelle nichts gesagt werden. Historisch belegt aber dürfte sein, daß Jesus einen Stamm von auserwählten Jüngern um sich gesammelt hat, die ihm anhingen, zu denen er eine besonders enge Verbindung geknüpft hat, die ihm schicksalhaft gefolgt sind und denen er Richtlinien gegeben hat. Auch mag er selbst kirchenstiftende Akte[127] gesetzt haben, wie es jedenfalls einige Stellen des Neuen Testamentes bezeugen.[128] So mag denn auch die Zahl Zwölf verbürgt sein, wie wohl auch andererseits die Historizität der Berufung von zwölf Jüngern umstritten ist.[129] Ob die Wegweisungen, die Jesus seinen Jüngern

---

127 Zur „Kirche als Stiftung Jesu Christi“ *Karl Rahner*: Grundkurs des Glaubens. Einführung in den Begriff des Christentums, Freiburg – Basel – Wien 1976, S. 317 ff.; *Heinrich Fries*: Fundamentaltheologie, Graz – Wien – Köln 1985, § 47, S. 375 ff.: „Der historische (irdische) Jesus und die Möglichkeit von Kirche“.

128 Matth. 16, 18; Matth. 26, 26–28; Matth. 28, 28, 19–20; Mc. 14, 23–24; Lk. 22, 19–20; Joh. 20, 22–23; 1. Kor. 11, 24–25..

129 unbeschadet der umfangreichen neueren Forschung sei an eines des großen Werke des 19. und frühen 20. Jahrhunderts erinnert, das sich der Frage nach den Aposteln und den „Zwölf“ wie überhaupt der Frühgeschichte des Christentums eingehend widmet, *Eduard Meyer*: Urgeschichte des Christentums, Band 1, 1921 (= Neudruck Stuttgart o. J., S. 264 ff.); aus dem 19. Jahrhundert auch *Joh. Jos. Ign. von Döllinger*: Christentum und Kirche in der Zeit der Grundlegung, 2. Auflage, Regensburg 1868; ferner dann *Carl Schneider*: Geistesgeschichte des antiken Christentums, 2 Bde., München 1954, Bd. I, S. 79 ff.; *Karl Baus*: Von der Urgemeinde zur frühchristlichen Urkirche, in: *Hubert Jedin* (Hrsg.): Handbuch der Kirchengeschichte, Bd. I, Freiburg – Basel – Wien 1985, S. 71 ff.; *Adalbert Hamman*: Die ersten Christen, Stuttgart 1985.
Aus der neueren Forschung *Martin Hengel / Anna Maria Schwemer*: Jesus und das Judentum, Tübingen 2007, S. 365–376; sodann *Christoph Markschies*: Das Antike Christentum. Frömmigkeit, Lebensformen, Institutionen, 3. Aufl., München 2016,

gegeben hat, bereits intentional über seinen Tod hinausreichten, mag vielleicht spätere Deutung sein. Es kommt für unsere Betrachtung auf die Historizität der Jüngerschaft zu Lebzeiten Jesu aber auch nicht an. Maßgeblich für unsere Betrachtung sind die neutestamentlichen Quellen als solche, unabhängig davon, ob die Ereignisse, die Jahrzehnte später beschrieben werden, auch als eben solche in unserem Sinne historisch sind. Die relativ zeitnahen Quellen sprechen jedenfalls davon und belegen, wie zumindest bald nach dem Tod Jesu eine solche Jüngerschaft wahr- und angenommen worden ist und als Leitbild für die frühe christliche Gemeinde galt.[130] Immerhin aber haben die Jünger, durch Verrat des Judas in der Zahl zunächst auf elf verringert und dann durch Zuwahl wieder auf zwölf ergänzt,[131] dann als Apostel die Urgemeinde maßgeblich bestimmt. Und daß Jesus eine *Gemeinschaft* von Jüngern gesucht und gelebt hat, ergibt sich aus dem insoweit kaum bezweifelbaren Zeugnis der Evangelien. Daß diese Gemeinschaft auch in gewisser Weise „organisiert" war wie durch die Vorhaltung von Lebensmitteln[132] und einer Kasse[133] oder die förmliche Aussendung der Jünger[134], ergibt sich aus mehreren Indizien in den Evangelien.

---

und, leicht greifbar, *Friedhelm Winkelmann*: Geschichte des frühen Christentums, 5. Aufl., München 2013; jüngst *Hartmut Leppin*: Die frühen Christen. Von den Anfängen bis Konstantin, München 2018; *Peter Gemeinhardt*: Geschichte des Christentums in der Spätantike, Tübingen 2021.

Aus dem theologischen, aber insoweit gleichwohl historisch arbeitenden Schrifttum vgl. *Joseph Hoffmann*: Die im Christusereignis gegründete Kirche, in: Peter Eicher (Hrsg.): Neue Summe Theologie. Band 3: Der Dienst der Gemeinde, Freiburg (Brg) – Basel – Wien 1989, S. 47 ff.; *Heinrich Fries*: Fundamentaltheologie, Graz – Wien – Köln 1985, § 47: Der historische (irdische) Jesus und die Möglichkeit von Kirche, S. 375 ff.

130 *Joseph Ratzinger*: Das neue Volk Gottes. Entwürfe zur Ekklesiologie, 2. Auflage, Düsseldorf 1970, S. 109 ff.: „Wesen und Existenz des geistlichen Amtes. Die Grundlegung in der Sendung Christi"; *Fries* (a.a.O., Fußn. 127), S. 377 ff.

131 Apg. 1, 23–26.

132 zum Beispiel bei der Erzählung von der Speisung der Fünftausend, Lukas 9, 12–17.

133 Joh. 12, 6; 13, 29.

134 Luk. 10, 1–12.

2. Die charismatische Urgemeinde

Als Ursprung der Kirche gilt das Ereignis von Pfingsten. Die Apostelgeschichte[135] beschreibt eine spirituelle Erfahrung der verbliebenen elf Jünger Jesu, denen ein zwölfter später wieder hinzugewählt wurde, vor einer nicht näher bestimmten, versammelten Gemeinde weiterer Anhänger Jesu. Diese Erfahrung wird als überwältigendes Charisma beschrieben. Und in der Tat: für den Glauben ist das geistgewirkte Charisma der Ursprung und der innerste Kern der christlichen Kirche. Ohne dieses Charisma, das sich jeder Definition, jedem menschlichen Zugriff, durch Vernunft oder gar Ordnung, entzieht, gibt es die Kirche nicht. Es ist Werk des Heiligen Geistes und Wesenselement der Kirche. Insofern kann daher von der *ursprünglichen* charismatischen Gestalt der Kirche gesprochen werden.[136] Gleichwohl lassen sich aber auch bereits in der Urkirche oder Urgemeinde Binnenstrukturen wie etwa erkennen, wofür die Apostel exemplarisch stehen.[137]

3. Das Pfingstereignis

„Ursprünglich" in diesem Sinne ist indes ontologisch und ekklesiologisch, nicht historisch gemeint. Die historische Stunde des Pfingstereignisses steht fünfzig Tage nach dem Tod Jesu mitten in der Welt Jerusalems, fällt in die Tage des jüdischen Festes, wird beobachtet von heidnischen Pilgern aus aller Welt, wird erlebt von den Jüngern und Anhängern Jesu, die von der Erfahrung der Auferstehung noch erschüttert, aber wohl auch verstört und ohne Wegweisung sind: Jetzt haben sie Gewißheit. Sie gewinnen die Sprache[138], sie finden erstmals zu einem Selbstbewußtsein. Aber wer ist es, auf den der Geist gekommen ist? Es sind die elf verbliebenen Jünger, die nun zu Aposteln geworden

135 Apg. 2, 1–4.

136 insofern wohl auch *Adolf von Harnack*: Das Wesen des Christentums, 66.–70. Tausend, Leipzig 1920.

137 *Heinrich Fries*: Fundamentaltheologie, Graz – Wien – Köln 1985, S. 420 ff.; *Karl Rahner*: Grundkurs des Glaubens. Einführung in den Begriff des Christentums, Freiburg – Basel – Wien 1976, S. 326 ff.

138 Apg. 2, 4, 14.

sind, und es sind nur diese späteren Zwölf, auf die die Feuerzungen des Geistes herabkommen.[139] Damit aber ist von Anfang an ein menschliches Gremium konstituiert, das vom Geist geleitet ist, das daher Autorität hat und zur Verkündung und zur Leitung berufen ist. So jedenfalls ist diese Grundverfassung der Kirche der Apostelgeschichte zu entnehmen, auch wenn die heutige Forschung die Entstehungszeit der Apostelgeschichte um das Jahr 90 nach Christus ansetzt.[140]

4. Die zwölf Apostel als sichtbare Leitung der Urgemeinde

Damit steht am historischen Anfang der Kirche eine sichtbare Körperschaft. Die Zahl Zwölf steht für eine verfaßte Ordnung, die auch durch die Hinzuwahl wieder verfestigt worden ist. Die sich um diese Körperschaft versammelnde Gemeinde mag sich als Einheit, auch als geistgewirkte, charismatische Einheit begreifen, diese Einheit aber findet Leitung und Repräsentation in den Aposteln. Soll aus der Gemeinde Gemeinschaft, auch in Raum und Zeit, werden, bedarf es eines sichtbaren Bandes. Das Kirchenrecht begründet nicht das innere Charisma, aber ist die Form des Daseins der Kirche in der Welt. „Das Recht ist von der Kirche als irdischer Erscheinungsform nicht hinwegzudenken."[141]

5. Das Kirchenrecht als Bedingung von Einheit und Identität

Vom ersten Tage an, und der Text der Apostelgeschichte läßt sich anders nicht lesen, sind es vier elementare Fragen, denen sich die frühe Kirche stellen mußte: *Wer ist Jesus von Nazareth? Wer sind wir? Wie ist unsere Stellung zur Welt? Wie ist unsere Stellung zu den Juden?* Diese Fragen bestimmen seither die gesamte Kirchengeschichte. Die

139 Apg. 2, 3.
140 Verfasser darf sich praktischerweise bei der Angabe der historischen Entstehungszeit der Schriften des Neuen Testamentes auf die neue „Einheitsübersetzung Altes und Neues Testament", 2016, und die dortigen Kommentare zu den einzelnen Schriften beziehen und beschränken; so auf die Vorrede zur Apostelgeschichte, Ausgabe Freiburg – Basel – Wien 2016, S. 1203.
141 *Reicke*, a.a.O. (Fußn. 126), S. 361.

jeweilige, in der Geschichte sich entfaltende oder sich auch wandelnde Antwort erfordert definierte Positionsbestimmungen und kann nur in definierten Positionsbestimmungen geschehen. *Das Kirchenrecht ist Bedingung der Möglichkeit aussagbarer Antworten und deren Form zugleich.*

III. Die Anfänge einer Kirchenordnung im Neuen Testament

Wer nach dem Recht fragt, fragt zugleich nach dessen Quellen. Das will sagen, Recht läßt sich nur erkennen, wenn es Normen in sprachlich aussagbarer Fassung gibt, die in einer Gesellschaft als Recht anerkannt werden. Diese Quellen können mündliche, aber vor allem auch schriftliche sein. Als ursprünglichste schriftliche Quelle kirchlichen Rechts kommt das Neue Testament in Betracht. Dabei muß zugleich bedacht werden, daß die Texte des Neuen Testamentes zeitlich jünger sind als die hierin geschilderten Ereignisse und daß in dem Text dargestellte Fakten aus der Sicht späterer Deutung niedergeschrieben worden sind. Die Zeitdifferenz kann Jahrzehnte ausmachen.

1. Fundamentalsätze im Neuen Testament

Zunächst fällt der Blick auf Sätze im Neuen Testament, die, allerdings vor dem Hintergrund der jüdischen Torah, Ausdruck elementarer Rechtserfahrung sind und sich nicht oder noch nicht als spezifisch christlich im Sinne einer Kirchenordnung kennzeichnen lassen. Und doch finden sich hier Grundlagen und Wegweisungen aller späteren Rechtsentwicklung. Da steht nun im Matthäus-Evangelium der elementare Satz: „Alles nun, was ihr wollt, dass euch die Leute tun sollen, das tut ihr ihnen auch. Das ist das Gesetz und die Propheten.“[142] Das ist die „Goldene Regel“ schlechthin, der Rechtssatz aller Rechtssätze, über die Jahrhunderte hinweg bis zu dem präziser konditionierten Kategorischen Imperativ von Immanuel Kant. Dann aber bei Lukas:

142 Matth. 7, 12 (revidierte Luther-Übersetzung 2017).

„So gebt dem Kaiser, was des Kaisers ist, und Gott, was Gottes ist!"[143] Diese prinzipielle Unterscheidung beschäftigt die Menschen und die Kirche als ewige Unruhe seit jeher und findet dann bereits bald nach Jesu Tod ihre fundamentale Zuspitzung in dem Wort des Petrus: „Man muß Gott mehr gehorchen als den Menschen."[144] Hier ist bereits die prinzipielle Differenz von menschlicher und von göttlicher Ordnung, der Fundamentaldissens des Christen zur weltlichen Herrschaft zum Ausdruck, ja bereits zum Ausbruch gekommen. Der Satz hat Sprengkraft. Man soll sich angesichts des derzeit friedlichen Zusammenlebens von Staat und Kirche in Deutschland nicht täuschen: Die Potenz zu diesem Fundamentaldissens wohnt dem Christentum allemal inne, da sie ihm wesenseigen ist. Übrigens nicht nur dem Christentum.

Daneben stehen, in gänzlich anderem Zusammenhang, zwei Worte des Paulus aus dem Römerbrief. So tun denn die Heiden „von Natur" aus, „was das Gesetz fordert"[145] – ein Satz des *Naturrechts* bei Paulus, aus der antiken Philosophie übernommen und in der späteren Naturrechtslehre der Kirche rezipiert. Und dann das andere, epochemachende Wort „Jedermann sei untertan der Obrigkeit, die Gewalt über ihn hat. Denn es ist keine Obrigkeit außer von Gott; wo aber Obrigkeit ist, ist sie von Gott angeordnet.... Denn sie ist Gottes Dienerin, dir zugut... Denn sie trägt das Schwert nicht umsonst."[146] Sätze, an denen sich die Exegeten, aber auch die Lebenspraxis seit Jahrhunderten reiben. Das aber im Gegensatz auch: Was ist der Römerbrief anderes als die Bewältigung des furchtbaren Traumas des jüdischen Gesetzes, unter dem Paulus litt!

2. Das Matthäus-Evangelium

Spuren einer Gemeindeordnung oder, wenn man will, des jedenfalls späteren Kirchenrechtes finden sich insbesondere im Evangelium des

143 Luk. 20, 25.
144 Apg. 5, 29.
145 Röm. 2, 14 (Luther 2017).
146 Röm. 13, 2–4 (Luther 2017).

Matthäus. Zwischen dem sachlichen Geschehen, von dem das Evangelium handelt, und dessen Abfassung liegt bereits eine Zeitspanne, in der sich Grundzüge einer Gemeindeordnung haben herausbilden können.[147] Die Stellen seien zitiert, selbstverständlich ohne daß hier eine Exegese geleistet werden kann. Mögen die Textstellen für sich sprechen. So fällt zunächst in der Bergpredigt auf, daß die Zuhörerschaft Jesu ganz deutlich in zwei Teile zerfällt: das „Volk" und die „Jünger": „und seine Jünger traten zu ihm".[148] Hier scheint das spätere Apostolat bereits grundgelegt oder jedenfalls später, als es das Apostolat tatsächlich gab, als apriorische Unterscheidung in die Vergangenheit hineinprojiziert. Die Berufung und Aussendung der „Zwölf" in Matthäus 10 wirken als Bestätigung. Und wie eine vorweggenommene Beicht- und Bußordnung oder kirchliche Disziplinarordnung lesen sich jedenfalls ex posteriori Jesu Worte von der Zurechtweisung in der Gemeinde in Matthäus 18, 15. Der Auftrag zur Weltmission ist ausdrücklich als *Gebot* formuliert, alle Völker zu lehren und zu taufen[149]: das setzt eine definierte Lehre, eine Taufordnung und eine auf die Mission ausgerichtete Gemeindeorganisation[150] voraus.[151] Und schließlich die Worte von der Schlüsselgewalt[152] und Petrus als dem „Felsen", „auf

147 Die Forschung nimmt als Entstehungszeit etwa die Jahre um 80 nach Christus an; vgl. Einheitsübersetzung, a.a.O. (Fußn. 140), S. 1077.

148 Matth. 5, 1.

149 Matth. 28, 19–20.

150 *Adolf von Harnack*: Die Mission und Ausbreitung des Christentums, 4. Aufl., Berlin 1924 (= Neudruck Wiesbaden o. J.) S. 26, spricht davon, daß es die römischrechtlichen Rechtsformen des Vereins- und Organisationswesens waren, die der christlichen Mission die Handlungsformen bereitgestellt haben.

151 Verfasser widerspricht an dieser Stelle *Pinchas Lapide*, der in einer seiner Schriften ausführt, der Missionsauftrag sei das Wort eines Juden an Juden, die „Gebote", das heißt das Gesetz, die Torah, zu halten. Hier hilft die juristische Denkweise weiter: Hiernach ist der Inhalt einer Erklärung vom Verständnishorizont des Adressaten her zu interpretieren. Aber selbst die Judenchristen in der zweiten Hälfte des 1. Jahrhunderts werden die Worte Jesu nicht als Aufforderung zum Gesetzesgehorsam verstanden haben. Es ist eher umgekehrt der Fall, daß der Missionsbefehl in Matth. 28, 19–20 bereits Ausdruck einer beginnenden und vielleicht schon organisierten christlichen Heidenmission ist.

152 Matth. 18, 18; 16, 19. Siehe auch Joh. 20, 22–23.

dem ich meine Gemeinde bauen" will[153]: die Urworte des späteren Katholizismus.

3. Die Apostelgeschichte

Dichter werden die Rechtsquellen dann in der Apostelgeschichte. Hier dominiert durchgängig und ganz deutlich das Leitungsgremium der Zwölf Apostel in Jerusalem. Unter der Leitung der Apostel bilden sich frühe rechtliche Grundformen heraus.[154]

3.1.

Da steht zunächst der berühmte Bericht vom Urkommunismus der Christlichen Gemeinde: „Und alle, die glaubten, waren an demselben Ort und hatten alles gemeinsam. Sie verkauften Hab und Gut und teilten davon allen zu, jedem so viel, wie er nötig hatte..."[155] Und weiter dann: „Es gab auch keinen unter ihnen, der Not litt. Denn alle, die Grundstücke oder Häuser besaßen, verkauften ihren Besitz, brachten den Erlös und legten ihn den Aposteln zu Füßen. Jedem wurde davon so viel zugeteilt, wie er nötig hatte."[156] Ein solche Gütergemeinschaft setzt eine entsprechende Güterordnung und eine abgegrenzte Gemeinschaft voraus, von der eben auch die Rede ist.[157] Es ist ein Paradox der Geschichte, daß diese erstmals historisch faßbare Güterordnung in der frühen Kirche in die spätere Rechts- und Sozialgeschichte nicht eingegangen ist und, als utopisch, untergehen mußte, aber viele Jahrhunderte später in schrecklich säkularisierter Form wiederkehrt: „Jedem nach

153 Matth. 16, 18.

154 aus der älteren Literatur *Eduard Meyer*, a.a.O. (Fußn. 129), Bd. II, S. 220 ff.

155 Apg. 2, 44–45, Einheitsübersetzung 2016.

156 Apg. 4, 34–35, Einheitsübersetzung 2016.

157 Zur Gütergemeinschaft der Urgemeinde vgl. etwa *Gustav Stählin*: Die Apostelgeschichte, Göttingen 1962, S. 78 ff.; *Ernst Haenchen*: Die Apostelgeschichte, 6. Aufl., Göttingen 1968, S. 187 ff.; *Josef Zmijewski*: Die Apostelgeschichte, Regensburg 1994, S. 160.

seinen Fähigkeiten, jedem nach seinen Bedürfnissen!“ ist das Leitbild der Kommunistischen Partei nach Karl Marx.[158]

3.2.

Folgenreicher war dann der Anfang einer Gottesdienst- und wohl auch Feiertagsordnung, die man sich auch liturgisch vorstellen kann, in den verschiedenen Berichten vom „ersten Tag der Woche“ und dem „Brotbrechen“.[159]

3.3.

Der diakonische Auftrag der Kirche findet ebenfalls sehr früh seinen Ausdruck in der Begründung des *Diakonates*[160] und damit einer ersten *Ämterordnung*.

3.4.

Daß es eine geordnete Vermögensverwaltung gegeben haben muß, belegt gerade der Bericht von der Gütergemeinschaft der Urgemeinde, umgekehrt aber auch sozusagen als Negativbeweis die erschreckende Geschichte von Ananias und Saphira.[161]

3.5.

Schlechthin konstituierend für die gesamte kommende Kirchengeschichte ist dann das Jerusalemer *Apostelkonzil* in Apostelgeschichte 15, 6–35.[162] „Tatsächlich wurde in Jerusalem das schwierigste Problem der jungen Christenheit gelöst, ihre größte Krise überwunden,

---

158 *Karl Marx*: Kritik des Gothaer Programms, in: *Karl Marx / Friedrich Engels*: Ausgewählte Schriften in zwei Bänden, Band II, Berlin 1966, S. 17.

159 etwa in Apg. 2, 46, und 20,7. Gerade letzterer Text belegt eine bereits überörtliche Verbreitung.

160 zu dem frühen Diakonat jetzt *Bernhard Schneider*: Christliche Armenfürsorge, Freiburg – Basel – Wien 2017, S. 40 ff.

161 Apg. 5, 1–11.

162 hierzu *Haenchen*, a.a.O. (Fußn. 157), S. 381 ff.; *Zmijewski*, a.a.O. (Fußn. 157), S. 556 ff., dort auch S. 573–576: „Zur historischen und theologischen Beurteilung

die Freiheit des Evangeliums und zugleich die Einheit der urchristlichen Kirche – zwei schier unvereinbare Anliegen – erkämpft und befestigt; das ist die weltgeschichtliche Bedeutung des sogenannten Apostelkonzils."[163] Es war eine Streitfrage aufgekommen zur Geltung der jüdischen Torah für die christliche Gemeinde, zu der inzwischen auch Heidenchristen hinzugekommen waren. Hier zeigt sich das erste Grundmuster: Der christliche Glaube und Ritus wirft Fragen des rechten Verständnisses der Offenbarung, der Lehre und der Tradition auf, und die Fragen erfordern eine verbindliche Antwort, um der *Einheit* und um der *Wahrheit* willen. Der Streit um den rechten Glauben und das rechte Handeln begleitet das Christentum von Anfang an; die Meinungs- und später die Sektenvielfalt war groß. Die Antwort gibt, und hier zeigt sich ein zweites Grundmuster, ein *repräsentatives Gremium* von Personen, das über anerkannte Sachkompetenz und vorausgesetzte Amtsautorität verfügt. In dem Bericht sind das nicht mehr nur die Apostel, sondern auch die „Ältesten" – πρεσβυτεροι –, wer auch immer das sein mag und wie auch immer diese Funktion begründet worden ist.[164] Dieses Gremium entscheidet durch Beschluß und *Dekret*. Dieses Dekret erhebt Anspruch auf Verbindlichkeit, auch gegenüber einer Gemeinde weit jenseits von Jerusalem, gleichsam mit globaler Wirkung:[165] das dritte Grundmuster späterer Konzilsgeschichte. Seither gibt es Dogma und Kirchenrecht – und Abweichung und Häresie. Wohl einzig und für die kirchliche Rechtsgeschichte folgenlos bleibt in dem Aposteldekret inhaltlich der Rekurs auf das jüdische Gesetz, das mit dem Verbot von „Götzenopferfleisch, Blut, Ersticktem und Unzucht" jedenfalls in dieser geschichtlichen und pastoralen Situation insoweit in Geltung bleibt.[166]

des ‚Apostelkonzils'"; *Gustav Stählin*: Die Apostelgeschichte, Göttingen 1962, S. 199 ff.
Vgl. im übrigen die Parallele in Galater 2, 1–10.

163 *Gustav Stählin*: Die Apostelgeschichte, Göttingen 1962, S. 199.
164 Apg. 15, 6.
165 Apg.. 15, 23–29.
166 Deuteronomium 12, 16, 23–25.

4. Paulus

Der Apostel Paulus beansprucht in nahezu allen seinen Briefen eine dogmatische, pastorale und geradezu disziplinarische Amtsgewalt. Sein Ringen um den wahren Glauben, dessen leidenschaftliche Verkündung und Bewahrung[167], die Lasterkataloge und die bisweilen verzweifelten Ermahnungen an die Gemeinden vor allem in den beiden Briefen an die Korinther legen beredtes Zeugnis ab. Ohne den voraussetzungslosen Wahrheitsanspruch und das authentische Christuszeugnis und die daraus folgende persönliche Autorität sind die Gemeindegründungen des Paulus undenkbar.[168]

5. Die Pastoralbriefe und die Katholischen Briefe

In den späteren, z. T. dem Apostel Paulus zugeschriebenen Pastoralbriefen,[169] die die Forschung um die Wende vom ersten zum zweiten Jahrhundert ansetzt, tritt dann eine apostolische Amtsautorität deutlich zutage. Hier ist explizit von dem Bischofsamt und dessen Leitungsfunktion die Rede. Gerade wenn man annimmt, daß die genannten Pastoralbriefe nicht mehr von der Hand des Apostel Paulus stammen, sind sie ein Beleg dafür, daß die Amtsautorität der Apostel als auf ihre Nachfolger im Bischofsamt übergegangen angenommen wurde. Die Leitungsfunktion schließt auch die Bewahrung der apostolischen Überlieferung und der „gesunden Lehre" ein. Darin zeigt sich, wie sehr das frühe Christentum, das noch kein allgemeinverbindlich formuliertes Dogma kannte, vielfältigen Interpretationen und, für die damalige historische Situation gesprochen, vor allem gnostischen Einflüssen ausgesetzt war. Die Kirche, wenn man schon davon sprechen

---

167 1. Kor. 11, 2: „Ich lobe euch, daß ihr … an den Überlieferungen festhaltet, wie ich sie euch übergeben habe." (Einheitsübersetzung).

168 Zum Amtsverständnis des Paulus vgl. *Joseph Ratzinger*: Das neue Volk Gottes. Entwürfe zur Ekklesiologie, 2. Auflage, Düsseldorf 1970, S. 111 f.; *Rudolf Pesch*: Paulus ringt um die Lebensform der Kirche, Freiburg – Basel Wien 1986; S. 224 ff.; *Jürgen Becker*: Paulus. Der Apostel der Völker, 3. Auflage, Tübingen 1998, S. 81 ff.

169 1. Tim.; 2. Tim.; Titus.

kann, rief geradezu nach autoritativen Entscheidungen zur wahren Lehre und zu deren authentischer Bewahrung.

In ähnlicher Weise lassen sich in den sogenannten Katholischen Briefen,[170] den sonstigen, nicht dem Apostel Paulus zugeschriebenen Briefen im Neuen Testament, Züge amtlicher Gemeindeleitung und Lehrüberwachung feststellen. Besonders deutlich wird die Ämterverfassung in 1. Petrus 5, 1–5, wo auf Seiten der Briefempfänger das Amt des *Presbyters* und eine Gemeindeverwaltung, auf Seiten des Verfassers apostolische Autorität vorausgesetzt werden.[171]

So hat man denn im Hinblick auf die Pastoralbriefe und die Katholischen Briefe von ersten Ansätzen eines Frühkatholizismus gesprochen.[172]

6. Der neutestamentliche Befund insgesamt

Fassen wir an dieser Stelle den neutestamentlichen Befund zusammen.[173] Es lassen sich bestimmte Grundzüge rechtlicher Kirchenverfassung erkennen, die dann die weitere Entwicklung bestimmt haben. Die örtliche Verbreitung in der Frühphase der Mission dürfte zu unterschiedlichen Ausprägungen geführt, aber bestimmten Gemeinsamkeiten nicht entgegengestanden haben.

---

170 Jak., 1. Petr., 2. Petr., 1. Joh., 2. Joh., 3. Joh., Jud.

171 Vgl. hierzu im Einzelnen etwa *Leonhard Goppelt*: Der erste Petrusbrief, Göttingen 1978, S. 318 ff.

172 zum kirchenrechtlichen Gehalt der Pastoralbriefe vgl. auch *Heinrich Schlier*: Ekklesiologie des Neuen Testaments, in: *Johannes Feiner / Magnus Löhrer* (Hrsg.): Mysterium Salutis. Grundriß heilsgeschichtlicher Dogmatik, Band 4,1, Zürich – Köln 1972, S. 179 ff.

173 insgesamt zum frühchristlichen Rechtsverständnis und seinen Spannungen *Carl Schneider*, a.a.O. (Fußn. 129), Band 2, S. 236 ff. *Carl Schneider* hat seinerzeit den ersten Vortrag in der „Lebendigen Antike" gehalten, im Jahre 1954, in dem auch seine monumentale „Geistesgeschichte des antiken Christentums" erschienen ist, vgl. *Frank Hennecke/ Friedrich Kuntz* (Hrsg.): Lebendige Antike. Einführungstexte 1954–2014, Ludwigshafen am Rhein 2015, S. 26 f.

6.1.

So kann zunächst eine Gemeindeverfassung mit Dienst- und Leitungsämtern festgestellt werden. Ein Bischofsamt ist im Entstehen. Presbyter übernehmen kirchliche Ämter. Gemeindeverfassung und Bischofsamt implizieren zugleich eine Grenzziehung nach außen: hier die christliche Gemeinde, dort die nichtchristliche Welt.

6.2.

Das Verhältnis des nachapostolischen Bischofsamtes zu der sich im Apostelkonzil manifestierenden Synodalverfassung ist jedenfalls zur Zeit der neutestamentlichen Schriften noch unbestimmt. Immerhin aber verstehen sich die Gemeindegründungen des Paulus als Bestandteil einer Gesamtkirche, deren jeweils örtliche Glieder in überörtlicher Verbindung zueinander stehen. Im übrigen stehen die Briefe an die verschiedenen Gemeinden und auch die Offenbarung des Johannes mit ihren „Sendbriefen" ganz offenkundig in einem ökumenischen Zusammenhang.

6.3.

Erkennen lassen sich aus den Quellen auch Ansätze einer Sakramenten- und Liturgieordnung. Diese Quellen sind indes spärlich und wohl auch nicht immer eindeutig, was andererseits bestimmte Ordnungselemente nicht ausschließt: Jeder Gottesdienst und jede gottesdienstliche Handlung ist mehr als eine kontingente Privathandlung und bedarf einer überindividuell geordneten und symbolischen Form. Die Taufe ist an die Form des Wassers und der trinitarischen Formel gebunden. Desgleichen die Eucharistie, die durch Brot und Wein und die Einsetzungsworte konstituiert wird,[174] wenn auch in der Urgemeinde die Unterscheidung vom Brotbrechen noch nicht konsequent getroffen

174 siehe insbesondere 1. Kor. 11, 17–26.

worden sein mag.[175] Die Ausübung der „Schlüsselgewalt" und der Sündenvergebung im Sakrament der Buße hängen zumindest von einer Amtswaltung ab. Die Krankensalbung ist an die Zuständigkeit der „Ältesten" gebunden und geschieht durch Gebet und durch Salbung mit Öl.[176]

So sind denn gerade die Sakramente ursprünglich an Form und Zuständigkeit gebunden und daher später nicht ohne Grund ein wesentlicher Inhalt des Kanonischen Rechts.

6.4.

Man wird schließlich eine bestimmte *Sittenordnung* annehmen müssen, die sich allerdings weniger aus spezifisch christlicher Grundhaltung heraus ergibt, sondern eher aus der alttestamentlich-jüdischen Tradition oder aus allgemein-menschlicher Disposition und später wohl aus der griechisch-römischen *Stoa*.

IV. Das rechtliche und das kulturelle Umfeld der frühen Kirche in den ersten beiden Jahrhunderten

Es ist diese noch nicht entfaltete Grundverfassung der frühen Kirche, mit der sie in den ersten beiden Jahrhunderten in ihrem historischen Umfeld steht und in das sie dann, in steter Auseinandersetzung, spezifischer Anverwandlung und dogmatischer Entfaltung eintritt.[177]

---

175 so der in Ludwigshafen und in der Pfalz unvergessene Geistliche *Otto Seither*: Das „Brotbrechen" in der Apostelgeschichte: exegetisch-kritische Untersuchung zu Apg., 2, 42–46, 20,7.11, 27.35, Diss. theol. Innsbruck 1935.
Zur frühchristlichen Eucharistie vgl. neuerdings *Predrag Bukovec*: Die frühchristliche Eucharistie, Tübingen 2021.

176 Jak. 5, 14.

177 generell hierzu und grundlegend *Carl Schneider*: Geistesgeschichte des antiken Christentums, 2 Bde., München 1954; später dann ders.: Geistesgeschichte der christlichen Antike, München 1970; vgl. auch *Karl Baus*, a.a.O. (Fußn. 129), S. 102 ff.: „Der Weg in die Heidenwelt"; *Friedhelm Winkelmann*, a. a. O. (Fußn. 129) S. 53 ff.; *Ernst Benz*: Beschreibung des Christentums, München 1975, S. 56 ff.; neuerdings *Jürgen Habermas*: Auch eine Geschichte der Philosophie. Band 1,

1. Das Jüdische Gesetz: Die Torah

So ist es denn zunächst das jüdische Gesetz, die *Torah* und ihre traditionelle Auslegung, das Gesetz schlechthin, in dem und unter dem die ersten Christen und wohl auch die früheste Gemeinde standen. Die Christen in Jerusalem trafen sich im Tempel, erlebten das Pfingstereignis an einem jüdischen Feiertag. Es ist von epochemachender Bedeutung für die Weltgeschichte, daß sich das Christentum von dem jüdischen Gesetz gelöst hat. Es hat das Gesetz als durch Jesus Christus erfüllt geglaubt und sich als von diesem befreit erfahren. Die Loslösung vom jüdischen Gesetz geschah bereits in der Zeit des Neuen Testamentes mit aller lehrmäßigen Deutlichkeit, in der Praxis aber wohl erst nur mit wachsender Konsequenz.[178] Die Heilsbotschaft konnte nur an alle Menschen herangetragen werden, indem sie über die ethnisch gebundene, rechtlich-religiöse Lebenseinheit des Judentums hinauswuchs.

Damit ist von dem jüdischen Gesetz im kanonischen Recht des Christentums *positivrechtlich* nichts geblieben. Der geradezu traumatisierte Kampf des Apostel Paulus gegen das „Gesetz" hat sein übriges getan.

Freilich hat die Urgewalt der Torah mit ihren grundlegenden Rechtsprinzipien in der weiteren, jetzt kirchlich bestimmten Rechtsgeschichte nicht ausgelöscht werden können. Der „Bund" Jahwehs mit seinem Volk Israel war von Anfang an *rechtlich* verfaßt und ist insoweit nicht

4. Aufl., Berlin 2020, S. 516 ff.: „Die Begegnung von Christentum und Hellenismus in der gräkoromanischen Umgebung des Kaiserreiches."

178 zu diesem Prozeß *Markus Tiwald*: Das Frühjudentum und die Anfänge des Christentums, Stuttgart 2015; *Udo Schnelle*: Die getrennten Wege von Römern, Juden und Christen. Religionspolitik im 1. Jahrhundert n. Chr., Tübingen 2019; sodann eingehend *Martin Hengel / Anna Maria Schwemer*: Die Urgemeinde und das Judentum, Tübingen 2018 (= Geschichte des frühen Christentums, Band II); *Hartmut Leppin*: Die frühen Christen. Von den Anfängen bis Konstantin, München 2018, S. 54 ff.; siehe auch *Hans Freiherr von Campenhausen*: Die Entstehung der christlichen Bibel, Neuausgabe Tübingen 2003, S. 28 ff.: „Gesetz und Schrift in der heidenchristlichen Kirche des ersten Jahrhunderts"; aus der früheren Literatur *Hans-Joachim Schoeps*: Das Judenchristentum. Untersuchungen über Gruppenbildungen und Parteikämpfe in der frühen Christenheit, Bern – München 1964

ohne Nachwirkung geblieben. Die Zehn Gebote stehen unverrückbar als Naturrecht fest, die Nächstenliebe findet ihre neue Gestalt in der kirchlichen Diakonie, der Sabbath, eine der größten Errungenschaften der Menschheitsgeschichte, gilt als Ruhetag im christlichen Sonntag als dem ersten Tag der Woche fort.

2. Das Römische Recht

Die Entstehung der christlichen Kirche, das sollte man nie vergessen, fällt in die Zeit der größten Expansion des römischen Reiches. Soweit in diesem Reich unmittelbar römische Herrschaftsgewalt ausgeübt wurde, galt das *römische Recht*. So denn auch in Palästina im ersten Jahrhundert nach Christus. Das Recht, das die Urgemeinde umgab, war nicht nur das jüdische Gesetz, es war auch das römische Recht. Dieses Recht war in höchstem Maße entwickelt; die sogenannte Klassische Periode der ersten Kaiserzeit fällt in die Lebenszeit der Autoren des Neuen Testamentes. Das römische Recht war kein Gesetzesrecht, sondern Juristenrecht. Paulus und die führenden römischen Juristen[179] waren Zeitgenossen. Auch das eine Gleichzeitigkeit!

Auf die Entwicklung des Kirchenrechtes und des späteren Kanonischen Rechtes, insbesondere die Ämterverfassung, die Organisation des Wohltätigkeitswesens[180] und die kirchliche Vermögensverwaltung hat das römische Recht, zumal im lateinisch geprägten Westen des Reiches und wegen der Präsenz der Kirche in Rom,[181] spürbaren Einfluß ausgeübt: es stellte die Begriffe und Rechtsformen bereit, in denen

---

179 vgl. *Wolfgang Kunkel*: Die römischen Juristen. Herkunft und soziale Stellung, 2. Aufl., Köln – Weimar – Wien 1967 (= Neudruck 2001), S. 114 ff.

180 *Harnack, a.a.O.* (Fußn. 150): S. 26: „Das freie Vereinswesen, sowie andererseits die kommunalen bez. provinzialen römisch-staatlichen Organisationen. Jenes hat in mancher Hinsicht den Boden für die Aufnahme des Christentums bereiten helfen und hat in einigen Fällen vielleicht als Schutz desselben gedient; diese sind für die wichtigsten kirchlichen Organisationen geradezu vorbildlich geworden und haben den Gemeinden die schwere Arbeit, sich Organisationen erst erdenken und sie empfehlen zu müssen, erspart."

181 *Link*, a.a.O. (Fußn. 126), S. 12.

die rechtlichen Grundstrukturen der Urkirche in die spätantike Welt eintreten und geschichtliche Gestalt annehmen konnten.[182]

3. Das hellenistische Recht

Offen darf an dieser Stelle die Frage bleiben, inwieweit *hellenistisches Recht*, von dessen Geltung neben dem römischen Recht zumindest in der östlichen Reichshälfte ausgegangen werden muß, auf die Entwicklung des Kirchenrechtes eingewirkt hat. Es mag in die spätere byzantinische Ostkirche Eingang gefunden haben,[183] zum Einfluß auf das Kanonische Recht kann hier nichts gesagt werden.

4. Die Philosophie der Antike

Das Christentum tritt in die Philosophie wie überhaupt in die gesamte geistige Welt der griechisch-römischen Antike ein.[184] Die Ausein-

182 zu den verschiedenen Aspekten der Auseinandersetzung der Christen mit der römischen Rechtsordnung vgl. die Aufsatzsammlung von *Detlef Liebs*: Das Recht der Römer und die Christen, Tübingen 2015; umgekehrt zum Einfluß des Christentums auf die spätrömische Rechtsentwicklung *Karl-Heinz Ladeur*: Der Anfang des westlichen Rechts. Die Christianisierung der römischen Rechtskultur und die Entstehung des universalen Rechts, Tübingen 2018, insbes. S. 68 ff.

183 es mag hierzu auch Forschungsbedarf geben; Näheres *Uwe Wesel*: Geschichte des Rechts, 4. Aufl. München 2014, S. 245 ff., der auf eines der großen Werke des 19. Jahrhunderts hinweist: *Karl Eduard Zachariae von Lingenthal*: Geschichte des Griechisch-Römischen Rechts, 3. Aufl., Berlin 1892 (Nachdruck Aalen 1955).
Vgl. im übrigen zum Kirchenrecht der Ostkirchen *Friedrich Heiler*: Die Ostkirchen, München – Basel 1971, S. 89 ff.; *Panagiotis Boumis*: Das Kirchenrecht der Orthodoxen Kirche, in: *Wilhelm Nyssen / Hans-Joachim Schulz / Paul Wiertz* (Hrsg.): Handbuch der Ostkirchenkunde, Band III, Düsseldorf 1997, S. 145 ff.; *Ernst Benz*: Geist und Leben der Ostkirche, Hamburg 1957, S. 59 ff.
Zu den Sonderfällen der altorientalischen Kirchen vgl. *Walter Selb*: Orientalisches Kirchenrecht, Band I. Die Geschichte des Kirchenrechts der Nestorianer, Wien 1981; ders.: Orientalisches Kirchenrecht, Band II. Die Geschichte des Kirchenrechts der Westsyrer, Wien 1989.

184 Siehe die – freilich selektive – Rezeption der Antike von *Aurelius Augustinus*: Die christliche Bildung (De doctrina Christiana). Mit Übersetzung, Anmerkungen und Nachwort von Karla Pollmann als Ausgabe zugänglich Stuttgart 2002; sowie *Albert Wifstrand*: Die alte Kirche und die griechische Bildung, Bern – München 1967, sowie die umfangreiche Chresis-Forschung, *Christian Gnilka* u. a. (Hrsg.): Chresis 1 ff., Basel 1993 ff.

andersetzung mit der Staatsphilosophie und der Ethik der Antike bestimmt die gesamte Theologie und Geistesgeschichte des Abendlandes.[185] Die Anverwandlung der Begrifflichkeit der griechischen Philosophie, insgesamt die Rezeption des Hellenismus bestimmen das christliche Dogma; Josef Ratzinger, Papst Benedikt XVI, hat diese Zusammenhänge herausgearbeitet und die Hellenisierung des Christentums als dessen historisch gewordene Gestalt in das Bewußtsein gehoben und als Synthese natürlicher Vernunft mit der Offenbarung womöglich als geistgewirkt glaubhaft gemacht.[186] Die Rezeption erfolgte in griechischer Sprache. Der lateinische Westen blieb weitgehend unberührt. Das Schisma der West- und der Ostkirche hatte langen Vorlauf.

Zur Entwicklung des Kanonischen Rechtes in dieser Auseinandersetzung und Rezeption kann allerdings an dieser Stelle keine Aussage gemacht werden.

Zur Ostkirche schreibt in diesem Zusammenhang Carl Schneider: „Doch bleibt immer ein Unterschied zwischen griechischer und lateinischer Kirche … In der ganzen Epoche aber gilt, daß die griechische Kirche des Ostens nie in dieser Weise Juristenkirche wurde wie die römische. Ihr klerikales System hat seine Legitimation nicht aus einem Kirchenrecht iure divino, sondern aus der platonisch-paulinischen Christusmystik und dem Stufenschema himmlischer und irdischer Hierarchien. Ihr Kirchenbegriff ist nicht der eines dem Gesetz Gottes gehorchenden, in genau festgelegten Heilsvereins, sondern einer mystischen Spiegelung der göttlichen Welt in Raum und Zeit. Ihr Lebensnerv ist nicht das vom Priester verwaltete sakrale und bald auch säkulare Recht, sondern die Liturgie.“[187]

Neuerdings *Samuel Vollenweider*: Antike und Urchristentum. Studien zur neutestamentlichen Theologie in ihren Kontexten und Rezeptionen, Tübingen 2020.

185 *Ernst-Wolfgang Böckenförde*: Geschichte der Rechts- und Staatsphilosophie, 2. Aufl., Tübingen 2006, §§ 2–7.

186 *Benedikt XVI Josef Ratzinger*: Glaube und Vernunft. Die Regensburger Vorlesung, Freiburg – Basel – Wien 2006; zu der diesbezüglichen Kontroverse neuerdings *Jürgen Habermas*: Auch eine Geschichte der Philosophie. Band 1, 4. Aufl., Berlin 2020, S. 538 f.

187 a.a.O. (Fußn. 177), 1954, Bd. II, S. 239.

5. Die Religionen der Spätantike

Das Christentum ist in die Zeit des religiösen Umbruchs der Spätantike hineingeraten.[188] Es hat selbst seinen Teil zu diesem Umbruch beigetragen. „Die Götter der Griechen"[189] waren im Verschwinden begriffen. Zu dem weitverbreiteten Mithras-Kult stand das Christentum in Konkurrenz.[190] Östliche Mysterienkulte fanden weite Verbreitung.[191] Die Gnosis war anhaltende Anfechtung.[192] In der Auseinandersetzung mit der heidnischen religiösen Umwelt ist das Dogma, ist der Kult, ist die Liturgie entstanden. Es ist ein Paradox, daß gerade in einer Zeit, in der die heidnische Antike von sich aus etwa über Platon zu einem Ein-Gott-Glauben durchdrang, das Christentum ebendiesen durch die Trinitätslehre und die Mariologie, von der ausgerechnet auf dem Konzil von Ephesus 449 die θεοτοκος, die „Gottesgebärerin", dogmatisiert wurde,[193] wiederum relativierte und über den Heiligenkult den polytheistischen Heroenkult gleichsam von unten her über die Volksfrömmigkeit wieder hereinholte. Die Bilderwelt des Religiösen, die Liturgie, der Heiligenkult hat Anleihen aus der nichtchristlichen Welt, ist teil-

---

188 zur religiösen Situation in der Spätantike zur Zeit der Ausbreitung des Christentums *Jörg Rüpke*: Pantheon. Geschichte der antiken Religionen, München 2016, S. 270 ff.; vgl. vor allem auch *Guy G. Stroumsa*: Das Ende des Opferkultes. Die religiösen Mutationen der Spätantike, Berlin 2011; für die Zeit ab dem 3. Jahrhundert *Alexander Demandt*: Die Spätantike, München 1989, S. 413 ff. Vgl. auch *Torben Christensen*: Christus oder Jupiter. Der Kampf um die geistigen Grundlagen des Römischen Reiches, Göttingen 1981; *Robert Knapp*: Pilger, Priester und Propheten. Alltag und Religionen im Römischen Reich, Stuttgart 2018.

189 so auch der Buchtitel einer mehrmaligen Referentin der „Lebendigen Antike" *Erika Simon*: Die Götter der Griechen, 3. Aufl., München 1985.

190 *Reinhold Merkelbach*: Mithras, Wiesbaden 1998; *Manfred Clauss*: Mithras. Kult und Mysterium, Darmstadt 2012.

191 *Walter Burkert*: Antike Mysterien, 2. Aufl., München 1991. Burkert war ebenfalls Referent in der „Lebendigen Antike".

192 *Schneider*, a.a.O. (Fußn. 177), 1954, Bd. I S. 235 ff.; *Hans Leisegang*: Die Gnosis, 4. Aufl., Stuttgart 1955; *Hans Jonas*: Gnosis. Die Botschaft des fremden Gottes, 2. Aufl., Frankfurt am Main – Leipzig 2000; *Madeleine Scopello*: Gnostische Strömungen, in: Die Geschichte des Christentums (a.a.O., Fußn. 126), Bd. I, S. 518 ff.; in weiterem Sinne auch *Adolf von Harnack*: Marcion. Das Evangelium vom fremden Gott, 2. Aufl., Leipzig 1924.

193 Vgl. Apostelgeschichte 19, 28: „Groß ist die Artemis der Epheser!"

weise sogar deren subkutanes Fortleben. Die Abwehr der Gnosis ist bis in das Johannesevangelium spürbar. Für *Rudolf Bultmann* ist das Urchristentum ein „synkretistisches Phänomen“.[194]

Inwieweit das Kirchenrecht davon betroffen war, bleibe dahingestellt.

6. Das Proprium des Christlichen

Das ist die Welt, in die das Christentum eintritt. Es konnte hiervon nicht unberührt bleiben. Doch es hat diese Welt grundlegend verändert. In Anverwandlung und Veränderung entwickelt sich auch das kirchliche Recht über die Jahrhunderte hinweg zum Kanonischen Recht. Doch noch einmal, was sind die geistigen Potenziale, die theologischen und anthropologischen Grunddispositionen, die juristischen Konzeptionen, mit denen das Christentum in die antike Welt und in die Geschichte spezifisch eintritt?

„Die christliche Offenbarung enthielt gegenüber der griechisch-römischen Antike neue Begriffe von Gott, Welt und Natur, eine neue Aussage über den Menschen, eine neue Lehre über seine Bestimmung und das Ziele seines Daseins“.[195] Überhaupt für das Verständnis von Zeit und Geschichte.[196] Damit aber auch für den Grund und die Funktion des Rechtes in der menschlichen Gesellschaft.

Wir wollen uns in wenigen Überlegungen vergewissern, welche inneren Kräfte die Rechtsentwicklung bestimmt haben mögen.

Ausgangspunkt schlechthin ist die *Transzendenz Gottes*. Das ist das unverrückbare jüdische Erbe. Gott ist nicht Teil der Welt, er ist Schöpfer der Welt und Herr der Geschichte. Das Leben der Welt ist ein zeitliches, ein relatives, ein vorläufiges. Aber die Welt ist von Gott gewollt und hat Teil am Sein. So ist auch denkbar und begründet, daß Gott der Welt eine *Ordnung* eingestiftet oder gesetzt hat, die als

---

194 *Rudolf Bultmann*: Das Urchristentum im Rahmen der antiken Religionen, o. O. 1962, S. 163 ff.

195 *Böckenförde*, a.a.O. (Fußn. 185), S. 177.

196 *Karl Löwith*: Weltgeschichte und Heilsgeschehen, 5. Aufl., Stuttgart u. a. 1967, S. 168 ff.

Naturrecht, als das jüdische Gesetz und als die christliche Offenbarung gilt. Diese Ordnung hat die Form des Rechtes, das für die Kirche und für die menschliche Gesellschaft in dieser Welt gilt, aber letztlich transzendental begründet ist.

Grundprinzip des Rechtes ist die *Gerechtigkeit*, die zugleich ein Attribut von Gottes Handeln ist. Gerechtigkeit ist in dieser vom Christentum als unvollkommen und sündhaft verstandenen Welt jedoch nicht erreichbar; das weltliche Recht verwirklicht daher Gerechtigkeit nur in Annäherung, muß dieser Annäherung aber intentional verpflichtet bleiben, um auch als Recht zu gelten.

Voraussetzung und Inhalt des Rechtes ist die personale *Individualität* des Menschen, der als solcher Ebenbild Gottes ist. Einer der Grundbegriffe des Rechtes, die *Rechtsfähigkeit* jedes Menschen, ist Ausdruck seiner personalen Würde. Inhalt des Rechtes ist in gleicher Weise die *Gleichheit* aller Menschen, in der Antike noch unbekannt, aber das ungeheure geschichtsmächtige Potential, das mit dem Judentum und dem Christentum in die Welt gekommen ist und deswegen auch Jahrhunderte brauchte bis zur vollen Entfaltung.

Mit der Individualität des Menschen hängt die in der gesamten nichtchristlichen Antike unbekannte, aus dem Judentum stammende Sorge um das ewige Seelenheil, das Schicksal des Einzelnen nach dem Tode zusammen. Die *individuelle Eschatologie*, verbunden mit der Vorstellung einer Auferstehung des Leibes, bedeutet einen anthropologischen Paradigmenwechsel in der religiösen Welt der Spätantike.[197] Überhaupt: Die individuelle Erlösung beruht auf dem Glauben an die *Auferstehung* Jesu Christi, damit auf die *Überwindung des Todes.*

In der *Nächstenliebe* verwirklicht sich die Diakonie als Grundfunktion der Kirche. Die Nächstenliebe ist wiederum jüdisches Erbe, und die Torah enthält eine menschliche Sozialgesetzgebung. Aber es ist die ökumenische christliche Sendung, die Formen und Ordnungen der

197 was vornehmlich *Guy F. Stroumsa*: Das Endes des Opferkultes. Die religiösen Mutationen der Spätantike, 2. Aufl., Berlin 2012, herausgearbeitet hat, S. 22, 30 ff.: „Eine neue Sorge um sich selbst“.

Diakonie herausgebildet hat, mit denen das Christentum wirkmächtig in die Geschichte eintritt, die Gesellschaft verändert und gestaltet. Diakonie muß organisiert sein, und die Form der Organisation ist das Recht.

Mit diesen materialen Impulsen sind indes auch gewaltige Spannungen in die Welt gekommen. Unlösbar bleibt die dialektische Spannung von *Gottes Gerechtigkeit und Gottes Gnade*. Die konfessionellen, nicht immer gewaltfreien Auseinandersetzungen der kommenden Jahrhunderte kämpfen um je eine Verhältnisbestimmung.

Wirkmächtig ist der *Wahrheitsanspruch* des Christentums. Die Wahrheit duldet keinen Widerspruch, die Wahrheit drängt zur Verwirklichung, versetzt abweichende Auffassungen in die Illegalität. Für die Rechtsgeschichte mit gelegentlich katastrophalen Folgen.

Seit dem Neuen Testament steht der Reichtum im Verruf. Es genügte, reich zu sein, um sich in der Hölle wiederzufinden.[198] Andererseits aber sind die Menschen auf materielle Güter angewiesen, die Diakonie allemal, und es gibt eben doch reiche Menschen. So schwankt denn das kirchliche *Vermögensrecht* die Jahrhunderte hindurch zwischen Erwerb und Verteilung.[199]

Und schließlich: Es besteht eine fundamentale Differenz zur staatlichen Ordnung. Die Weltlichkeit des Staates, die Relativität der staatlichen Ordnung und ihrer Amtsgewalt hat eben dadurch keine absolute Geltung gegenüber dem Reich Christi, das „nicht von dieser Welt" ist. Der Christ ist gegenüber dem Staat loyal, sofern dessen Machtanspruch dem Gebot Gottes nicht widerspricht; die Loyalität endet, wo der Staat sich in Widerspruch zur göttlichen Ordnung setzt. Die Differenz führt im äußersten Falle zum Martyrium; bekanntlich ist

198 Lukas 16, 19–31.

199 hierzu neuerdings mit großer Ausführlichkeit *Peter Brown*: „Der Schatz im Himmel". Der Aufstieg des Christentums und der Untergang des römischen Weltreichs, Stuttgart 2017; in der Fortsetzung dann ders.: Der Preis des Ewigen Lebens. Das Christentum auf dem Weg ins Mittelalter, Darmstadt 2018; sehr originell auch *Jörg Dierken*: Gott und Geld. Ähnlichkeit und Widerstreit, Tübingen 2017.

das „Blut der Märtyrer der Same der Kirche." „So gebt dem Kaiser, was des Kaisers ist, und Gott, was Gottes ist."[200] Diese fundamentalte Trennung ruft je und je die Frage nach der Grenzlinie auf, die seither die gesamte Rechtsgeschichte bestimmt.[201] „In dieser Trennung der Kirche von dem Staate besteht vielleicht die größte, am durchgreifendsten wirksame Eigentümlichkeit der christlichen Zeiten überhaupt. Die geistliche und weltliche Gewalt können einander nahe berühren, in der engsten Gemeinschaft stehen; völlig zusammenfallen können sie höchstens ausnahmsweise und auf kurze Zeit. In ihrem Verhältnis, ihrer gegenseitigen Stellung zueinander beruht seitdem eines der wichtigsten Momente aller Geschichte."[202]

Die normativen Ansprüche des Staates und des Christentums mögen vielleicht in manch glücklicher historischer Stunde kongruent sein, sie bleiben aber vom Geltungsgrund her verschieden und sind niemals identisch. Dem Christentum wohnt grundsätzlich das Potential des Fundamentaldissenses inne.

Im letzten Grunde aber mag die *christliche Anthropologie* den Siegeszug des Christentums begründet haben. Jesus Christus ist der Mensch schlechthin, er steht als Individuum in unmittelbarer Beziehung zu Gott, er ist der Bruder, er ist der Meister, er ist der Heiland. Sein Tod am Kreuz steht für eine letzte Konsequenz menschlichen Lebens, das immer vom Scheitern bedroht ist, ja dessen Grundform das Scheitern, das Kreuz, ist. Der Glaube an Jesus Christus ist Beziehung, zu ihm, zum Bruder, zum Mitmenschen. Zugleich ist der Glaube an Jesus Christus der Glaube an seine Auferstehung und damit an die endgültige Überwindung des Todes, des Nihilismus: Aut Christus aut nihil. Diese Grunderfahrung christlicher Existenz haben die Menschen als Wahrheit erfahren.

---

200 Lukas 20, 25 (Luther).

201 Vgl. hierzu die kommentierte Herausgabe der maßgeblichen kirchengeschichtlichen Dokumente aus den ersten Jahrhunderten von *Hugo Rahner:* Kirche und Staat im frühen Christentum, München 1961.

202 *Leopold von Ranke*: Die Geschichte der Päpste, Neudruck Wiesbaden o. J., S. 13.

V. Die Gestaltwerdung der alten Kirche bis zum Beginn des 6. Jahrhunderts

Unter den dargelegten kirchen-, geistes- und weltgeschichtlichen Voraussetzungen finden die ursprünglich in der frühen Kirche angelegten Strukturen im 2. und 3. Jahrhundert zu bleibender geschichtlicher Gestalt.[203] Diese Gestalt läßt sich gleichsam mit sechs Bausteinen beschreiben.

1. Episkopat und Klerikerstand

Gegen Ende des 1. Jahrhunderts bereits angelegt, bildet sich konsequent der monarchische *Episkopat* heraus.[204] Der Bischof wird zum Mittel- und Sammlungspunkt der Gemeinde. Auf ihn konzentriert sich die Autorität der Apostel. Er hat die Jurisdiktion über die Lehre, die Liturgie, die Disziplin und auch das Vermögen der Gemeinde. Übertragen wird ihm die Amtsgewalt durch ununterbrochene Handauflegung über die Zeiten hinweg, er steht in der *apostolischen Sukzession.* Diese apostolische Sukzession, begründet durch das Weihesakrament, ist in diesem ekklesiologischen Verständnis Wesensmerkmal der Kirche und Alleinstellungsmerkmal der römisch-katholischen Kirche, der grie-

203 zur Gestaltwerdung der frühen Kirche bis zum 6. Jahrhundert in Ost und West eingehend *Carl Andresen*: Die Kirchen der alten Christenheit, Stuttgart u. a. 1971; *Karl Baus*, a.a.O. (Fußn. 127), S. 249 ff.; *Karl Baus / Eugen Ewig*: Die Reichskirche nach Konstantin dem Großen: Von Nikaia bis Chalkedon, in: *Hubert Jedin* (Hrsg.): Handbuch der Kirchengeschichte, Band II/1, Freiburg – Basel – Wien 1985

204 vgl. *Christoph Link*: Kirchliche Rechtsgeschichte, 3. Aufl., München 2017, S. 11 ff.; *Heinrich de Wall / Stefan Muckel*: Kirchenrecht, 5. Aufl., München 2017, S. 6 ff. Hierzu auch eingehend *Luce Pietri*: Das Hineinwachsen des Klerus in die antike Gesellschaft, in: Die Geschichte des Christentums, a.a.O. (Fußn. 126), Bd. II, S. 633 ff.; *Bernard Flusin*: Bischöfe und Patriarchen. Die Strukturen der Reichskirche, in: Die Geschichte des Christentums, a.a.O. (Fußn. 126), S. 521 ff.; jüngst *Hartmut Leppin*: Die frühen Christen. Von den Anfängen bis Konstantin, München 2018, S. 186 ff.
Aus dem früheren Schrifttum *Joh. Jos. Ign. von Döllinger*: Christentum und Kirche in der Zeit der Grundlegung, 2. Auflage, Regensburg 1868, S. 293 ff.

chisch-orthodoxen Kirche und der sonstigen altorientalischen Kirchen bis in die Gegenwart.

Dem Bischof ist ein örtlicher Zuständigkeitsbereich zugeordnet, das spätere Bistum. In diesem Bereich sichert er die Einheit der Gemeinde im Inneren und repräsentiert er die Gemeinde nach außen. Mit dieser Grundstruktur ist die örtliche Gemeinde handlungsfähig. Zugleich bildet der Episkopat gleichsam das Rückgrat der Gemeinde. Auf dem Episkopat beruht die Identität der Kirche und deren Bestand über die Jahrhunderte hinweg. Der Episkopat hat für die Kirchen- und die Weltgeschichte konstituierende Bedeutung, es ist geradezu die Voraussetzung der Kirchengeschichte, ja macht spätere Geschichtsverläufe überhaupt erst verständlich.

Das Bischofsamt ist zugleich die höchste Stufe des *Klerikerstandes*. In den Gemeinden leisten *Priester* den kirchlichen Dienst. Die Herausbildung eines Klerus ist signifikantes Merkmal bereits des frühen Katholizismus.[205]

Daß sich bereits gleichzeitig oder später Sonderformen wie die Patriarchate der Ostkirchen oder die Erzbistümer der lateinischen Kirche herausgebildet haben, hat den Episkopat im dargelegten Sinne zur Voraussetzung und hat daher nur sekundäre Bedeutung. Hiervon darf an dieser Stelle abgesehen werden.

2. Die Synodalverfassung

Der Bischof ist naturgemäß nicht allein. Die Kirche ist ökumenisch und über das gesamte römische Reich verbreitet, im Osten sogar darüberhinaus. Die Kirche ist nicht nur Einheit in ihrer örtlichen

---

205 *Joseph Ratzinger*: Das neue Volk Gottes. Entwürfe Ekklesiologie, 2. Auflage, Düsseldorf 1970, S. 116 f.
Zur Herausbildung der Ämterordnung in der frühen Kirche vgl. freilich aus protestantischer Sicht *Hans Freiherr von Campenhausen*: Kirchliches Amt und geistliche Vollmacht in den ersten drei Jahrhunderten, Tübingen 1953. Hiernach bleibt es unvermeidlich, bereits in den Schriften des Neuen Testamentes eine wertende Unterscheidung zwischen der allein geistgewirkten Kirche eines Teiles der Schriften und dem „katholischen" Amt zumindest der Pastoralbriefe zu treffen.

Gemeinde, sie ist auch Einheit in der Ökumene. So hat denn das Bischofsamt nicht nur eine vertikale Binnendimension nach innen, sondern auch nach außen eine horizontale Dimension zur Gesamtkirche. Diese horizontale Dimension verwirklicht sich in den repräsentativen Bischofsversammlungen, den *Synoden* und den *Konzilien*. Der Synode umfaßt einen Teilraum der Kirche, die Konzilien sind ökumenisch. In der Weite des Raumes, in der Vielfalt der Kulturen und Sprachen ist die Bischofsversammlung das einigende, das einheitsstiftende Band der Gesamtkirche. Eine solche Synodalverfassung war in den ersten Jahrhunderten um so dringlicher, als gerade auch in der Auseinandersetzung mit der heidnischen Welt immer wieder die Frage nach der wahren Lehre und der rechten Glaubenspraxis auftrat, die *Irrlehre* bekämpft werden mußte. Die Einheit der Kirche war immer bedroht. Die ersten Konzilien, vornehmlich das Konzil von Nicaea im Jahre 325, dienten dem Ziel, die Einheit der Kirche herzustellen und zu bewahren. Die Synoden und Konzilien entscheiden durch Beschluß und Dekret.

Mit Episkopat und Konzil geht die Kirche in die Jahrhunderte.

3. Das Papsttum

Eine dritte Grundstruktur der Kirchenverfassung wird bereits im 2. oder frühen 3. Jahrhundert in Ansätzen erkennbar,[206] ohne bereits voll entfaltet zu sein: das Amt des Bischofs von Rom, das Papsttum.[207] Das Papsttum setzt einerseits die episkopale Struktur voraus, steht aber zur Synodalstruktur in Spannung. Es hat eine große Geschichte vor sich und sollte die Kirchen- und die Weltgeschichte, weit über die Antike hinaus, maßgeblich bestimmen. Für die Rechtsordnung

206 zu den Anfängen und ersten Spuren aus der Fülle des Schrifttums zur Papstgeschichte *Volker Reinhart*: Pontifex. Die Geschichte der Päpste, München 2017 S. 23 ff.; aus den gängigen Papstgeschichten *Franz Xaver Seppelt / Georg Schwaiger*: Geschichte der Päpste. Von den Anfängen bis zur Gegenwart, München 1964, S. 3 ff.

207 zur historischen und dogmatischen Begründung des Papsttums zuletzt *Gerhard Kardinal Müller*: Der Papst. Sendung und Auftrag, Freiburg – Basel – Wien 2017.

der Kirche wird das spätere Papsttum, vom Frühmittealter an, zum bestimmenden Faktor.

4. Die Konstantinische Wende und das Staatskirchenrecht

Von welthistorischer Bedeutung ist die sogenannte Konstantinische Wende. Aus der verfolgten Kirche wird die Reichskirche. Dieser Umschwung geschah, auch nach neuerer Forschung und entgegen mancher Legende, nicht in einem einzigen Akt und war während des 4. Jahrhunderts wohl eher ein mehrstufiger Prozeß.[208] Aber den Umbruch, der bereits zur Zeit Konstantins geschah, beschreibt Ernst Kornemann mit eindrucksvollen Worten: „Gleich in dem Epochenjahr 325 erlebte die Welt auf dem ersten christlichen Reichskonzil zu Nicäa ein Schauspiel, das kein Mensch zwanzig Jahre früher selbst bei kühnster Phantasie für möglich gehalten hätte: ein Kaiser, der selbst äußerlich noch nicht den Übertritt zu dem Christentum vollzogen hatte, der nach den Gesetzen des römischen Staates noch *Pontifex maximus* des alten Glaubens war, der von seinen altgläubigen Untertanen noch als Helios (*Sol*) verehrt und apotheosiert wurde, war der ‚Präsident' eines christlichen Kirchenparlamentes, in dem u. a. die heikelsten dogmatischen Themata der christlichen Theologie diskutiert und zu ihrer Lösung seine Mitentscheidung zugelassen wurde."[209]

Doch von der Weltgeschichte ist hier nicht vorrangig zu handeln, für die Rechtsgeschichte aber ist die Veränderung von großer Bedeutung: Das originäre Spannungsverhältnis zwischen Christentum und römischem Staat mußte überführt werden in eine wechselseitige Ordnung. Das Unbestimmte drängte zur Form. Die Kirche mußte sich über ihr Verhältnis zum römischen Staat, ja zur staatlichen Ordnung schlechthin, ins Klare kommen wie denn der römische Staat seinerseits sein Verhältnis zur christlichen Kirche bestimmen mußte. Der Kirche kam zugute, daß ihre innere Verfassung mit dem Bischofsamt in seiner

208 *Link*, a.a.O. (Fußn. 126), S. 16 ff.; *de Wall / Muckel*, a.a.O. (Fußn. 126), S. 10 ff.

209 *Ernst Kornemann*: Geschichte der Spätantike. Herausgegeben von Hermann Bengtson, München 1978, S. 34/35.

rechtlichen Verfaßtheit und Jurisdiktionsgewalt zugleich äußere Handlungsfähigkeit ermöglichte und sie so dem Staat als eigenes Subjekt gegenübertreten konnte. Das *Staatskirchenrecht* entsteht.

Die Abgrenzung der jeweiligen Sphären im Staatskirchenrecht ist ständige Aufgabe und ewiger Konflikt durch die Jahrhunderte. Die Weltgeschichte zeigt je unterschiedliche Verhältnisbestimmungen vom byzantinischen Cäsaropapismus bis zum Laizismus der Neuzeit.

5. Die Territorialität der Kirche

Die Jurisdiktion der Bischöfe ist räumlich begrenzt und erstreckt sich auf die Kirchenmitglieder im Bistum. Sie ist aber gerade dadurch auch abhängig vom Raum und eine Amtsgewalt im Raum. Der bischöflichen Jurisdiktion ist personale, geistliche Amtsgewalt und zugleich einem Territorium zugeordnet. Eine solche Amtsgewalt erstreckt sich dann tendenziell auch auf das Territorium selbst und mit dem Territorium dann auf den weltlichen Bereich. Dies umso mehr, als jedenfalls in den Gebieten des ehemaligen weströmischen Reiches die staatliche Ordnungsmacht wegfiel und an deren Stelle auf die institutionell verfaßten Kirche auch die weltliche Ordnungsfunktion zukam. Diese Tendenz wird noch verstärkt, indem der Kirche im Laufe der Zeit tatsächlicher Grundbesitz zuwächst und verwaltet werden muß. Der Amtsverfassung der Kirche ist somit insgesamt eine *Territorialität* immanent. So „wuchs … die Vorstellung von einer Verbundenheit von Staat und Kirche zur Herrschaft, die von der geistlichen und von der weltlichen Autorität gemeinsam geleitet wurde.“[210] Diese Territorialität der Kirche sollte sich in der späteren Kirchen-, Welt- und Rechtsgeschichte zum Teil wirkmächtig entfalten.

Einer der Konflikte zwischen der Römisch-katholischen Kirche und den Orthodoxen Kirchen in der heutigen Zeit besteht genau darin, daß die Orthodoxie in ihrem Raum ihre unbestreitbar historisch originäre

210 *Axel Freiherr von Campenhausen*: Staatskirchenrecht, 3. Aufl., München 1996, S. 7. Vgl. auch *Karl-Heinz Ladeur*: Der Anfang des westlichen Rechts, Tübingen 2018, S. 93 f.: „Die weltliche Rolle der Kirche und die Bischöfe“.

Territorialität beansprucht und daher den Aufbau paralleler Hierarchien der Römischen-katholischen Kirche in ebendemselben Territorium für illegitim hält. Binnenstrukturen alten Kirchenrechts erzeugen Differenzen in der Ökumene.

6. Die Diakonie

Eine der drei Grundfunktionen der Kirche neben der Verkündigung und der Liturgie ist die *Diakonie*. Wohltätigkeitswesen und Armenfürsorge bestimmen das Leben der Kirche von Anfang an.[211] Es war auch die Diakonie, mit der die frühe Kirche im römischen Weltreich Überzeugung und Anhängerschaft gewann. Diakonie ist dabei immer mehr als nur individuelle Nächstenliebe, sie drängt zur überindividuellen und effektiven Organisation. Nicht zuletzt geht es um ökonomische Verwaltung materieller Ressourcen. So nimmt denn bereits in der Antike das christliche Wohltätigkeitswesen juristische Gestalt an. Daß es weithin dem Bischof zugeordnet wird, liegt in der Logik der Entwicklung.[212]

VI. Die definitorische Wirkung des Kirchenrechts

Damit hat zur Zeit Justinians, am Ende der Antike, die Kirche die Rechtsform erreicht, mit der sie in das Mittelalter eintreten und die Geschichte der kommenden Jahrhunderte bestimmen sollte. Der Anfang des 6. Jahrhunderts, wenn man will das Jahr 525, setzt mit dem Ende der Platonischen Akademie in Athen, dem Corpus Iuris Justiniani und der Gründung des Klosters Monte Cassino eine historische Zäsur, mit der die Antike endet und das Mittealter beginnt. Daher mag an dieser Stelle innegehalten und nach der spezifischen Bedeutung der

211 vgl. *Bernhard Schneider*: Christliche Armenfürsorge. Von den Anfängen bis zum Ende des Mittealters, Freiburg / Brg. 2017, S. 31 ff.

212 *B. Schneider*, a.a.O. (Fußn. zuvor), S. 64 f.

Verrechtlichung der Kirche gefragt werden. Dazu lassen sich mehrere Aussagen treffen.

1. Festigung nach Innen

1.1. Die Ämterordnung

Das Kirchenrecht festigt den Bestand der Kirche nach Innen. Ämterordnung und Hierarchie geben dem Leben der Kirche Form und Ordnung. Die Leitung gibt Orientierung. Die apostolische Sukzession ist bewahrt und gesichert. Die Liturgie stiftet Einheit. Die Gültigkeit der Sakramente ist gewährleistet.

1.2. Glaubenssätze als Rechtssätze

Das Kirchenrecht stiftet nicht nur organisatorische Einheit, sondern wird mit den Beschlüssen und Dekreten der Konzilien auch Form des Glaubens. Gerade die Fülle der Meinungsverschiedenheiten und Häresien erfordert eine einheitliche Interpretation. Die Wahrheit der Offenbarung, von den Konzilien unfehlbar interpretiert und verbindlich dekretiert, nimmt die Gestalt von Gehorsamsformeln an, wird „Symbolum", wird Sprache, wird Gebot. Die Wahrheit der Offenbarung wird in verbindlicher Sprache konkret. Der Glaube ist nicht mehr nur allein ein spirituelles, letztlich unaussagbares Charisma, sondern wird einer Sprachregelung[213] unterworfen, die Gehorsam, Glaubensgehorsam einfordert. Das *Dogma* entsteht.

Die Folgen sind unabsehbar.

---

213 so ein Wort von *Carl Schneider* in einer seiner Vorlesungen zum antiken Christentum in Ludwigshafen am Rhein in den sechziger Jahren des vergangenen Jahrhunderts; vgl. hierzu *Frank Hennecke / Erwin Radek / Paul Schröder* (Hrsg.): Gymnasium und Welt. Eine Festschrift, Ludwigshafen am Rhein / Norderstedt 2014, S. 237 ff.

2. Festigung nach Außen

Das Kirchenrecht ist Definition. Es definiert Amt und Lehre. Die Definition ist begriffsimmanent Abgrenzung. Definition gibt nicht nur Richtung nach Innen, sondern bestimmt auch, was außen ist. Die Kirche grenzt sich ab, indem sie nicht anders kann als sich selbst zu bestimmen. Das ist die Kehrseite aller Definition. So entsteht das „extra ecclesiam salus non est“ des Cyprian von Karthago (ca. 200–258). Aus der Dialektik von Offenheit und Verbindlichkeit kommt die Kirche nicht heraus. Hierin zeigt sich aber auch eine nur relative Bedeutung des Rechtes.

Maßgeblich für diese Entwicklung ist insbesondere das Konzil von Nicäa. „Von tief einschneidender Bedeutung waren demnach die Resultate des ersten großen Kirchenparlaments, das die Welt gesehen hat, sowohl was die Verfassung der Kirche als auch was das Verhältnis von Gottvater zu Gottsohn betraf. Die christliche Kompromißformel, die gegen Arius für die Wesensgleichheit des Sohnes mit Gottvater eintrat, wurde schließlich von dem zunächst sich streng neutral verhaltenden Kaiser aufoktroyiert und legte den Grundstein für den rechten Glauben im Christentum, für die Orthodoxie.“[214]

Die Abgrenzung durch das Recht hat denn auch reale Folgen. Was entsteht, ist Schisma und *Häresie.* So haben denn bereits die ersten Konzilien, die doch der Kircheneinheit dienen sollten, zugleich auch Spaltung verursacht. Arianer wurden verfolgt oder haben die Einheit der Kirche auch nach Nicaea noch Jahrhunderte lang zerbrochen.[215] Assyrer und Monophysiten gehören bis heute nicht zur Orthodoxie.

---

214 *Ernst Kornemann*: Geschichte der Spätantike. Einführung von Hermann Bengtson, München 1978. S. 34.

215 Der Verfasser hatte Gelegenheit, auf Einladung von Professor Dr. phil. Dr. h. c. *Christian Hannick*, Universität Würzburg, am 22. Mai 2017 im Ostkirchlichen Institut an der Universität Würzburg dem Vortrag von Professor Dr. phil. *Michel-Yves Perrin* zum Thema „Kirche in Sirmium und im Balkanraum im 4. Jh. im Ringen um den Glauben von Nikäa“ beizuwohnen. *Perrin* berichtete von seinen Forschungen, wonach es auch nach den Konzilsbeschlüssen von Nikäa noch jahrzehntelange Auseinandersetzungen unter den Bischöfen um diese Beschlüsse

Mehr noch: wer sich dem rechtlich definierten Glauben nicht unterwirft, wer Zweifel hat oder heterodoxe Lehren verbreitet, ist nicht nur etwa anderer Meinung oder anderer Glaubenspraxis, wie man es in den Diskursen der klassischen Philosophie und in der antiken Religion beliebig sein konnte, sondern ist ungehorsam, verletzt das Recht, verhält sich *illegal*. Und auf die Verletzung des Rechtes folgt die Rechtsverfolgung. Die historischen Folgen sind gewaltig. Die Kirche, ursprünglich verfolgt, wird nun selbst zum Verfolger.

Das Kirchenrecht hat am Ende der Antike einen Paradigmenwechsel im Umgang mit der Wahrheit herbeigeführt und eben auch damit deren Ende besiegelt.

3. Kirchenrecht und Gewalt

Damit läuft die Überlegung auf die Frage zu, inwieweit das Kirchenrecht insgesamt zur Gewaltgeschichte des Christentums beigetragen hat. Faktisch war dies mit der Verfolgung von Häretikern und Heiden bereits in der frühen Kirche, nachdem sie über Machtmittel verfügte, der Fall. Das zog sich über Jahrhunderte hin.[216] Welche Bedeutung und Wirkung den teilweise erschreckenden Gewalt-Worten Jesu in den Evangelien zukommt, mag hier dahinstehen; Alexander Demandt hat diese Worte dem „politischen Jesus" jedenfalls historisch zuge-

---

insbesondere im Balkanraum gegeben hat. Zu *Michel-Yves Perrin* vgl. unten Fußn. 223.

216 zur Gewaltgeschichte des Christentums neuerdings wieder sehr eingehend und schonungslos *Manfred Clauss*: Ein neuer Gott für die Alte Welt. Die Geschichte des frühen Christentums, Berlin 2015; siehe auch *Arnold Angenendt*: Toleranz und Gewalt: Das Christentum zwischen Bibel und Schwert, Münster 2006; ders.: „Lasst beides wachsen bis zur Ernte". Toleranz in der Geschichte des Christentums, Münster 2018; *Rochus Leonhardt*: Religion und Politik im Christentum, Baden-Baden 2017.
Ob *Karlheinz Deschner*: Kriminalgeschichte des Christentums, 10 Bde., Neuauflage Reinbek 1986 f., die Problemlage angemessen beschreibt und welche theologischen Folgen aus der „Kriminalgeschichte" zu ziehen sind, mag hier dahingestellt bleiben.

schrieben.[217] Ob es aber im letzten Grunde das Recht ist, das in der Wirklichkeit der Welt zur Gewalt führt, oder ob nicht umgekehrt das Recht für die Gewalt ein nur willkommenes Instrument ist, mag hier dahingestellt bleiben. Immerhin wohnt dem Recht als solchem das Potential von Frieden und Gerechtigkeit inne, das in der Geschichte wahrlich ebenfalls segensreiche Wirkung hatte. Woher kommt dann die Gewalt?[218] Liegt eine tiefere Dimension etwa in der „mosaischen Unterscheidung", dem zu einer bestimmten historischen Stunde eintretenden, grundstürzenden Unterscheidung von „wahrer" und „falscher" Religion, wie es Jan Assmann beschreibt,[219] der wahre Grund? Jedenfalls dann, wenn die Unterscheidungslinie von „wahr" und „falsch" die Form der Unterscheidungslinie von „Recht" und „Unrecht" annimmt? Ich weiß es nicht. Wissen aber kann man, daß die Trennung von Recht und Wahrheit Voraussetzung aller Freiheit ist.

VII. Die Entwicklung des Kirchenrechts im lateinischen Westen nach dem Untergang des Weströmischen Reiches bis zum frühen Mittelalter

Die Teilung des Reiches in eine westliche und eine östliche Reichshälfte durch Kaiser Theodosius im Jahre 395 leitete die getrennte Entwicklung des gesamten Abendlandes in einen östlichen und einen westlichen Teil ein. Die Unterschiede sind bis zu heutigen Tag unmittelbar

---

217 *Alexander Demandt*: Pilatus und der politische Jesus, Ludwigshafen am Rhein 2016, S. 26 ff. (= Schriftenreihe des Förderkreises Lebendige Antike Ludwigshafen am Rhein e. B, Band 24), Vortrag in der „Lebendigen Antike" am 11. November 2015.

218 Zur Gewalt in der Religion, insbesondere auch der biblischen Religionen, siehe die kulturhistorischen und religionsphilosophischen Untersuchungen von *René Girard*: Das Heilige und die Gewalt, Frankfurt am Main 1994; ders.: Gewalt und Religion, Berlin 2010; neuerdings *Ulrich Lincoln*: Prekäre Geschöpflichkeit. Beiträge zum theologischen Gewaltdiskurs, Tübingen 2021

219 *Jan Assmann*: Moses der Ägypter. Entzifferung einer Gedächtnisspur, München – Wien 1998; ders.: Die Mosaische Unterscheidung oder der Preis des Monotheismus, München – Wien 2003..

greifbar. Die Kirche und das Kirchenrecht konnten hiervon nicht unberührt bleiben. Das spätere Kanonische Recht ist auf dem Boden des früheren weströmischen Reiches entstanden. Die vorliegende Betrachtung wendet sich daher jetzt ausschließlich dem lateinischen Westen und dem weiteren Weg der Kirche zu, wie sie seit dem 5. Jahrhundert Gestalt angenommen hatte und rechtlich verfaßt war.

1. Die Gemeinde in Rom

Ausgangspunkt ist zunächst die christliche Gemeinde in Rom. Diese ist bereits im Neuen Testament bezeugt. Die Christenverfolgung zur Zeit Neros in Rom wird denn auch bei Tacitus als nichtchristlicher Quelle erwähnt.[220] Die Nähe zur römischen Herrschaft hat dann auch im 2. Jahrhundert sehr früh zur Bildung kirchenrechtlicher Strukturen beigetragen.[221] Rom als Bischofssitz ist Ort und Begründung des Papsttums,[222] dessen frühe Anfänge historisch umstritten sind, das aber dann im 3. Jahrhundert allmählich hervortritt.[223]

2. Der Untergang des Weströmischen Reiches und die Entstehung des Kirchenstaates

Mit dem Untergang des Weströmischen Reiches im Germanensturm des Jahres 476 zerbrach die Tradition römischer Herrschaftsgewalt auch in Italien, insbesondere in der Stadt Rom. Justinian hat diesen Herrschaftsverlust nicht mehr ausgleichen können. Ein Vakuum entstand. Nichts lag näher, als daß der Bischof von Rom dieses Vakuum

220 *Tacitus*: Annales, 15, 44.

221 *Christoph Link*: Kirchliche Rechtsgeschichte, 3. Aufl., München 2017, S. 12 f.; *Heinrich de Wall / Stefan Muckel*: Kirchenrecht, Aufl., München 2017, S. 10.

222 *Gerhard Kardinal Müller*: Der Papst. Sendung und Auftrag, Freiburg – Basel – Wien 2017, S. 233 f.

223 Zum frühchristlichen Rom näher *Michel-Yves Perrin*: Rom und das westliche Abendland bis zur Mitte des 3. Jahrhunderts, in: Die Geschichte des Christentums, a.a.O., Bd. I, S. 666 ff. Zu *Michel-Yves Perrin* vgl. oben Fußn. 215.
Aus der klassischen Literatur des 19. Jahrhunderts *Ferdinand Gregorovius*: Geschichte der Stadt Rom im Mittelalter, Erstes Buch, Band I,1 der Neuausgabe, 2. Auflage, München 1988.

ausfüllen sollte. Die Territorialität der Kirche, von der oben die Rede war, kam ihm entgegen. Die Rechtsordnung, die ihm zur Verfügung stand, war das Römische Recht. Die mittelalterlichen Quellen, die angeben, eine solche Territorialgewalt sei den Päpsten von Seiten des römischen Kaisers übertragen, wie die sogenannten „Pseudoisidorischen Dekretalien" aus dem 7. Jahrhundert mit der „Konstantinischen Schenkung", gelten zwar als Fälschung, belegen aber doch die bereits eingetretene Situation.

Der *Kirchenstaat* entstand.

3. Das Papsttum

Es war der Westen des Reiches, wo das Papsttum entstand und sich im Laufe der Jahrhunderte zu voller Höhe entfaltete.[224] Der Osten mit seinen damals bereits bestehenden Patriarchensitzen und dem byzantinischen Staatskirchentum stand der Ausbildung und dem Anspruch einer zentralen Universaljurisdiktion des Bischofs von Rom strukturell entgegen. Die historischen Entstehungsgründe mögen vielfältige sein; die theologischen und ekklesiologischen[225] entziehen sich der historischen Betrachtung. Das Machtvakuum nach dem Untergang des weströmischen Reiches, die soziale und politische Stellung des Bischofs in der Stadt Rom, Territorialherrschaft und römisches Recht, der Einsatz des Papstes für das Christentum gegenüber den anstürmenden Germanen, gar eine germanischen Vorstellungen entsprechende Führer-Rolle[226] mögen als Ursachen zusammengewirkt haben. So kam es bis ins

224 *Volker Reinhardt*: Pontifex. Die Geschichte der Päpste. Von Petrus bis Franziskus, München 2017.

225 *Müller*, a.a.O. (Fußn. 222), passim.

226 so wohl Johannes Haller in seiner monumentalen Papstgeschichte aus der ersten Hälfte des 20. Jahrhunderts, die die Geschichte bis in das 14. Jahrhundert behandelt, *Johannes Haller*: Das Papsttum. Idee und Wirklichkeit, 5 Bde., Neudruck Reinbek 1965; vgl. auch die charakteristischen Titel der einzelnen Bände: „1. Die Grundlagen", „2. Der Aufbau", „3. Die Vollendung", „4. Die Krönung", „5. Der Einsturz".
Zum damaligen „Papsttum als Platzhalter des kommenden Souveräns" *Karl-Heinz Ladeur*: Der Anfang des westlichen Rechts, Tübingen 2018, S. 102 f.

Mittelalter zu einem kontinuierlichen Aufstieg. Es liegt im Wesen des Papsttums, daß dieses Amt zu einer originären und maßgeblichen Quelle des Kirchenrechtes und späteren Kanonischen Rechtes wird.

4. Synoden und Konzilien und die Aufsammlung des Kanonischen Rechts

Das Papsttum ist jedoch nicht die alleinige Quelle des Kirchenrechts. Immer steht es in Spannung zu der Synodalverfassung der Kirche. Die anerkannten Ökumenischen Konzilien reichen mit dem II. Konzil von Nicaea bis ins 8. Jahrhundert (787). Daneben gab es regionale Bischofssynoden. Die Konzilien und Synoden entscheiden durch Dekrete. Die Dekrete des Papstes treten hinzu.[227] So baut sich im Laufe der Jahrhunderte die Fülle des Kirchenrechtes auf bis hin zum Corpus Iuris Canonici.

5. Kirchenrecht als weltliches Recht

Die kirchliche Territorialherrschaft hatte zur Folge, daß die Autoritäten der Kirche auch über weltliche Dinge die Jurisdiktion ausüben mußten. Das Kirchenrecht wurde zur Quelle auch des weltlichen Rechtes und trat damit zum Römischen Recht in Parallele, gar Konkurrenz: Recht der Kirche für die Kirche und für die Welt. Wechselseitige Beeinflussung war unausweichlich.[228]

---

227 Vgl die nichtamtliche, mit dem Corpus Iuris Canonici nicht identische, wissenschaftliche Sammlung aller verbindlichen Konzils- und Synodalbeschlüsse, von *Heinrich Denzinger / Adolf Schönmetzer* (Hrsg.): Enchiridion Symbolorum Definitionum et Declarationum de rebus fidei et morum, 34. Aufl., Freiburg / Brg. 1967 (ständig in Neuauflage).
Zu den sonstigen Rechtsquellen des frühen Kirchenrechts *Christoph Link*: Kirchliche Rechtsgeschichte, 3. Aufl., München 2017, S. 13 f.

228 zu dem wechselseitigen Zusammenhang von römischem und kanonischem Recht jetzt eingehend *Karl-Heinz Ladeur*: Der Anfang des westlichen Rechts, Tübingen 2018, S. 100 ff.; *Ladeur* spricht auch von der „Kirche als Erbín der römischen Rechtskultur"(S. 100) und der „Aufbewahrung des römischen Rechts durch die Kirche" (S. 104).

Es bleibt festzuhalten, daß die Episkopatsverfassung, im Westen durch das Papsttum gestützt und erweitert, die Voraussetzung für die Ausbildung des Kirchenrechtes abgab wie denn überhaupt die Kirchen- und Weltgeschichte bestimmte. Was hervortrat, war die *Rechtsfähigkeit der Kirche als Körperschaft* auch im weltlichen Recht.

6. Das Mönchtum

Von kaum zu überschätzender Bedeutung für die Kulturgeschichte der westlichen Welt ist das Mönchtum, das mit der Gründung des Klosters Monte Cassino durch Benedikt von Nursia im Jahre 525 begonnen hat. Für das Kirchenrecht sind im Hinblick auf das Mönchtum vier Sachverhalte von Interesse.[229] Zum einen haben die Klöster die Literatur der Antike in Schriftform überliefert; dies gilt dann auch für das gewaltige juristische Schrifttum und die sonstigen Rechtsquellen. Zum zweiten nehmen die Klöster in der Verfassung der Kirche einen besonderen Stand ein: Die Orden als Träger der Klöster sind von der örtlichen Bischofsgewalt exemt und unterliegen einer eigenen, meist allein dem Papst unterstellten Jurisdiktion; sie sind zudem mit eigener Rechtspersönlichkeit ausgestattet. Die Klöster sind zum Dritten Wirtschaftseinheiten und verwalten materielle Güter: sie sind Adressaten eines Sachen- und Vermögensrechtes. Die Klöster sind schließlich Träger von Wohltätigkeitseinrichtungen und bedürfen dementsprechend der Finanzierung und Organisation.[230] So kommt es, daß wesentliche Teile des späteren Kanonischen Rechtes die Orden und die Klöster betreffen.

---

229 Vgl. *Heinrich de Wall / Stefan Muckel*: Kirchenrecht, 5. Aufl., München 2017, S. 13 f.; *Christoph Link*: Kirchliche Rechtsgeschichte, 3. Aufl., München 2017, S. 25 f.

230 *Bernhard Schneider*: Christliche Armenfürsorge. Von den Anfängen bis zum Ende des Mittelalters, Freiburg – Basel – Wien 2017, S. 128 ff.

7. Augustinus

Es läge nahe, der Frage nachzugehen, inwieweit die Kirchenväter zur Begründung und Ausbildung des kirchlichen Rechtes beigetragen haben. Diese Frage kann an dieser Stelle nicht beantwortet werden. Immerhin aber wäre an Augustinus zu denken, der sich mit seiner „Civitas Dei"[231] dem Verhältnis der Kirche Christi zu den weltlichen Lebensordnungen eingehend und für die Theologie folgenreich beschäftigt hat.[232] Aber auch hier ist vorsichtige Zurückhaltung zu üben: Geht es doch Augustin nicht um eine innerkirchliche Rechtsordnung, sondern um die Kirche als den mystischen Leib Christi, und nicht um eine Verhältnisbestimmung der äußeren Zuständigkeitssphären von Kirche und Staat, sondern um eine spirituelle Entgegensetzung des Reiches Gottes zu den Mächten der Welt. Das Volk Gottes ist nicht einfach identisch mit der rechtlich verfaßten Kirche wie das Reich der Welt nicht identisch ist mit dem Reich Satans. Hier werden andere Trennungslinien gezogen als sie für das Kirchenrecht konstituierend sind. Allerdings läßt sich aussagen, daß nach Augustinus jedenfalls der politischen Ordnung die legitime Aufgabe zukommt, unter den Umständen der sündigen Welt durch Autorität, Zwangs- und Strafgewalt Frieden und Ordnung für die Menschen herzustellen, die insoweit der weltlichen Gewalt auch Loyalität und Gehorsam schulden; die politische Ordnung aber ist auf den irdischen Frieden und die Güter des sterblichen Lebens begrenzt.[233] Im übrigen aber dürfen wir in vorliegendem Zusammenhang von Augustinus absehen. Was aber bleibt, ist das Befremden gegenüber Augustins Eintreten für eine gewaltsame Bekämpfung von Irrlehrern und Häretikern.

231 greifbare Ausgabe in Übersetzung: *Aurelius Augustinus*: Vom Gottesstaat. Übertragen von Wilhelm Thimme, 2 Bde., München 1977/1978.

232 Zur Staats- und Rechtsphilosophie Augustins *Ernst-Wolfgang Böckenförde*: Geschichte der Rechts- und Staatsphilosophie, 2. Aufl., Tübingen 2006, § 9, S. 192 ff. Vgl. auch *Kurt Flasch*: Augustin. Einführung in sein Denken, 2. Aufl., Stuttgart 1994, S. 388 ff.

233 *Böckenförde*, a.a.O. (Fußn. 232). S. 213, 217, 219.

VIII. Zur Staatskirchenverfassung im Heiligen Römischen Reich Deutscher Nation

Wir schreiten im Parforce-Ritt durch die Jahrhunderte. Geschichtsschreibung ist nicht Gegenstand der vorliegenden Überlegungen. Das Kirchenrecht indes kommt im Hohen Mittelalter an. Zwei Richtungen seien in Stichworten aufgezeigt, auf die hin es sich ausgewirkt hat.

1. Der Investiturstreit

Mit dem Kaisertum Karls des Großen und der Renovatio Imperii des deutschen Sachsenherrschers Ottos des Großen gab es wieder ein abendländisches Kaisertum. Dieses Kaisertum bezog seine Legitimation aus dem alten Römischen Reich als der Schutzmacht des Christentums. Damit war aber zugleich die Frage aufgeworfen, wie das Verhältnis zur Kirche als ebenfalls territorialer Herrschaftsmacht, repräsentiert durch das erstarkte Papsttum, zu bestimmen sei. Dieser Streit gipfelte im sogenannten *Investiturstreit*, der das ganze Hochmittelalter im 11. und 12. Jahrhundert erschütterte: Es ging um die Frage, wer bei der Besetzung von Bischofsstühlen, die zugleich Reichsfürstentümer waren, das Mit- oder Letztentscheidungsrecht haben solle. Im „Wormser Konkordat“ von 1122 wurde der Streit dann beigelegt: Sacerdotium und Imperium teilten sich die weltliche Herrschaftsgewalt.[234] [235]

Erstmals erscheint das *Konkordat* als Vertrag zwischen Kirche und Staat als gleichrangingen Partnern wirkmächtig in der Weltgeschichte.

2. Die geistlichen Fürstentümer

Der Investiturstreit wird nur verständlich unter der Voraussetzung, daß geistlichen Herrschaften in der Tat auch territoriale Herrschaftsgewalt zukam. Genau dies war im alten Reich der Fall. Das Heilige Römische Reich Deutscher Nation war ein Verbund weltlicher und geistlicher „Stände“, die als Reichsfürsten, Bistümer, Klöster, Städte und sonstige freie Herrschaften jeweils territoriale Herrschaft ausübten. Es ist ein Spezifikum deutscher Verfassungsgeschichte, daß es eben auch geistliche Fürsten waren, die ständische Herrschaft und Landeshoheit

---

234 Zum Investiturstreit aus der Sicht der deutschen Verfassungsgeschichte *Dietmar Willoweit*: Deutsche Verfassungsgeschichte, 7. Aufl., München 2013, S. 62 ff.; *Otto Kimminich*: Deutsche Verfassungsgeschichte, 2. Aufl., Baden-Baden 1987, S. 134 ff.; *Hans Boldt*: Deutsche Verfassungsgeschichte, 2 Bde., München 1984, Bd. I S. 103 ff.
Aus der Kirchenrechtsgeschichte *Christoph Link*: Kirchliche Rechtsgeschichte, 3. Aufl., München 2017, S. 35 ff.
Aus der Allgemeingeschichte jüngst *Claudia Zey*: Der Investiturstreit, München 2017.
Eine Anschauung bietet die zur Zeit des vorliegenden Vortrages in den Reiß-Engelhorn-Museen in Mannheim laufende Ausstellung „Die Päpste und die Einheit der lateinischen Welt. Antike – Mittelalter – Renaissance“, 21.05.2017 bis 31.10.2017; vgl. hierzu den Katalog *Alfried Wieczorek / Stefan Weinfurter*: Die Päpste und die Einheit der lateinischen Welt, Mannheim – Regensburg 2017, sowie den Begleitband von *Bernd Schneidmüller / Stefan Weinfurter / Michael Matheus / Alfried Wieczorek* (Hrsg.): Die Päpste. Amt und Herrschaft in der Antike, dem Mittealter und der Renaissance, Regensburg 2016.

235 Der Zufall wollte es, daß fast gleichzeitig zu dem Vortrag, auf den die vorliegende Publikation zurückgeht, die Bibliothek St. German des Bischöflichen Priesterseminars Speyer ihre Liste „Neuerwerbungen in Auswahl“, 2017,2, auf der Titelseite mit dem signifikanten Titelblatt des Originals des Sachenspiegels herausbrachte: Christus in der Mitte reicht zur Rechten das Schwert an den Papst – Sacerdotium – und zur Linken an den Kaiser – Imperium; entnommen aus *Heiner Lück*: Der Sachsenspiegel. das berühmteste deutsche Rechtsbuch des Mittealters, Darmstadt 2017.

ausüben konnten. Die Erzbischöfe von Köln, Mainz und Trier waren darüberhinaus bekanntlich auch Kurfürsten des Reiches und als solche zur Wahl des Deutschen Königs berechtigt. Es mag dahinstehen, wie sich eine derart ausgeprägte Herrschaftsgewalt kirchenrechtlich, gar ekklesiologisch begründen läßt[236] – jedenfalls für die deutsche Kulturgeschichte haben die geistlichen Fürstentümer einzigartige Beiträge geleistet. Ihr Untergang im Reichsdeputationshauptschluß von 1803 hat Nachwirkungen verursacht, die mit Ersatzleistungen des Staates im geltenden Staatskirchenrecht bis heute unmittelbar zu spüren sind.

Voraussetzung für die geistlichen Fürstentümer war wiederum die Episkopatsverfassung der Römisch-katholischen Kirche, ohne die sich weder der Investiturstreit ereignen konnte noch die Existenz geistlicher Fürstentümer erklären läßt.

IX. Die wissenschaftliche Begründung des Kanonischen Rechts im 11. Jahrhundert und die Herausbildung des Ius Commune

Zur Zeit des Investiturstreites geschahen zwei folgenreiche Innovationen der Rechtsgeschichte, in verblüffender Gleichzeitigkeit. Wiederentdeckt wurde zu Beginn des 11. Jahrhunderts das *Corpus Iuris Justiniani*, das der kaiserlichen Gewalt neue Legitimation zusprach und die Rezeption des Römischen Rechtes in Europa einleitete.[237] Das Jahr 1140 war zugleich die Geburtsstunde des *Corpus Iuris Canonici*, das dem Papsttum zu weiterer Legitimation verhalf und dessen Rechtssetzungsmacht stärkte. „Der seinem Höhepunkt zustrebende päpstliche Herrschaftsanspruch bedurfte neben der theologischen auch einer

236 Die genannten wissenschaftlichen Darstellungen der Verfassungsgeschichte (Fußn. 234) lassen diese Frage offen. Vielleicht gibt es hier Forschungsbedarf.

237 Vgl. hierzu das Referat von Frank Hennecke vor der „Lebendigen Antike“ am 5. Oktober 2016, *Frank Hennecke*: Das Römische Recht als Rezeption der Antike – vom Mittelalter bis zur Europäischen Union, 2. Aufl., Ludwigshafen am Rhein 2017 (= Schriftenreihe des Förderkreises Lebendige Antike Ludwigshafen am Rhein Band 25).

neuen juristischen Legitimation."[238] Mit Hilfe der Scholastik und deren Argumentationsfiguren wurde mit dem Kanonischen Recht, das jetzt als solches explizit auftrat, diese Legitimation geschaffen.[239]

Der Beginn bestand in allgemeiner Anerkennung und Akzeptanz des „Decretum Gratiani" im Jahre 1140. Dieses „Decretum" ist eine private Sammlung von Rechtstexten der vergangenen Jahrhunderte, die ein nicht näher bekannter „Magister Gratianum" zusammengestellt und herausgeben hatte. Die Texte sind Konzil- und Synodalbeschlüsse, päpstliche Dekrete oder sonstige Rechtssätze aus kirchlichen Quellen. Das „Decretum" ist insoweit den Digesten des Corpus Iuris Justianiani vergleichbar. Der Inhalt betrifft kirchliches Personen- und Ämterwesen, Prozesse und Vermögensfragen sowie die Sacramentenordnung. Dank der anerkannten Autorität der normsetzenden Instanzen fand das „Decretum" bald allgemeine Anerkennung als verbindliche Quelle des Kirchenrechtes, ohne je förmlich, im Unterschied zu den Digesten, inkraftgesetzt worden zu sein. Zu dem „Decretum" traten dann sehr schnell im Zuge des II. Laterankonzils seit 1139 neue päpstliche Dekretalien hinzu, die sich bis zum Beginn des 14. Jahrhunderts aufsammelten und von da an das *Corpus Iuris Canonici* bildeten.[240] Schon beim „Decretum Gratiani" setzte, wie bei den Digesten, eine systematische juristische Arbeit an, die kompilierte, korrigierte, glossierte, interpretierte, parallel und methodengleich zur juristischen Arbeit am Römischen Recht und dessen Rezeption.[241]

Die Wissenschaft der *Kanonistik* entstand. Diese steht, im allgemeinen wenig bewußt, bei der Herausbildung des *Ius Commune*, das vom

238 *Christoph Link*: Kirchliche Rechtsgeschichte, 3. Aufl., München 2017, S. 41.

239 zur Vorgeschichte und zur Wechselbeziehung zwischen dem kanonischen und dem römischen Recht im 11. Jahrhundert jetzt *Karl-Heinz Ladeur*: Die Anfänge des westlichen Rechts, Tübingen 2018, S. 120 ff.; zur anfänglichen Parallelität von römischem und kanonischem Recht, von „Legalisten" und „Kanonisten" *Adolf Laufs*: Rechtsentwicklung in Deutschland, 4. Auflage, Berlin 2006, S. 48 ff. (58 f.)

240 die neuere Textausgabe: *Corpus Iuris Canonici*, hrsgg. von Emil Ludwig Richter / Emil Friedberg, 2 Bde., Neuausgabe Graz 1959.

241 Im einzelnen *Link*, a.a.O. (Fußn.238), S. 17 ff.

16. Jahrhundert an galt,[242] der romanistischen Rechtswissenschaft, Legistik genannt, gleich. Beide Linien der Rechtstradition haben sich gegenseitig beeinflußt und befruchtet. An den Universitäten wurde Römisches, wurde Kanonisches Recht gleichermaßen gelehrt. Die traditionsreiche Fakultät etwa in Heidelberg hat bis spätestens zur Neufassung der Promotionsordnung vom 20. 4. 2012 den akademischen Grad eines „doctor iuris utriusque" verliehen, dann aber abgeschafft; in Würzburg wird nach der Promotionsordnung vom 12. 8. 2009 dieser Grad bis heute verliehen, sofern der Kandidat außer den allgemeinen Promotionsleistungen noch zusätzlich eine Quellenexegese aus dem Kanonischen Recht anfertigt.[243] An der Juristischen Fakultät der Universität zu Köln steht das Kanonische Recht auch heute noch in einem fächerübergreifendem Lehr- und Forschungsprogramm.[244]

Generell aber gilt: „Kanonisches Recht und Kanonistik sind … grundlegende und unlösbare Bestandteile unserer rechtlichen Tradition."[245]

---

242 *Hennecke*, a.a.O. (Fußn. 237), S. 37 f.

243 Vgl. hierzu *Karl Kroeschell / Albrecht Cordes / Karin Nehlsen-von Stryk*: Deutsche Rechtsgeschichte. Band 2: 1250–1650, 9. Aufl., Köln – Weimar – Wien 2008, S. 12/13.
Zur Begriffsgeschichte der Bezeichnung „iuris utriusque" aus der älteren Literatur sehr eingehend *Emil Seckel*: Beiträge zur Geschichte beider Rechte im Mittelalter. Band I: Zur Geschichte der populären Literatur des römisch-kanonischen Rechts, Tübingen 1898 (Neudruck Hildesheim 1967).

244 *Manfred Baldus / Stefan Muckel*: Das Kanonische Recht im Lehr- und Forschungsprogramm einer Juristischen Fakultät, in: Matthias Pulte / Thomas A. Weitz (Hrsg.): Veritas vos liberavit. Festschrift zum 65. Geburtstag von Günter Assenmacher, Paderborn 2017, S. 683–702.

245 *Heinrich de Wall / Stefan Muckel*: Kirchenrecht, 5. Aufl., Stuttgart 2017. S. 22.
Es ist das Verdienst von Peter Landau, in grundlegenden Forschungen zur Geschichte, Geltung und Wirkung des Kanonischen Rechts die Bedeutung des Kanonischen Rechts für die europäische Rechtsgeschichte herausgearbeitet zu haben; vgl. den großen Aufsatz-Band von *Peter Landau*: Europäische Rechtsgeschichte und kanonisches Recht im Mittelalter, Badenweiler 2013; hierin ders.: Der Einfluß des Kanonischen Rechts auf die europäische Rechtskultur, S. 233 ff.

X. Der Inhalt des Corpus Iuris Canonici und dessen Auswirkung auf die moderne Rechtsordnung

Wenden wir uns dem Corpus Iuris Canonici selbst zu, dessen Inhalt und dessen Gehalt für die moderne Rechtsordnung.

1. Das Corpus Iuris Canonici als innerkirchliches Recht

1.1. Die Rechtsquellen

Das Corpus Iuris Canonici enthält naturgemäß vorrangig Rechtssätze für den innerkirchlichen Bereich. Es unterscheidet hierbei deutlich die Rechtsquellen. Die Rechtsquellenlehre ist von der Kanonistik entwickelt und formuliert worden.[246]

Die erste Unterscheidung ist diejenige von „ius divinum" und „ius humanum". Das „ius divinum" wird wiederum unterschieden in „ius divinum naturale" und „ius divinum ecclesiasticum". Das „ius divinum naturale" ist das dem Menschen von Natur aus vorgegebene Recht, das er kraft seiner Vernunft aus der natürlichen Ordnung erkennen kann. In der Rechtsgeschichte wird es *Naturrecht* genannt und über Jahrtausende reflektiert. Dem Inhalt nach entspricht das „Naturrecht" im wesentlichen den Zehn Geboten; in der „Menschenwürde" des Grundgesetzes mag es wiederkehren. Das „ius divinum ecclesiasticum" ist die von Gott seiner Kirche positiv eingestiftete Ordnung der Ämter und Sakramente. Das ius divinum ist in beiderlei Gestalt für den Menschen schlechthin unverfügbar.

Freilich kann es zu jeweiliger geschichtlicher Form ausgestaltet werden im „ius humanum". Im „ius ecclesiasticum humanum" findet sowohl das ius divinum ecclesiasticum historische Gestalt als auch das ephemere Recht der geschichtlichen Situation ihren Ort. Im übrigen bezeichnet „ius humanum" das positive Recht der säkularen Welt.

---

246 Zur Rechtsquellenlehre im Kanonischen Recht *Heinrich de Wall / Stefan Muckel*: Kirchenrecht, 5. Aufl., München 2017, S. 104 ff.; vgl. auch *Peter Huizing*: Die Kirchenordnung, in: *Johannes Feiner / Magnus Löhrer* (Hrsg.): Mysterium Salutis. Grundriß heilsgeschichtlicher Dogmatik, Band 4,2, Zürich – Köln 1973, S. 164 ff.

1.2. Die Gegenstände

Naturgemäß regelt das Corpus Iuris Canonici vorrangig die konkrete Gestalt der hierarchischen Ämterordnung und damit insgesamt die Kirchenverfassung, das kirchliche Personalwesen mit den Zugangsvoraussetzungen für die Ämter, die in die Kirche eingegliederten Körperschaften wie die Orden und die Klöster, die Ordnung der Sakramente, sowie darüber hinausgehend das Recht der materiellen Güter und des Vermögens sowie das Prozeßwesen. Da die Ehe nach katholischem Verständnis als Sakrament gilt, erstreckt sich das kanonische Recht gerade auch auf diesen elementaren Lebensbereich mit wegweisenden Regelungen.

2. Das Corpus Iuris Canonici als Recht für die Welt

Das Corpus Iuris Canonici enthält, auch von seiner Entstehungsgeschichte her, Materien, die nicht genuin kirchlicher Natur sind und daher auch für den säkularen Lebensbereich gelten können. So läßt sich etwa juristische Begrifflichkeit, die in der Kanonistik entwickelt worden ist, auch auf das säkulare Recht übertragen. Das mag etwa für den Begriff des „Amtes“ gelten.[247] Das Eherecht hat einen offenkundigen Überschneidungsbereich. Das kirchliche Güterrecht kann sehr wohl auch als weltliches Sachenrecht gelten. Auch im Verbandswesen sind Parallelen denkbar.

3. Die Auswirkung des Corpus Iuris Canonici auf die Rechtsordnung der Moderne

Gerade mit den nicht genuin kirchlichen Gehalten, seien sie von der Sache her rein säkularer Natur, seien sie auch Rechtsprinzipien, die aus dem genuin kirchlichen Rechtsbestand abstrahiert werden konn-

247 Vgl. *Peter Landau*: Die Ursprünge des Amtsbegriffs im klassischen kanonischen Recht, in: ders.: Europäische Rechtsgeschichte und kanonisches Recht im Mittelalter, Badenweiler2013, S. 339 ff.

ten, hat das Kanonische Recht in die Zukunft gewirkt.[248] Es hat in Verbindung mit dem Römischen Recht die spätere Rechtsentwicklung bis zum heutigen Tage mitbestimmt. Mit einigen Beispielen sei dies verdeutlicht.[249]

Es ist zunächst davon auszugehen, daß das Kanonische Recht das Recht einer christlichen Kirche ist und daß das Recht daher von christlichen Grundüberzeugungen und Werthaltungen bestimmt ist. Die Sorge um das Seelenheil aller Rechtsunterworfenen ist ein Grundprinzip des Kanonischen Rechts. Vom christlichen Liebesgebot her finden Barmherzigkeit und Gnade Eingang in das Recht. Die Würde der Person und die Gleichheit der Menschen sind Ausdruck des christlichen Menschenbildes. Auf der Grundlage der Offenbarung „formt das kanonische Recht die verbindliche Lebensordnung des neuen Gottesvolkes."[250]

So liegt das kirchliche Eherecht sehr nahe an der sakramentalen Struktur der Kirche und regelt doch die weltliche Lebensgemeinschaft. Daß die *Ehe* eine Rechtsgemeinschaft begründet und durch freie, übereinstimmende Willenserklärung zustandekommt, ist heute selbstverständlich, jedoch erst eine „Erfindung" des Kanonischen Rechtes.

Eine der wohl „bedeutendsten Entdeckungen der Rechtsgeschichte"[251] verdanken wir dem Kanonischen Recht mit der Konzeption der Vertragslehre: Waren Verträge noch im Römischen Recht an bestimmte Formen und typische Vertragsgegenstände gebunden, abstrahierten die Kanonisten die Vertragselemente zu einem verallgemeinerungsfähigen *Vertrag*, kraft dessen gegenseitige Verbindlichkeiten jeder Art

248 Vgl. *Peter Landau*: Die Bedeutung des kanonischen Rechts für die Entwicklung einheitlicher Rechtsprinzipien, in: ders.: Europäische Rechtsgeschichte und kanonisches Recht im Mittelalter, Badenweiler2013, S. 255 ff.; ders.: Rechtsprinzipien des ältesten römischen Kirchenrechts, ibid., S. 93 ff.

249 *Christoph Link*: Kirchliche Rechtsgeschichte, 3. Auf., München 2017, S. 55 ff.

250 *Heinrich de Wall / Stefan Muckel*: Kirchenrecht, 5. Aufl., München 2017, S. 100.

251 Zitat nach Peter Landau von *Christoph Link*: Kirchliche Rechtsgeschichte, 3. Aufl., München 2017, S. 59.

begründet werden konnten: „*pacta sunt servanda*“ – das gilt immer und überall.[252]

Im Sachenrecht kommt die Figur des „*gutgläubigen Erwerbs*“ hinzu. Der *Zivilprozeß* wurde von überflüssigen Formalien befreit und auf den entscheidungserheblichen Sachverhalt beschränkt – eine erhebliche Rationalisierung. Im *Strafrecht* wurde die Untersuchungsmaxime eingeführt, zwischen Vorsatz und Fahrlässigkeit unterschieden und die Grundsätze „nullum crimen nulla poena sine lege“[253] sowie „ne bis in idem“ aufgestellt.

Die wenigen Beispiele zeigen gerade dadurch, was heute für eine rechtsstaatliche Ordnung selbstverständlich ist, wie wegweisend das Kanonische Recht und die juristische Arbeit der Kanonisten das moderne Recht bestimmt haben. Rationalität und Wissenschaftlichkeit der Kanonistik haben den damaligen Modernitätsschub bleibend geleistet. Nach Max Weber war „das kanonische Recht für das profane Recht geradezu einer der Führer auf dem Wege zur Rationalität“.[254]

XI. Reformation und Säkularisierung

Doch noch war die Moderne historisch nicht erreicht. Aber ein weiterer, gewaltiger Modernitätsschub trat ein: die Reformation. Doch davon ist hier nicht im Allgemeinen zu handeln. Für das Kirchenrecht aber ist die Reformation von einschneidender, gar grundstürzender Bedeutung.

252 Vgl. *Peter Landau*: Pacta sund servanda, in: ders.: Europäische Rechtsgeschichte und kanonisches Recht im Mittelalter, Badenweiler 2013, S. 761 ff.

253 hierzu *Bernd Eicholt*: Geltung und Durchbrechungen des Grundsatzes „Nullum crimen nulla poena sine lege“ im kanonischen Recht, insbesondere in c. 1399 CIC/1983, Frankfurt am Main 2006; *Peter Landau*: Ursprünge und Entwicklung des Verbotes doppelter Strafverfolgung in der Geschichte des kanonischen Rechts, in: ders.: Europäische Rechtsgeschichte und kanonisches Recht im Mittelalter, Badenweiler 2013, S. 591 ff.

254 *Max Weber*: Wirtschaft und Gesellschaft, 5. Aufl., Studienausgabe, Tübingen 1976, S. 481.

1. Martin Luther

Die der Tradition Augustins folgende Zwei-Reiche-Lehre Luthers verwies das Recht in die weltliche Sphäre und ordnete dem Staat des Regiment für die äußere Lebensordnung der Menschen zu.[255] Zwar ist auch die „Obrigkeit von Gott" und das Recht auf die übernatürliche Ordnung zurückgebunden, aber Obrigkeit und Recht liegen in der Sphäre des rein Weltlichen. So erhält die Säkularisierung der Rechtsordnung, im Römischen Recht und in Teilen des Kanonischen Rechtes grundgelegt, eine geschichtsmächtige Verstärkung.[256]

2. Der Bruch mit der Apostolischen Sukzession und das Evangelische Kirchenrecht

Die Reformation bestand in ekklesiologischer Hinsicht im Bruch mit der Apostolischen Sukzession jedenfalls nach katholischem Verständnis. Die Ämter der Kirche waren keine Weiheämter kraft göttlichen Rechtes mehr, die in ununterbrochener Handauflegung auf die Apostel zurückgeführt werden, sondern Ordnungsformen und Leitungsfunktionen von Laien kraft menschlichen Rechtes. Das Kirchenrecht wird zum „positiven" menschlichen Recht; das Kanonische Recht als Kirchenrecht hatte in den Evangelischen Kirchen keine Geltung mehr. Von nun an geht das Evangelische Kirchenrecht seine eigenen Wege.[257]

---

255 Zu Luther aus rechts- und staatsphilosophischer Sicht *Ernst Wolfgang Böckenförde*: Geschichte der Rechts- und Staatsphilosophie, 2. Aufl., Tübingen 2006, § 15, dort insbesondere zur Zwei-Reiche-Lehre, S. 407 ff.

256 Verfasser darf im übrigen auf das grundlegende Werk von Martin Hengel verweisen, das an dieser Stelle nicht verarbeitet werden kann, *Martin Hengel*: Martin Luthers Reformation und das Recht, Tübingen 2016; zur gesamten Problematik auch *Christoph Strohm* (Hrsg.): Reformation und Recht. Zur Kontroverse um die Kulturwirkungen der Reformation, Tübingen 2017.

257 *Christoph Link*: Kirchliche Rechtsgeschichte, 3. Aufl., München 2017, S. 80 ff., 107 ff.; 162 ff., 234 ff.; *Heinrich de Wall / Stefan Muckel*: Kirchenrecht, 5. Aufl., München 2017, S. 248 ff.
Vgl. auch das große theologische Werk von *Wilhelm Steinmüller*: Evangelische Rechtstheologie. Zweireichelehre – Christokratie – Gnadenrecht, 2 Bde., Köln – Graz 1968.

Das Kanonische Recht wird auf die Römisch-Katholische Kirche zurückgeworfen.

3. Säkulariserung und der Ursprung der Grundrechte

Die Impulse aber, die das Kanonische Recht in die weltliche Rechtsordnung hineingegeben hat, wirken fort. Das Ius Commune des späten Mittelalters wird zum Recht der säkularen Staaten, die seit der Reformation entstehen und sich zur Landesherrschaft bis zum Absolutismus entwickeln. All diese Rechtsentwicklung ist hier nicht mehr darzustellen. Sie endet in den großen Codifikationen des Bürgerlichen Rechts im 19. Jahrhunderts.

Eine besondere Entwicklungslinie aber nimmt mit der Reformation ihren Anfang. In der Reformation ist die konfessionelle Einheit des westlichen Christentums zerbrochen. Religionskriege sind die Folge. Am Ende der Religionskriege steht die Erkenntnis, daß der Glaube nicht mehr Gegenstand staatlicher Herrschaft sein kann.[258] Der Staat zieht sich aus der Bestimmung über die Religion zurück und gibt diese frei.[259] Die Religionsfreiheit wird zum ersten Grundrecht im Verfassungsstaat. Nicht das Kanonische Recht bringt die Religionsfreiheit hervor, sondern der mächtige Impuls menschlichen Freiheitsstrebens. Dieser verbindet sich in der Französischen Revolution mit weiteren Freiheits- und Gleichheitsrechten und wird zum maßgeblichen Bestimmungsfaktor moderner Staatsverfassung.

Es ist der Staat, der die Glaubens- und Gewissensfreiheit gewährt und garantiert. Ihr Ursprung ist in der Tat das Gewissen als Grundform menschlicher Existenz. Es ist essentieller Bestandteil des christlichen Menschenbildes und liegt damit letztlich auch dem Kanonischen

258 eingehend und auf umfassender Quellenbasis *Joseph Lecler*: Geschichte der Religionsfreiheit im Zeitalter der Reformation, 2 Bde., Stuttgart 1965.

259 hierzu grundlegend *Ernst-Wolfgang Böckenförde*: Die Entstehung des Staates als Vorgang der Säkularisation, in: ders.: Recht, Staat, Freiheit,. Studien zur Rechtsphilosophie, Staatstheorie und Verfassungsgeschichte, Frankfurt am Main 1991, S. 92 ff.

Recht zugrunde. Um es aber rechtlich und in Freiheit zur Geltung zu bringen, mußte es erst als staatliches Recht zur Grundcharta des modernen Verfassungsstaates werden.

XII. Die Römisch-Katholische Kirche von der Reformation bis zum Beginn des 20. Jahrhunderts

1. Die Geschichte

Für die Römisch-Katholische Kirche begann mit der Zeit nach der Reformation eine Epoche der Klärung, inneren Festigung, aber auch der Abschließung. Dieser Prozeß zog sich über Jahrhunderte hin bis zum Ende des 19. Jahrhunderts. Der Ereignisse sind viele, vom Konzil zu Trient (1545–1563), der Gegenreformation, der Gründung des Jesuitenordens 1540, der rechtlichen Formalisierung des Kirchenbegriffs und der theologischen Begründung der päpstlichen Universaljurisdiktion durch Kardinal Robert Bellarmin (1542–1621),[260] den Häresieprozessen gegen Giordano Bruno und Galileo Galilei, der spanischen Inquisition, der fortschreitenden Dogmatisierung der Mariologe vom Dogma der „Unbefleckten Empfängnis" (1854) bis zum Dogma der Leibhaftigen Aufnahme in den Himmel (1950), dem Untergang des Heiligen Römischen Reiches Deutscher Nation mit seinem Staatskirchensystem (1803, 1806), der lehramtlichen Verurteilung der Moderne, der Freiheitsrechte und der Religionsfreiheit im 19. Jahrhunderts etwa durch die Enzyklika „Quanta Cura" von Papst Pius IX im Jahre 1864[261] oder den „Syllabus librorum vetitorum", dem 1. Vatikanischen Konzil und der Unfehlbarkeitserklärung des Papstes (1870/1871) bis schließ-

260 Die berühmte Definition der Kirche von *Robert Kardinal Bellarmin*: „Ecclesia est coetus hominum eiusdem christianae fidei professione et eorundem Sacramentorum communione colligatus, sub regimine legitimorum pastorum ac praecipie unius Christi in terris vicarii Romani pontificis." (Opera omnia, II, 75: Controversia IV. De conciliis et ecclesia, II, 2).

261 hierzu eine späte kritische Rückschau von *Ernst-Wolfgang Böckenförde*: Über die Autorität päpstlicher Lehrenzykliken am Beispiel der Äußerungen zur Religionsfreiheit, in: Theologische Quartalsschrift, 1/2006, S. 22 ff.

lich hin zum Verlust des Kirchenstaates im Zuge der italienischen Einigungskriege 1870. Das alles kann hier nicht im Einzelnen nachgezeichnet werden.

2. Der Codex Iuris Canonici von 1917

Was hier im Mittelpunkt der Betrachtung steht, ist das Kanonische Recht. In dem betreffenden Zeitraum galt für die Römisch-Katholische Kirche das Corpus Iuris Canonici, wie es die Kanonistik herausgearbeitet hatte. Ansonsten aber war das Kanonische Recht teilweise in das weltliche Recht gleichsam abgewandert und lebte dort im ius commune bis zu den großen säkularen Zivilrechtscodificationen des 19. Jahrhunderts fort, im übrigen blieb es im innerkatholischen Raum zurück. Den großen Abschluß der innerkirchlichen Rechtsenwicklung bildete dann unter Papst Benedikt XV die Codification des Corpus Iuris Canonici im *Codex Iuris Canonici* von 1917: der letzte Triumph der Kanonistik, Abschluß und Krönung.[262] Die Kirche folgte insoweit dem Vorbild der weltlichen Staaten, die das aus dem Mittelalter, der Rezeption des Römischen Rechtes und der Symbiose von Romanistik und Kanonistik entstandene Ius Commune ihrerseits in weltliche Zivilgesetzbücher überführt hatten, zuletzt des Deutsche Reich mit dem Bürgerlichen Gesetzbuch von 1900. Der Codex hat 2414 „Canones", die sich ihrerseits in „Paragraphen" gliedern. Der Codex hat 5 Bücher – in verblüffender Parallele zum Bürgerlichen Gesetzbuch: „Normae Generales", „De Personis", „De Rebus", worin die Sakramente enthalten sind, „De processibus" und „De delictis et poenis". Der Codex unter-

262 Textausgabe etwa: Codex Iuris Canonici PII Pontificis Maximi iussu digestus Benedicti Papae XV auctotitate promulgatus praefatione E.Mi Petri Card. Gasparri et Indice Analytici-Alphabetico auctus, Vatikanstadt 1965.
Kritiker freilich sehen in dem CIC die Perfektionierung einer juristischen Engführung der Kirche, die bereits im Vaticanum I begründet worden sei und als Element einer „Erfindung des Katholizismus" im 19. Jahrhundert gewertet werden müsse; so neuerdings *Hubert Wolf*: Der Unfehlbare. Pius IX und die Erfindung des Katholizismus im 19. Jahrhundert, München 2020, S. 297 ff.; vgl. auch *Peter Neuner*: Der lange Schatten des I. Vaticanums, Freiburg (Brg.) – Basel – Wien 2019.

scheidet nicht ausdrücklich zwischen göttlichem und menschlichem Recht, sondern versteht sich als die reale Ausgestaltung des göttlichen Rechtes im menschlichen Gesetzbuch der Kirche: „Ius ecclesiasticum ... est complexus legum tum a Deo tum ab ecclesiastica auctoriate latarum, quibus Ecclesia Catholica constituit et regitur."[263]. Als Kanonisches Recht ist es nicht unabhängig vom Römischen Recht und ähnelt der Aufbau des Codex dem klassischen Lehrbuch der Institutionen des Römischen Rechtes von Caius.[264] Entsprechend hat auch es eine lehrbuchartige Darstellung gefunden.[265] Die Sprache des Codex ist Latein, das unauslöschliche Erbe der Antike.

XIII. Die Öffnung der Römisch-Katholischen Kirche zur Welt vom Ende des 19. Jahrhunderts an

Es gab indes eine Gegenbewegung. Die wissenschaftlichen, politischen und sozialen Umwälzungen der westlichen Welt, die spätestens seit der Mitte des 19. Jahrhunderts auftraten, konnten auch auf die Kirche nicht ohne Wirkung bleiben. Sie trat in mehreren Schritten nach außen, öffnete sich der Welt. Auch diese Entwicklung kann hier nicht im einzelnen dargestellt werden; was für die juristische Betrachtung von Bedeutung ist, sei in Skizzen erwähnt. Was die Kirche an realer Territorialität verloren hatte, wurde gleichsam kompensiert durch spirituelle Öffnung zur Welt.

1. Die Wiedererrichtung des Kirchenstaates

Ein erster Schritt war, immerhin doch, eine neue Realisierung der Territorialität, die Wiederrichtung des Kirchenstaates im Jahre 1929

---

263 *Alaphridus Ottaviani*: Institutiones Iuris Publici Ecclesiastici, 2 Bde., Vatikanstadt 1935/1936, Bd. 1, S. 1.

264 Cai Institutiones secundum Veronensis Apographum Studemundianum et Reliquias in Aegypto repertas edidit M. David, Leiden 1948.

265 *Alaphridus Ottaviani*: Institutiones Iuris Publici Ecclesiastici, 2 Bde., Vatikanstadt 1935/1936.

unter Papst Pius XI. Grundlage waren die „Lateranverträge“ zwischen der Römischen Kirche und dem damals faschistischen Italien unter Mussolini. Der Bischof von Rom erhielt wieder ein unabhängiges, mit eigener Staatlichkeit ausgestattetes Territorium. Zugleich wurde er als Heiliger Stuhl anerkanntes Völkerrechtssubjekt.

2. Päpstliche Diplomatie und Konkordate

Die Völkerrechtssubjektivität des Heiligen Stuhles konnte der Papst dann in die Waagschale werfen, indem er eine umfangreiche *Diplomatie* entwickelte und mit den weltlichen Staaten völkerrechtlich verbindliche Staatskirchenverträge, *Konkordate*, abschloß, in denen, je nach Verhandlungsergebnis und je nach historischer und politischer Situation, die Rechte der Kirche in dem jeweiligen Staat definiert und festgelegt wurden.[266] Für Deutschland gilt das Reichskonkordat von 1933, das der damalige Apostolische Nuntius in München, Eugenio Pacelli, der spätere Papst Pius XII, mit dem damals nationalsozialistischen Staat ausgehandelt hatte und das daher insoweit, nicht aber um des Inhaltes willen, umstritten ist.

3. Die kirchliche Soziallehre

Auf die sozialen Problem des frühen Industriezeitalters antworteten einerseits caritative Initiativen, wie sie etwa Adolf von Kolping oder der Mainzer Bischof Emanuel von Ketteler auf den Weg gebracht haben und in denen die Diakonie der Kirche einen neuen Ausdruck fand, andererseits das große Lehrgebäude der Christlichen Soziallehre. Die Kirchliche Soziallehre stellt sich auf dem Boden des christlichen Menschenbildes dem dezidiert atheistischen Sozialismus, der seinerzeit alternativen Antwort auf die Sozialen Frage, entschieden entgegen. Wegweisend war die Sozialenzyklika „Rerum novarum“ von Papst Leo XIII aus dem Jahre 1891. Mit einem christlichen Humanismus, mit der

266 zur päpstlichen Konkordatspolitik im 19. und im 20. Jahrhundert *Christoph Link*: Kirchliche Rechtsgeschichte, 3. Aufl., München 2017, S. 151 ff.; 209 ff.

Würde des Menschen und der Würde der Arbeit, mit dem Prinzip der Subsidiarität hat die Kirchliche Soziallehre auf die Gesetzgebung der modernen Staaten Europas großen Einfluß ausgeübt. Nicht zuletzt in Deutschland hat die Kirchliche Soziallehre umfassende wissenschaftliche Darstellungen gefunden.[267]

Es war indes nicht mehr das Kanonische Recht, das die weltliche Rechtsentwicklung beeinflußt hat, sondern eine neue Soziallehre der Kirche, die insoweit sowohl auf die genuin christlichen als auch auf naturrechtliche Werte zurückgriff.

4. Das Vaticanum II

Als Inbegriff der Öffnung der Katholischen Kirche zur Welt im 20. Jahrhundert gilt das Zweite Ökumenische Konzil. Auch hiervon kann an dieser Stelle nicht gehandelt werden. Verwiesen sei auf die epochemachende „Pastorale Konstitution über die Kirche in der Welt von heute ‚Gaudium et spes'".[268] Für die kirchliche Rechtsgeschichte aber ist von geradezu revolutionärer Bedeutung die „Erklärung über die Religionsfreiheit ‚Dignitatis Humanae'".[269] Hier wird erstmals in der Kirchengeschichte die aus der Würde und aus dem Gewissen des Menschen abgeleitete individuelle Freiheit, die eigene Religion selbst zu wählen und zu leben, anerkannt: Die Freiheit, nicht Christ zu sein, ist jetzt nicht mehr Ungehorsam gegenüber dem kirchlichem Wahrheitsanspruch, sondern freie Entscheidung in Verantwortung und nach dem Gewissen.[270]

---

267 *Heinrich Pesch*: Lehrbuch der Nationalökonomie, 5 Bde., Freiburg 1905–1923; *Gustav Gundlach*: Die Ordnung der menschlichen Gesellschaft, 2 Bde., Köln 1964; *Joseph Höffner*: Christliche Gesellschaftslehre, Kevelaer 1997; neuerdings *Reinhard Marx*: Das Kapital. Ein Plädoyer für den Menschen, München 2008.

268 in: *Karl Rahner / Herbert Vorgrimler* (Hrsg.): Kleines Konzilskompendium, 18. Aufl., Freiburg – Basel – Wien 1985, S. 449 ff.

269 *Rahner / Vorgrimler*, a.a.O. (Fußn. zuvor). S. 661 ff.

270 zu der damaligen Anerkennung der Religionsfreiheit *Ernst-Wolfgang Böckenförde*: Religionsfreiheit zwischen Kirche und Staat: Der Wandel lehramtlicher Verlautbarungen zur staatlichen Religionsfreiheit, in: ders.: Kirchlicher Auftrag und politische Entscheidung, Freiburg / Brg. 1973, S. 172 ff.

5. Der Codex Iuris Canonici von 1983

Gleichsam eine Spätfolge des Vaticanums II ist die Neufassung des Codex Iuris Canonici, die unter Papst Johannes Paul II im Jahre 1983 herausgegeben worden ist.[271] Hatte der Codex von 1917 jahrhundertelangen Vorlauf, so ist nach verhältnismäßig kurzer Zeit eine vollständige Überarbeitung erfolgt. Die Sprache ist lateinisch geblieben. Im Mittelpunkt steht jetzt aber nicht mehr eine stringente, am römischen Recht geschulte Binnenverfassung der Kirche, sondern die Kirche als das Volk Gottes. Das ist der Geist des Zweiten Vatikanischen Konzils. Die juristische Validität ist selbstverständlich nicht aufgegeben, aber relativiert. Das sind jetzt die sieben „Bücher“: „De normis generalis“, „De Populo Dei“ mit der gesamten hierarchischen Kirchenverfassung, „De ecclesiae munere docendi“, „De ecclesiae munere sanctificandi“ mit der Sakramentenordnung, „De bonis ecclesiae temptabilis“, „De sanctionibis in ecclesia“, „De processibus“. Man merkt den Unterschied zu dem früheren Codex.[272]

XIV. Das Staatskirchenrecht in Deutschland

Die jahrhundertelange Entwicklung des Kanonischen Rechtes hat sich auch im Staatskirchenrecht in Deutschland niedergeschlagen. Mit Staatskirchenrecht beschreibt man den Inbegriff der Rechtsnormen, in denen das Verhältnis von Staat und Kirche geregelt wird.[273] Die Rechtsquellen sind allerdings nicht das Kanonische Recht unmittelbar,

271 Codex Iuris Canonici Auctoritate Ioannis Pauli PP. II promulgatus, Vatikanstadt 1983. Deutsche Ausgabe: Codex des kanonischen Rechtes. Lateinisch-deutsche Ausgabe, 2. Aufl., Kevelaer 1984.

272 zu dem neuen Codex *Hugo Schwendenwein*: Das neue Kirchenrecht. Gesamtdarstellung, Darmstadt 1984.

273 Vgl. die umfassende Darstellung des deutschen Staatskirchenrechtes von *Josef Listl / Dietrich Pirson* (Hrsg.): Handbuch des Staatskirchenrechts der Bundesrepublik Deutschland, 2 Bde., 2. Aufl., Berlin 1994. Vgl. auch die kürzeren Darstellungen von *Axel Freiherr von Campenhausen*: Staatskirchenrecht, 3. Aufl., München 1996; *Bernd Jeand'Heur / Stefan Korioth*: Grundzüge des Staatskirchenrechts, Stuttgart u. a. 2000.

das für den Innenraum der Katholischen Kirche gilt, aber durchaus mittelbar, indem das staatliche Recht kanonistische Inhalte in das staatliche Recht positiv übernimmt, oder Konkordate, die als völkerrechtliche Verträge innerstaatlich ratifiziert und umgesetzt sind und daher rechtliche Geltung haben.[274] Allerdings kommen andere Rechtsnormen hinzu, die sich, unabhängig vom Kanonischen Recht oder von Konkordaten, auf die Religion beziehen und wie die Gewisses-, Glaubens- und Religionsfreiheit im Grundgesetz auf die Menschenrechtsentwicklung zurückgehen. Schließlich gilt das Recht auch für andere Bekenntnisse und Religionen, denen unter dem Grundgesetz das gleiche Recht zukommt. Meint Staatskirchenrecht vornehmlich die spezifischen Rechtsbeziehungen zwischen der Katholischen und der Evangelischen Kirche, so spricht man im Hinblick auf die sonstigen religionsrechtlichen Normen von Religionsverfassungsrecht.[275]

Unter diesen Normen ragt die „Freiheit des Glaubens, des Gewissens und die Freiheit des religiösen und weltanschaulichen Bekenntnisses", die „unverletzlich" ist, in Artikel. 4 Absatz 1 des Grundgesetzes heraus. Artikel 4 Absatz 2 des Grundgesetzes fügt hinzu: „Die ungestörte Religionsausübung wird gewährleistet." Ähnliche Bestimmungen finden sich in den Verfassungen der Bundesländer.[276]

274 vgl. die Texte der geltenden Konkordate bei *Josef Listl* (Hrsg.): Die Konkordate und Kirchenverträge in der Bundesrepublik Deutschland, 2. Bde., Berlin 1987; neuerdings hierzu *Christian Hermes*: Konkordate im vereinigten Deutschland, Ostfildern 2009.

275 Vgl. *Hans Michael Heinig / Christian Walter* (Hrsg.): Staatskirchenrecht oder Religionsverfassungsrecht? Ein begriffspolitischer Grundsatzstreit, Tübingen 2007; *Peter Unruh*: Religionsverfassungsrecht, 3. Aufl., Baden-Baden 2015. Vgl. demgegenüber *Claus Dieter Classen*: Religionsrecht, Tübingen 2006; jetzt auch *Axel Freiherr von Campenhausen / Heinrich de Wall*: Staatskirchenrecht. Eine systematische Darstellung des Religionsverfassungsrechts in Deutschland und Europa, 4. Aufl., München 2006; neuerdings *Rudolf Steinberg*: Vom Staatskirchenrecht zu einem zeitgemäßen Religionsrecht. Religion in einer multireligiösen Gesellschaft, Baden-Baden 2021; *Michael Roseneck*: Zwischen Tradition und Geltung. Religion als Herausforderung und Ressource für die öffentliche Vernunft, Baden-Baden 2021.

276 Vgl. *Christian Pestalozza* (Hrsg.): Verfassungen der deutschen Bundesländer, 10. Auflage; München 2014.

Die Grundsatznorm von Artikel 4 Absatz 1 des Grundgesetzes darf hier einmal unkommentiert so stehen bleiben.

Signifikant ist die Übernahme der staatskirchenrechtlichen Bestimmungen der Weimarer Reichsverfassung in das Grundgesetz durch Artikel 140. Wesentlicher Inhalt dieser Bestimmungen sind die Ablehnung einer Staatskirche und die völlige Unabhängigkeit der Religionsgesellschaften in der Regelung ihrer inneren Angelegenheiten (Art. 137 WV). Religionsgesellschaften haben oder erlangen den Status einer Körperschaft des Öffentlichen Rechtes (Art. 137 Absatz 4 und 5 WV). Staatsleistungen an die Kirchen, die aus der Zeit des Reichsdeputationshauptschlusses herrühren, können durch Gesetz abgelöst werden (Art. 138 Absatz 1 WV). „Der Sonntag und die staatlich anerkannten Feiertage bleiben als Tage der Arbeitsruhe und der seelischen Erhebung gesetzlich geschützt." (Art. 139 WV).

Man ahnt die Aktualität und Brisanz dieser Bestimmungen in der Gegenwart.

Blickt man weiter aus, finden sich Themen wie die Katholischen und Evangelischen Fakultäten an den staatlichen Hochschulen, der konfessionelle Religionsunterricht an den staatlichen Schulen, die Kirchensteuer, das Eherecht, der Sonderstatus des kirchlichen Arbeitsrechtes und anderes mehr.

Wollte die vorliegende Überlegung auf diese Gegenstände eingehen, geriete sie in aktuelle politische Auseinandersetzungen. Diese zu führen ist nicht mehr ihre Absicht. Zu zeigen aber, daß die gegenwärtige Rechtslage nur verständlich ist, wenn man die jahrhundertelange kirchliche Rechtsentwicklung im Bewußtsein hat, das war freilich in der Tat beabsichtigt.

XV. Das Vaticanum II und die Religionsfreiheit

Gleichwohl darf unsere Überlegung am Schluß noch einmal auf die Religionsfreiheit zurückkommen. Der Gewissens- und Glaubensfreiheit wohnt ewig ein Unruhemoment inne. Der menschenrechtlichen Freiheitsentwicklung hat sich auch das Zweite Vatikanische Konzil, dessen Ende vor fünfzig Jahren im vorvergangenen Jahr gedacht wurde, nicht verschließen können. In der „Erklärung über die Religionsfreiheit. ‚Dignitatis humanae'" hat es die Gewissens- und Glaubensfreiheit für alle katholischen Christen, für alle Menschen anerkannt.[277] *Das Konzil hat der Wahrheit des christlichen Glaubens die Freiheit des Menschen dialektisch gegenübergestellt*: Es gibt keine Wahrheit ohne Freiheit, und es gibt keine Freiheit ohne Wahrheit. Dies ist eine grundlegende Erkenntnis und eine epochemachende Neuerung, die sich in der Kirche Bahn gebrochen hat.

In der Korrespondenz, die der Verfasser mit dem Staatsrechtslehrer Ernst-Wolfgang Böckenförde zu diesem Thema führen durfte, wurde die Überzeugung formuliert, daß der Heilige Geist über den Umweg des menschlichen Rechtes, das die Religionsfreiheit als Menschenrecht ja schon kannte und dem die Katholische Kirche noch im 19. Jahrhundert entgegengetreten war, der Kirche selbst zu einer Erkenntnis verholfen hat.[278]

Man mag darin einen inneren, *ontologischen* Zusammenhang allen Rechtes, des menschlichen wie des kirchlichen, erkennen.

277 *Karl Rahner / Herbert Vorgrimler* (Hrsg.): Kleines Konzilskompendium, 18. Aufl., Freiburg/Brg. 1985, S. 655. Hierzu seinerzeit wegweisend *Ernst-Wolfgang Böckenförde*: Die Konzilserklärung über die Religionsfreiheit, in: ders.: Kirchlicher und politische Entscheidung, Freiburg/Brg. 1973, S. 191 ff.

278 *Frank Hennecke*: Der Umweltjurist, Speyer 2011, S. 277 f. (279).

Schrifttumsverzeichnis

Angenendt, Arnold: Toleranz und Gewalt: Das Christentum zwischen Bibel und Schwert, Münster 2006.

Angenendt, Arnold: „Lasst beides wachsen bis zur Ernte." Toleranz in der Geschichte des Christentums, Münster 2018.

Assmann, Jan: Moses der Ägypter. Entzifferung einer Gedächtnisspur, München – Wien 1998.

Assmann, Jan: Die Mosaische Unterscheidung oder der Preis des Monotheismus, München – Wien 2003.

Augustinus, Aurelius: Vom Gottesstaat. Übertragen von Wilhelm Timme, 2 Bde., München 1977/1978.

Augustinus, Aurelius: Die christliche Bildung (De doctrina Christiana). Übersetzung, Anmerkungen und Naschwort Karla Pollmann, Stuttgart 2002.

Aymans, Winfried / Mörsdorf, Klaus: Kanonisches Recht. Lehrbuch aufgrund des codex iuris canonici, Band I, Paderborn u. a. 1991; Band II, Paderborn u. a. 1997; Band III, Paderborn u. a. 2007.

Aymans, Winfried / Mörsdorf, Klaus / Müller, Ludger: Kanonisches Recht. Lehrbuch aufgrund des codex iuris canonici, Band IV, Paderborn u. a. 2013.

Baldus, Manfred / Muckel, Stefan: Das Kanonische Recht im Lehr- und Forschungsprogramm einer Juristischen Fakultät, in: Matthias Pulte / Thomas A. Weitz (Hrsg.): Veritas vos liberavit. Festschrift zum 65. Geburtstag von Günter Assenmacher, Paderborn 2017, S. 683–702.

Barion, Hans: Rudolph Sohm und die Grundlegung des Kirchenrechts, Tübingen 1931.

Baus, Karl: Von der Urgemeinde zur frühchristlichen Großkirche, in: Hubert Jedin (Hrsg.): Handbuch der Kirchengeschichte, Band I, Freiburg – Basel – Wien 1985.

Baus, Karl / Ewig, Eugen: Die Reichskirche nach Konstantin dem Großen: Von Nikaia bis Chalkedon, in: Hubert Jedin (Hrsg.): Handbuch der Kirchengeschichte, Band II/1, Freiburg – Basel – Wien 1985.

Becker, Jürgen: Paulus. Der Apostel der Völker, 3. Auflage, Tübingen 1998.

Bellarmin, Robert Kardinal: Opera omnia, II, 75: Controversia IV. De conciliis et ecclesia, II, 2.

Benedikt XVI Josef Ratzinger: Glaube und Vernunft. Die Regensburger Vorlesung, Freiburg – Basel – Wien 2006.

Benz, Ernst: Geist und Leben der Ostkirche, Hamburg 1957.

Benz, Ernst: Beschreibung des Christentums, München 1975.

Böckenförde, Ernst-Wolfgang: Religionsfreiheit zwischen Kirche und Staat: Der Wandel lehramtlicher Verlautbarungen zur staatlichen Religionsfreiheit, in: ders.: Kirchlicher Auftrag und politische Entscheidung, Freiburg / Brg. 1973, S. 172 ff.

Böckenförde, Ernst Wolfgang: Die Entstehung des Staates als Vorgang der Säkularisation, in: ders.: Recht, Staat, Freiheit,. Studien zur Rechtsphilosophie, Staatstheorie und Verfassungsgeschichte, Frankfurt am Main 1991, S. 92 ff.

Böckenförde, Ernst-Wolfgang: Geschichte der Rechts- und Staatsphilosophie, 2. Aufl., Tübingen 2006.

Böckenförde, Ernst-Wolfgang: Über die Autorität päpstlicher Lehrenzykliken am Beispiel der Äußerungen zur Religionsfreiheit, in: Theologische Quartalsschrift, 1/2006, S. 22 ff.

Böckenförde, Werner: Das Rechtsverständnis der neueren Kanonistik und die Kritik Rudolph Sohms. Eine ante-kanonistische Studie zum Verhältnis von Kirche und Kirchenrecht, Münster 1969.

Boldt, Hans: Deutsche Verfassungsgeschichte, 2 Bde., München 1984.

Boumis, Panagiotis: Das Kirchenrecht der Orthodoxen Kirche, in: Wilhelm Nyssen / Hans-Joachim Schulz / Paul Wiertz (Hrsg.): Handbuch der Ostkirchenkunde, Band III, Düsseldorf 1997.

Brown, Peter: „Der Schatz im Himmel“. Der Aufstieg des Christentums und der Untergang des römischen Weltreichs, Stuttgart 2017.

Brown, Peter: Der Preis des Ewigen Lebens. Das Christentum auf dem Weg ins Mittelalter, Darmstadt 2018.

Bukovec, Predrag: Die frühchristliche Eucharistie, Tübingen 2021.

Bultmann, Rudolf: Das Urchristentum im Rahmen der antiken Religionen, o. O. 1962.

Burkert, Walter: Antike Mysterien, 2. Aufl., München 1991.

Campenhausen, Hans Freiherr von: Kirchliches Amt und geistliche Vollmacht in den ersten drei Jahrhunderten, Tübingen 1953.

Campenhausen, Hans Freiherr von: Die Entstehung der christlichen Bibel, Neuausgabe Tübingen 2003.

Campenhausen, Axel Freiherr von: Staatskirchenrecht, 3. Aufl., München 1996.

Campenhausen, Axel Freiherr von / Wall, Heinrich de: Staatskirchenrecht. Eine systematische Darstellung des Religionsverfassungsrechts in Deutschland und Europa, 4. Aufl., München 2006.

Christensen, Torben: Christus oder Jupiter. Der Kampf um die geistigen Grundlagen des Römischen Reiches, Göttingen 1981.

Classen, Claus Dieter: Religionsrecht, Tübingen 2006.

Clauss, Manfred: Mithras. Kult und Mysterium, Darmstadt 2012.

Clauss, Manfred: Ein neuer Gott für die alte Welt. Die Geschichte des frühen Christentums, Berlin 2015.

Codex Iuris Canonici PII Pontificis Maximi iussu digestus Benedicti Papae XV auctotitate promulgatus praefatione E. Petri Card. Gasparri et Indice Analytici-Alphabetico auctus, Vatikanstadt 1965.

Codex Iuris Canonici Auctoritate Ioannis Pauli PP. II promulgatus, Vatikanstadt 1983.

Codex Iuris Canonici. Codex des kanonischen Rechts. Lateinisch-deutsche Ausgabe, 2. Aufl., Kevelaer 1984.

Corpus Iuris Canonici, hrsgg. von Emil Ludwig Richter / Emil Friedberg, 2 Bde., Neuausgabe Graz 1959.

Demandt, Alexander: Die Spätantike, München 1989.

Demandt, Alexander: Pilatus und der politische Jesus, Ludwigshafen am Rhein 2016 (= Schriftenreihe des Förderkreises Lebendige Antike Ludwigshafen am Rhein, Band 24).

Demel, Sabine: Kirchenrecht. Grundbegriffe für Studium und Praxis, 2. Aufl., Freiburg/Brg. 2013.

Demel, Sabine: Einführung in das Recht der Katholischen Kirche, Darmstadt 2014.

Denzinger, Heinrich / Schönmetzer, Adolf (Hrsg.): Enchiridion symbolorum definitionum et declarationum de rebus fidei et morum, 34. Aufl., Freiburg/Brg. 1967.

Deschner, Karlheinz: Kriminalgeschichte des Christentums, 10 Bde., Neuauflage Reinbek 1986 f

Die Bibel. Einheitsübersetzung der Heiligen Schrift, Stuttgart 2016.

Die Bibel. Nach Martin Luthers Übersetzung. Lutherbibel revidiert 2017, Stuttgart 2016.

Die Geschichte des Christentums, deutsche Ausgabe, hrsgg. von *Norbert Brox* u. a.: Bd. I: Die Zeit des Anfangs (bis 250), hrsgg. von *Luce Pietri*, Freiburg – Basel – Wien 2003; Bd. II: Das Entstehen der einen Christenheit (250–430), hrsgg. von *Charles Pietri / Luce Pietri*, Freiburg – Basel Wien 1996; Bd. III: Der lateinische Westen und der byzantinische Osten (431–642), hrsgg. von *Luce Pietri*, Freiburg - Basel – Wien 2001.

Dierken, Jörg: Gott und Geld. Ähnlichkeit und Widerstreit, Tübingen 2017.

Döllinger, Joh. Jos. Ign. von: Christentum und Kirche in der Zeit der Grundlegung, 2. Auflage, Regensburg 1868.

Eicher, Peter (Hrsg.): Neue Summe Theologie. Band 3: Der Dienst der Gemeinde, Freiburg (Brg) - Basel - Wien 1989.

Eicholt, Bernd: Geltung und Durchbrechungen des Grundsatzes „Nullum crimen nulla poena sine lege“ im kanonischen Recht, insbesondere in c. 1399 CIC/ 1983, Frankfurt am Main 2006.

Feine, Hans Erich: Kirchliche Rechtsgeschichte. Die Katholische Kirche, 5. Aufl., Köln – Wien 1972 (Reprint Darmstadt 2019).

Feiner, Johannes / Löhrer, Magnus (Hrsg.): Mysterium Salutis. Grundriß heilsgeschichtlicher Dogmatik, Band 4,1, Zürich – Köln 1972.

Feiner, Johannes / Löhrer, Magnus (Hrsg.): Mysterium Salutis. Grundriß heilsgeschichtlicher Dogmatik, Band 4,2, Zürich – Köln 1973.

Flasch, Kurt: Augustin. Einführung in sein Denken, 2. Aufl., Stuttgart 1994.

Flusin, Bernard: Bischöfe und Patriarchen. Die Strukturen der Reichskirche, in: Die Geschichte des Christentums, Bd. III: Der lateinische Westen und der byzantinische Osten, hrsgg. von Luce Pietri, Freiburg – Basel – Wien 2001, S. 521 ff.

Fries: Heinrich: Fundamentaltheologie, Graz – Wien – Köln 1985.

Cai Institutiones secundum Veronensis Apographum Studemundianum et Reliquias in Aegypto repertas edidit M. David, Leiden 1948.

Gemeinhardt, Peter: Geschichte des Christentums in der Spätantike, Tübingen 2021.

Girard, René: Das Heilige und die Gewalt, Frankfurt am Main 1994.

Girard, René: Gewalt und Religion, Berlin 2010.

Gnilka, Christian u. a. (Hrsg.): Chresis 1 ff., Basel 1993 ff.

Goppelt, Leonhard: Der erste Petrusbrief, Göttingen 1978.

Gregorovius, Ferdinand: Geschichte der Stadt Rom im Mittelalter, 4 Bd., Neuausgabe, 2. Auflage, München 1988.

Gundlach, Gustav: Die Ordnung der menschlichen Gesellschaft, 2 Bde., Köln 1964.

Haering, Stephan / Rees, Wilhelm / Schmitz, Heribert (Hrsg.): Handbuch des Katholischen Kirchenrechts, 3. Aufl., Regensburg 2015.

Haenchen, Ernst: Die Apostelgeschichte, 6. Aufl., Göttingen 1968.

Haller, Johannes: Das Papsttum. Idee und Wirklichkeit, 5 Bde., Neuausgabe Reinbek 1965.

Hamman, Adalbert: Die ersten Christen, Stuttgart 1985.

Harnack, Adolf von: Das Wesen des Christentums, 66.–70. Tausend, Leipzig 1920.

Harnack, Adolf von: Die Mission und Ausbreitung des Christentums, 4. Aufl., Berlin 1924.

Harnack, Adolf von: Marcion. Das Evangelium vom fremden Gott. Eine Monographie zur Geschichte der Grundlegung der katholischen Kirche, 2. Aufl., Leipzig 1924 (=Neuausgabe Darmstadt 1996).

Heiler, Friedrich: Die Ostkirchen, München – Basel 1971.

Heinig, Hans Michael / Walter, Christian (Hrsg.): Staatskirchenrecht oder Religionsverfassungsrecht? Ein begriffspolitischer Grundsatzstreit, Tübingen 2007.

Hengel, Martin: Martin Luthers Reformation und das Recht, Tübingen 2016.

Hengel, Martin / Schwemer, Anna Maria: Jesus und das Judentum, Tübingen 2007 (Geschichte des frühen Christentums, Band I).

Hengel, Martin /Schwemer, Anna Maria: Die Urgemeinde und das Judentum, Tübingen 2018 (= Geschichte des frühen Christentums, Band II).

Hennecke, Frank: Der Umweltjurist, Speyer 2011.

Hennecke, Frank: Das Römische Recht als Rezeption der Antike – vom Mittelalter bis zur Europäischen Union, 2. Aufl., Ludwigshafen am Rhein 2017 (= Schriftenreihe des Förderkreises Lebendige Antike Ludwigshafen am Rhein e. V., Band 25).

Hennecke, Frank: Kirche und Reich. Das Kanonische Recht als Erbe der Antike, 2. Auflage, Ludwigshafen am Rhein 2018 (= Band 27 der Schriftenreihe des Förderkreises Lebendige Antike e. V.)

Hennecke, Frank / Kuntz, Friedrich (Hrsg.): Lebendige Antike. Einführungstexte 1954–2014, Ludwigshafen am Rhein 2015 (= Schriftenreihe des Förderkreises Lebendige Antike Ludwigshafen am Rhein e. V. Band 19).

Hennecke, Frank / Radek, Erwin / Schröder, Paul (Hrsg.): Gymnasium und Welt. Eine Festschrift, Ludwigshafen am Rhein – Norderstedt 2014.

Hermes, Christian: Konkordate im vereinigten Deutschland, Ostfildern 2009.

Höffner, Joseph Kardinal: Christliche Gesellschaftslehre, Kevelaer 1997.

Hoffmann, Joseph: Die im Christusereignis gegründete Kirche, in: Peter Eicher (Hrsg.): Neue Summe Theologie. Band 3: Der Dienst der Gemeinde, Freiburg (Brg) – Basel – Wien 1989, S. 47 ff.

Huizing, Peter: Die Kirchenordnung, in: Johannes Feiner / Magnus Löhrer (Hrsg.): Mysterium Salutis. Grundriß heilsgeschichtlicher Dogmatik, Band 4,2, Zürich – Köln 1973, S. 156 ff.

Jeand'Heur, Bernd / Korioth, Stefan: Grundzüge des Staatskirchenrechts, Stuttgart u. a. 2000.

Jedin, Hubert (Hrsg.): Handbuch der Kirchengeschichte, 7 Bde., Sonderausgabe Freiburg – Basel – Wien 1985.

Jonas, Hans: Gnosis. Die Botschaft des fremden Gottes, 2. Aufl., Frankfurt am Main – Leipzig 2000.

Iuris ecclesiastici Graecorum Historia et Monumenta. Iussu PII IX Pont. Max. curante I. B. Pitra S. R. E. Card., Tom I, II, Rom 1864/1868.

Kimminich, Otto: Deutsche Verfassungsgeschichte, 2. Aufl., Baden-Baden 1987.

Knapp, Robert: Pilger, Priester und Propheten. Alltag und Religionen im Römischen Reich, Stuttgart 2018.

Kornemann, Ernst: Geschichte der Spätantike. Einführung von Hermann Bengtson, München 1978.

Kroeschell, Karl / Cordes, Albrecht / Nehlsen-von Stryk, Karin: Deutsche Rechtsgeschichte. Band 2: 1250–1650, 9. Aufl., Köln – Weimar – Wien 2008.

Kunkel, Wolfgang: Die römischen Juristen. Herkunft und soziale Stellung, 2. Aufl., Köln – Weimar – Wien 1967 (= Neuausgabe 2001).

Ladeur, Karl-Heinz: Der Anfang des westlichen Rechts. Die Christianisierung der römischen Rechtskultur und die Entstehung des universalen Rechts, Tübingen 2018.

Landau, Peter: Europäische Rechtsgeschichte und kanonisches Recht im Mittelalter, Badenweiler 2013.

Laufs, Adolf: Rechtsentwicklung in Deutschland, 6. Auflage, Berlin 2006.

Lecler, Joseph: Geschichte der Religionsfreiheit im Zeitalter der Reformation, 2 Bde., Stuttgart 1965.

Leisegang, Hans: Die Gnosis, 4. Aufl., Stuttgart 1955.

Leonhardt, Rochus: Religion und Politik im Christentum. Vergangenheit und Gegenwart eines spannungsreichen Verhältnisses, Baden-Baden 2017.

Leppin, Hartmut: Die frühen Christen. Von den Anfängen bis Konstantin, München 2018.

Liebs, Detlef: Das Recht der Römer und die Christen, Tübingen 2015.

Lincoln, Ulrich: Prekäre Geschöpflichkeit. Beiträge zum theologischen Gewaltdiskurs, Tübingen 2021.

Link, Christoph: Kirchliche Rechtsgeschichte, 3. Aufl., München 2017.

Listl, Josef (Hrsg.): Die Konkordate und Kirchenverträge in der Bundesrepublik Deutschland, 2 Bde., Berlin 1987.

Listl, Josef / Pirson, Dietrich (Hrsg.): Handbuch des Staatskirchenrechts der Bundesrepublik Deutschland, 2 Bde., 2. Aufl., Berlin 1994.

Löwith, Karl: Weltgeschichte und Heilsgeschehen, 5. Aufl., Stuttgart u. a. 1967.

Lück, Heiner: Der Sachsenspiegel. Das berühmteste deutsche Rechtsbuch des Mittelalters, Darmstadt 2017.

Markschies, Christoph: Das antike Christentum. Frömmigkeit, Lebensformen, Institutionen, 3. Aufl., München 2016.

Marx, Karl: Kritik des Gothaer Programms, in: Karl Marx / Friedrich Engels: Ausgewählte Schriften in zwei Bänden, Band II, Berlin 1966.

Merkelbach, Reinhold: Mithras, Wiesbaden 1998.

Meyer, Eduard: Urgeschichte des Christentums, Band I, 1921 (= Neudruck Stuttgart o. J.).

Müller, Gerhard Kardinal: Der Papst. Sendung und Auftrag, Freiburg – Basel – Wien 2017.

Neuner, Peter: Der lange Schatten des I. Vaticanums, Freiburg (Brg.) – Basel – Wien 2019.

Nyssen, Wilhelm / Schulz, Hans-Joachim / Wiertz, Paul (Hrsg.): Handbuch der Ostkirchenkunde, Band III, Düsseldorf 1997.

Ottaviani, Alaphridus: Institutiones Iuris Publici Ecclesiastici, 2 Bde., Vatikanstadt 1935/1936.

Perrin, Michel-Yves: Rom und das westliche Abendland bis zur Mitte des 3. Jahrhunderts, in: Die Geschichte des Christentums, Bd. I: Die Zeit des Anfangs (bis 230), hrsgg. von Luce Pietri, Freiburg – Basel – Wien 2003.

Perrin, Michel-Yves: Kirche in Sirmium und im Balkanraum im 4. Jh. im Ringen um den Glauben von Nikäa, Vortrag im Ostkirchlichen Institut an der Universität Würzburg am 22. Mai 2017.

Pesch, Heinrich: Lehrbuch der Nationalökonomie, 5 Bde., Freiburg 1905–1923.

Pesch, Rudolf: Paulus ringt um die Lebensform der Kirche. Vier Briefe an die Gemeinde Gottes in Korinth, Freiburg – Basel – Wien 1986.

Pestalozza, Christian (Hrsg.): Verfassungen der Bundesländer, 10. Auflage, München 2014.

Pietri, Luce: Das Hineinwachsen des Klerus in die antike Gesellschaft, in: Die Geschichte des Christentums, Bd. II: Das Entstehen der einen Christenheit (250–430), hrsgg. von Charles Pietri / Luce Pietri, Freiburg – Basel – Wien 1996.

Plöchl, Willibald M.: Geschichte des Kirchenrechts, 5 Bde., Bd. I, 2. Aufl., Wien – München 1960: Bd. II, 2. Aufl., Wien – München 1962; Bd. III, 2. Aufl., Wien – München 1970; Bd. IV, Wien – München 1966; Bd. V., Wien – München 1969.

Rahner, Hugo: Kirche und Staat im frühen Christentum. Dokumente aus acht Jahrhunderten und ihre Deutung, München 1961.

Rahner, Karl: Grundkurs des Glaubens. Einführung in den Begriff des Christentums, Freiburg – Basel – Wien 1976.

Rahner, Karl / Vorgrimler, Herbert (Hrsg.): Kleines Konzilskompendium, Freiburg (Brg.) 1966.

Ranke, Leopold von: Die Geschichte der Päpste, Neudruck Wiesbaden o. J.

Ratzinger, Joseph: Das neue Volk Gottes. Entwürfe zur Ekklesiologie, 2. Auflage, Düsseldorf 1970.

Reicke, Siegfried: Kirchenrecht, in: Rudolf Reinhardt (Hrsg.): Einführung in die Rechtswissenschaft, Marburg 1949/1950.

Reinhart, Volker: Pontifex. Die Geschichte der Päpste, München 2017.

Roseneck, Michael: Zwischen Tradition und Geltung. Religion als Herausforderung und Ressource für eine öffentliche Vernunft, Baden-Baden 2021.

Rüpke, Jörg: Pantheon. Geschichte der antiken Religionen, München 2016.

Schlier, Heinrich: Ekklesiologie des Neuen Testaments, in: Feiner, Johannes / Löhrer, Magnus (Hrsg.): Mysterium Salutis. Grundriß heilsgeschichtlicher Dogmatik, Band 4,1, Zürich – Köln 1972, S. 101 ff.

Schmitt, Carl: Römischer Katholizismus und politische Form, 2. Aufl., München 1925 (= Neuausgabe Stuttgart 1984).

Schneider, Bernhard: Christliche Armenfürsorge, Freiburg – Basel – Wien 2017.

Schneider, Carl: Geistesgeschichte des antiken Christentums, 2 Bde., München 1954.

Schneider, Carl: Geistesgeschichte der christlichen Antike, München 1970.

Schneidmüller, Bernd / Weinfurter, Stefan, Matheus, Michael / Wieczorek, Alfried (Hrsg.): Die Päpste. Amt und Herrschaft in der Antike, im Mittelalter und in der Renaissance, Regensburg 2016.

Schnelle, Udo: Die getrennten Wege von Römern, Juden und Christen. Religionspolitik im 1. Jahrhundert n. Chr., Tübingen 2019.

Schoeps, Hans-Joachim: Das Judenchristentum. Untersuchungen über Gruppenbildungen und Parteikämpfe in der frühen Christenheit, Bern – München 1964.

Schwendenwein, Hugo: Das neue Kirchenrecht. Gesamtdarstellung, Darmstadt 1984.

Scopello, Madeleine: Gnostische Strömungen, in: Die Geschichte des Christentums, Bd. I: Die Zeit des Anfangs (bis 250), hrsgg. von Luce Pietri, Freiburg – Basel – Wien 2003, S. 518 ff.

Seckel, Emil: Beiträge zur Geschichte beider Rechte im Mittealter. Band I: Zur Geschichte der populären Literatur des römisch-kanonischen Rechts, Tübingen 1898 (Neudruck Hildesheim 1967).

Seither, Otto: Das „Brotbrechen" in der Apostelgeschichte: exegetische Untersuchung zu Apg. 2,42–46, 20,7.11, 27.35, Diss. theol. Innsbruck 1935.

Selb, Walter: Orientalisches Kirchenrecht, Band I: Die Geschichte des Kirchenrechts der Nestorianer, Wien 1981; Band II: Die Geschichte des Kirchenrechts der Westsyrer, Wien 1989.

Seppelt, Franz Xaver / Schwaiger, Georg: Geschichte der Päpste. Von den Anfängen bis zur Gegenwart, München 1964.

Simon, Erika: Die Götter der Griechen, 3. Aufl., München 1985.

Sohm, Rudolph: Kirchenrecht, Band I, Leipzig 1892.

Sohm, Rudolph: Wesen und Ursprung des Katholizismus, 2. Aufl., Berlin – Leipzig 1912 (= Neuausgabe Darmstadt 1967).

Stählin, Gustav: Die Apostelgeschichte, Göttingen 1962.

Steinberg, Rudolf: Vom Staatskirchenrecht zu einem zeitgemäßen Religionsrecht. Religion in einer multireligiösen Gesellschaft, Baden-Baden 2021.

Steinmüller, Wilhelm: Evangelische Rechtstheologie. Zweireichelehre – Christokratie – Gnadenrecht, 2 Bde., Köln – Graz 1968.

Strohm, Christoph (Hrsg.): Reformation und Recht. Zur Kontoverse um die Kulturwirkungen der Reformation, Tübingen 2017.

Stroumsa, Guy G.: Das Ende des Opferkultes. Die religiösen Mutationen der Spätantike, 2. Aufl., Berlin 2012.

Tacitus, Publius Cornelius: Libri ab excessu divi Augusti (Annales).

Tiwald, Markus: Das Frühjudentum und die Anfänge des Christentums, Stuttgart 2015.

Unruh, Peter: Religionsverfassungsrecht, 3. Aufl., Baden-Baden 2015.

Wall, Heinrich de / Muckel, Stefan: Kirchenrecht, 5. Aufl., München 2017.

Weber, Max: Wirtschaft und Gesellschaft, 5. Aufl., Studienausgabe, Tübingen 1976.

Wesel, Uwe: Geschichte des Rechts, 4. Aufl., München 2014.

Winkelmann, Friedhelm: Geschichte des frühen Christentums, 5. Aufl., München 2013.

Willoweit, Dietmar: Deutsche Verfassungsgeschichte, 7. Aufl., München 2013.

Wieczorek, Alfried / Weinfurter, Stefan (Hrsg.): Die Päpste und die Einheit der lateinischen Welt. Katalog zur Ausstellung in den Reiss-Engelhorn-Museen Mannheim vom 27.5.2017 – 31.10.2017, Mannheim – Regensburg 2017.

Wifstrand, Albert: Die alte Kirche und die griechische Bildung, Bern – München 1967.

Wolf:, Hubert: Der Unfehlbare. Pius IX und die Erfindung des Katholizismus im 19. Jahrhundert, München 2020.

Zachariae von Lilienthal, Karl Eduard: Geschichte de Griechisch-Römischen Rechts, 3. Auflage, Berlin 1892 (Nachdruck aalen 1955).

Zey, Claudia: Der Investiturstreit, München 2017.

Zmiejewski, Josef: Die Apostelgeschichte, Regensburg 1994.

Griechisches Recht.
Ein verborgenes Erbe der Antike

Vorbemerkung

Das vorliegende Kapitel „Griechische Recht“ ist die ausgearbeitete Textfassung eines Vortrages, den der Verfasser am 6. Juni 2018 in der Vorlesungs- und Veranstaltungsreihe „Lebendige Antike“ in Ludwigshafen am Rhein gehalten hat. Dieser Vortrag war seinerzeit wie folgt angekündigt worden: „Römisches Recht und Kanonisches Recht aus der Antike dominieren die europäische Rechtsgeschichte und wirken bis zum heutigen Tag fort. Griechisches Recht ist demgegenüber weithin unbekannt. In der Frühzeit noch stark sakral geprägt, verteilt es sich auf die verschiedenen πολεις und hat es keinen einheitlichen Kanon ausgebildet. Ebenso fehlt ein einheitlicher Träger der systematischen Ausbildung und Überlieferung wie es beim Römischen Recht mit dem Römischen Reich und beim Kanonischen Recht mit der Kirche der Fall war. Der Vortrag geht der Frage nach, ob sich trotzdem über die griechische Rechts- und Staatsphilosophie der Antike, die Gesetzgebung Athens und über die Verfassung der Polis hinaus positiv-rechtliche Inhalte und etwaige Fortwirkungen bis heute feststellen lassen.“

Eine frühere Fassung des Textes ist seinerzeit bereits verbreitet worden.[279]

---

279 *Frank Hennecke*: Griechisches Recht. Ein verborgenes Erbe der Antike, Ludwigshafen am Rhein 2018 (= Band 29 der Schriftenreihe des Förderkreises Lebendige Antike Ludwigshafen am Rhein e. V.)

I. Griechisches Recht im Unterschied zum Römischen Recht und zum Kanonischen Recht

Mit dem griechischen Recht verhält es sich anders.

Im Rahmen der „Lebendigen Antike“ haben in den vergangenen zwei Jahren das Römische Recht[280] und das Kanonische Recht[281] vorgestellt werden können. Es konnte gezeigt werden, wie diese beiden Rechtsgebiete in der Antike entstanden sind, sich im Laufe der abendländischen Geschichte als Erbe der Antike fortentwickelt haben und bis in die Gegenwart des modernen Europa hinein fortwirken.

Ähnliches läßt sich in dieser Form vom griechischen Recht nicht aussagen. Selbstverständlich gab es in der Antike, vornehmlich in der Klassischen Antike und dann im Hellenismus wie in der Spätantike griechisches Recht. Aber es hat nicht wie das römische und das kanonische Recht mit ausdrücklicher Rechtsgeltung und anhaltender Kontinuität fortgewirkt.

Worin besteht der Unterschied?

Das Römische Recht tritt uns entgegen als das Recht des Römischen Staates, vom Anbeginn des Zwölf-Tafel-Gesetzes bis zu seiner Entfaltung in der Römischen Republik und dann in seiner Ausbreitung im Römischen Weltreich. Es kulminiert im Corpus Iuris Justiniani und war damit die Grundlage für die Rezeption im hohen Mittelalter namens des erneuerten „Römischen“ Kaisertums. Die historische Entwicklung über die Jahrhunderte lag in der Hand einer wissenschaftlichen Jurisprudenz. So war es der römische Staat und in dessen Nachfolge die Rezeption des Hohen Mittelalters, die gleichsam als Träger einer historischen Kontinuität gewirkt haben.

---

280 *Frank Hennecke*: Das Römische Recht als Rezeption der Antike – vom Mittelalter bis zur Europäischen Union, 2. Aufl., Ludwigshafen am Rhein 2017 (= Schriftenreihe des Förderkreises „Lebendige Antike Ludwigshafen am Rhein e. V.“, Band 25).

281 *Frank Hennecke*: Kirche und Reich. Das Kanonische Recht als Erbe der Antike, Ludwigshafen am Rhein 2017 (= Schriftenreihe des Förderkreises „Lebendige Antike Ludwigshafen am Rhein e. V.“, Band 27).

Das Kanonische Recht wurzelt im Neuen Testament und hatte von daher gleich zu Beginn eine schriftliche Autorität. Es war dann die Alte Kirche und später die Römisch-Katholische Kirche, die das Kanonische Recht als Träger über die Jahrhunderte hinweg fortentwickelt und in Geltung gehalten haben. Auch das Kanonische Recht fand zu einem codifizierten Corpus, dem Corpus Iuris Canonici, der dann durch den Codex Iuris Canonici abgelöst wurde.

Damit springen die Unterschiede zum Griechischen Recht ins Auge: Es fehlt an einem einheitlichen, durch die Geschichte hinweg wirkenden Rechtsträger, es gibt keine kontinuierliche Tradition, es gibt keine Codification, es gibt keine Rechtswissenschaft, die griechisches Recht je und je durch die Zeiten hinweg begleitet und fortgebildet hätte.

Freilich stehen diese Feststellungen unter einem wichtigen Vorbehalt: Es ist das *lateinische Abendland*, in dem das griechische Recht nicht zu einer Tradition und zu einer Fortgeltung gefunden hat. Nur hier kann davon gesprochen werden, daß es an einem Rechtsträger, an einer Codification, an einer Rechtswissenschaft gefehlt hat. Welchen Weg das Griechischen Recht im *byzantinischen* Staat und in den späteren südost- und osteuropäischen Ländern und Staaten, die unter byzantinischem Kultureinfluß stehen, gegangen ist, kann an dieser Stelle nicht nachgezeichnet werden. Dies wäre Gegenstand einer besonderen Befassung.[282]

Für das heutige Griechenland sei angemerkt: Es gilt der Astikos Kodikas (Αστικός Κώδικας), auch Astikos Kodix (Αστικός Κώδιξ), als das Zivilgesetzbuch Griechenlands. Der Astikos Kodikas wurde 1940

282 zum byzantinischen Recht und dessen Fortleben grundlegend *D. Karl Eduard Zachariä von Lingenthal*: Geschichte des Griechisch-Römischen Rechts, vermehrter Neudruck der dritten Auflage, Aalen 1955. Vgl. auch *Uwe Wesel*: Geschichte des Rechts. Von den Frühformen bis zur Gegenwart, 4. Aufl., München 2014, S. 245 ff.; *Erwin Seidl*: Römische Rechtsgeschichte und römisches Zivilprozeßrecht, 3. Aufl., Köln u. a. 1971, S. 120 ff.; *Peter E. Pieler*: Entstehung und Wandel rechtlicher Traditionen in Byzanz, in: *Wolfgang Fikentscher / Herbert Franke / Oskar Köhler* (Hrsg.): Entstehung und Wandel rechtlicher Traditionen, Freiburg – München 1980, S. 669 ff.

verkündet und trat wegen der Wirren des Zweiten Weltkriegs erst am 23. Februar 1946 in Kraft. Bis dahin galt in Griechenland im Wesentlichen das in Form des sechsbändigen „Hexabiblos“ zusammengefaßte römisch-byzantinische Recht. Es war 1835 durch königliche Verordnung als erstes Zivilgesetzbuch des modernen griechischen Staates übernommen worden. Jedoch galten bis zum Inkrafttreten des Astikos Kodix auf den Ionischen Inseln seit 1841 das Ionische ZGB, auf Samos seit 1899 das Samische ZGB, auf Kreta seit 1904 das Kretische ZGB. Der Astikos Kodikas lehnt sich sowohl in seiner Gliederung in 5 Bücher als auch in vielen Detailfragen an das deutsche BGB an. Dies geht auf den Einfluss deutscher Professoren unter König Otto I zurück, die an der Universität Athen Pandektenrecht lasen (u. a. Georg Ludwig von Maurer). Daneben ist auch der Einfluss des schweizerischen Zivilgesetzbuches unschwer zu erkennen.[283]

So mag denn als Unterschied noch hinzukommen, daß in der Didaktik der Rechtswissenschaft an den juristischen Fakultäten in Deutschland zwar das Deutsche Recht, vom mittelalterlichen Sachsenspiegel herkommend, das Römische Recht und im Zusammenhang mit dem Kirchenrecht das Kanonische Recht einen gewissen Umfang einnehmen und sich daher im juristischen Bewußtsein befinden, das Griechische Recht aber nicht vorkommt. Ob die vorliegende Annäherung etwas Abhilfe schaffen kann, mag dahinstehen.

II. Die Eingrenzung des Gegenstandes

Wir müssen indes unseren Gegenstand eingrenzen.

Im Sinne des fachlichen Spektrums „Lebendigen Antike“ liegt es nahe, das „Griechische Recht“ räumlich und zeitlich auf die Klassische Antike des 7. bis 4. Jahrhunderts vor Christus und räumlich auf die Stadt

283 Verf. gibt mit dem Abschnitt über das moderne griechische Recht den Eintrag in der Internet-Enzyklopädie Wikipedia, Stand 8. Mai 2018, wieder.

Athen zu beschränken. Athen liegt auch nahe wegen der Lage der Quellen, von denen sogleich die Rede sein wird.

Wenn bei der Betrachtung des Römischen und des Kanonischen Rechts ganz überwiegend das Zivilrecht im Mittelpunkt stand, so soll um der Vergleichbarkeit und Parallele willen auch das griechische *Zivilrecht* behandelt werden, wobei allerdings das Öffentliche Recht, insbesondere das Staatsrecht, einbezogen werden muß; eine scharfe Trennungslinie zum Strafrecht läßt sich allerdings nicht ziehen. Griechisches Recht ist ohnehin in seiner ausgeprägtesten Form *Staatsrecht*. Was ferner ausgeklammert werden muß, ist die Frage, wie die zwischenstaatlichen und internationalen Rechtsbeziehungen der griechischen Stadtstaaten, vor allem Athens, zu bewerten sind, ob es also ein *Völkerrecht* der Sache oder auch dem Bewußtsein der Griechen nach gab und wie dieses zu bewerten ist. Immerhin hat es mit dem „Attischen Seebund" eine Rechtsvereinbarung gegeben, die weit über die athenische Polis hinausreichte.

Schließlich kann die griechische Rechtsentwicklung in Byzanz, das an sich ja zum römischen Staat und Recht in jahrhundertelanger Kontinuität stand, nicht mehr in die Betrachtung einbezogen werden. Verzichtet werden muß auch auf das *hellenistische* Recht, das in der Zeit nach Alexander dem Großen im östlichen Mittelmeerraum und in Vorderasien, womöglich auch aufgrund außergriechischer Rechtsquellen, gegolten haben mag.

Nicht behandelt werden kann schließlich das Kirchenrecht der Orthodoxen Kirche, das zum Kanonischen Recht der Römisch-Katholischen Kirche in einer gewissen Parallele stehen und in dem altgriechisches Recht fortleben könnte.[284] Das Neue Testament als griechisch-sprachi-

284 Vgl. zum Kirchenrecht der Ostkirchen *Friedrich Heiler*: Die Ostkirchen, München – Basel 1971, S. 89 ff.; *Panagiotis Boumis*: Das Kirchenrecht der Orthodoxen Kirche, in: *Wilhelm Nyssen / Hans-Joachim Schulz / Paul Wiertz* (Hrsg.): Handbuch der Ostkirchenkunde, Band III, Düsseldorf 1997, S. 145 ff.; *Ernst Benz*: Geist und Leben der Ostkirche, Hamburg 1957, S. 59 ff.
Zu den Sonderfällen der altorientalischen Kirchen vgl. *Walter Selb*: Orientalisches Kirchenrecht, Band I. Die Geschichte des Kirchenrechts der Nestorianer, Wien

ger Ursprung des Kanonischen Rechtes hat jedenfalls dort seine Fortentwicklung genommen.

Was außerdem nicht in das Blickfeld genommen werden kann, sind mögliche außer- oder vorgriechische Wurzeln des griechischen Rechts etwa aus Kreta, Anatolien oder Vorderasien,[285] wie sie jedenfalls für die griechische Mythologie längst ausgemacht worden sind.

III. Die Besonderheit

Ganz zu Beginn lassen sich einige grundlegende Feststellungen treffen, mit denen sich das Griechische Recht in dem oben definierten Sinne kennzeichnen läßt und von denen eine hinführende Betrachtung des Gegenstandes abhängt.

Das Griechische Recht ist das Recht der griechischen Polis oder richtigerweise in der Mehrzahl, der πολεις. Es ist damit notwendigerweise partikular, wiewohl in der Wissenschaft umstritten ist, ob man vielleicht doch von einer Einheit des Griechischen Rechts im griechischen Kulturraum sprechen kann.[286] Auf jeden Fall aber, und das ist die erste Feststellung, steht das Griechische Recht in einem engen *politischen* Zusammenhang mit der Polis und deren Geschichte, insbesondere der Geschichte der Stadt Athen.

Das Griechische Recht steht zudem, im Unterschied zum Römischen Recht, in einem engen Zusammenhang mit der griechischen Rechts-

1981; ders.: Orientalisches Kirchenrecht, Band II. Die Geschichte des Kirchenrechts der Westsyrer, Wien 1989.

285 vgl. etwa *Kulturgeschichte des alten Vorderasien*, Berlin 1989, S. 173 ff. für Mesopotamien; für den ganzen Alten Orient *Hartmut Schmökel*: Kulturgeschichte des Alten Orient, Augsburg 1995, S. 129 ff. Vgl. im übrigen den Sammelband von *Ulrich Manthe* (Hrsg.): Die Rechtskulturen der Antike. Vom Alten Orient bis zum Römischen Reich, München 2003; ferner *Roman Herzog*: Staaten der Frühzeit. Ursprünge und Herrschaftsformen, München 1988, S. 285 ff.

286 *Erich Berneker*: Einleitung, in: *Erich Berneker* (Hrsg.): Zur Griechischen Rechtsgeschichte, Darmstadt 1968, S. 1; *Hermann Ferdinand Hitzig*: Die Bedeutung des altgriechischen Rechtes für die vergleichende Rechtswissenschaft, ibid., S. 121 ff. (124).

und Staatsphilosophie. Es ist die griechische Rechts- und Staatsphilosophie, in der sich griechisches Rechtsdenken vornehmlich entfaltet und in die Geschichte hinein gewirkt hat.[287] Der *geistige* Zusammenhang mit der Rechts- und Staatsphilosophie macht das griechische Recht aus, weniger eine Codification oder eine Rechtsdogmatik oder eine Rechtswissenschaft wie im Römischen oder im Kanonischen Recht.[288]

Daraus folgt dann die dritte Feststellung: Der Versuch einer Hinführung zum Griechischen Recht steht einer Geschichtlichkeit der Begriffe und der Institutionen und deren vieldeutiger Interpretation gegenüber. Das macht den Versuch zu einem Wagnis.

IV. Der Wissenschaftliche Standort

Wer nach dem Griechischen Recht fragt, muß nach den Erkenntnisquellen suchen.

1. Die Fachliteratur

Weder die Darstellungen der Griechischen Geschichte noch die gängigen Lehrbücher der Rechtsgeschichte, die dem rechtswissenschaftlichen Studium zugrundeliegen, sprechen ausdrücklich vom Griechischen Recht.[289] Was freilich breiten Raum in der Fachliteratur einnimmt, ist die Geschichte der griechischen *Demokratie*, deren Entfaltung und Institutionen. Das freilich ist Öffentliches Recht und eher politische Geschichte.

---

287 worauf insbesondere *Uwe Wesel*: Geschichte des Rechts. Von den Frühformen bis zur Gegenwart, 4. Aufl., München 2014, hinweist, S. 145 ff.

288 zu diesem Zusammenhang das monumentale Werk von *Erik Wolf*: Griechisches Rechtsdenken, 6 Bde., Frankfurt am Main 1950–1970. Eingehend auch *Ernst-Wolfgang Böckenförde*: Geschichte der Rechts- und Staatsphilosophie, 2. Aufl., Tübingen 2006, §§ 2–5.

289 Vgl. immerhin aber *Ulrich Eisenhardt*: Deutsche Rechtsgeschichte, 6. Aufl., München 2013, S. 110 ff.

So mag man denn ein Defizit beklagen,[290] muß aber andererseits feststellen, daß es sehr wohl ein umfangreiches, sehr spezielles fachliches Schrifttum gibt, aber meist älteren Datums und insbesondere auch aus dem englisch- und französischsprachigen Raum.[291] Kennzeichnend ist, daß in deutscher Sprache ein monumentales Werk herausragt, das dem geistigen Zusammenhang des griechischen Rechtsdenkens gewidmet ist, das „Griechische Rechtsdenken" von *Erik Wolf*.[292] Ebenso kennzeichnend ist, daß die große Darstellung von *Justus Hermann Lipsius* „Das Attische Recht und Rechtsverfahren"[293] zwar Kritik erfahren,[294] aber keine Nachfolge gefunden hat. Ein Sammelband „Zur Griechischen Rechtsgeschichte"[295] versammelt immerhin zahlreiche tiefschürfende Abhandlungen, meist freilich älteren Datums und zu Teilgebieten, enthält aber auch grundlegende Beiträge von *Hans Julius Wolff* und *Kurt Latte*. Die Habilitationsschrift von *Kurt Latte* „Heiliges Recht. Untersuchungen zur Geschichte der sakralen Rechtsformen in Griechenland"[296] befaßt sich überwiegend mit dem Strafrecht, das vom Zivilrecht allerdings nicht konsequent geschieden ist und in der

290 so *Wolfgang Schuller*: Griechische Geschichte, 5. Aufl., München 2002, S. 92. Dort aber auch zahlreiche Literaturnachweise.

291 an kurzgefaßten Gesamtdarstellungen gibt es in deutscher Sprache *Schuller* – Jurist und Althistoriker, Referent der „Lebendigen Antike" am 9. 10. 2004 – selbst, *Wolfgang Schuller*: Griechische Geschichte, 5. Aufl., München 2002, S. 32 ff., 92 ff.; *Uwe Wesel*: Geschichte des Rechts. Von den Frühformen bis zur Gegenwart, 4. Aufl., München 2014, S. 115 ff.; *Gerhard Thür*: Recht im antiken Griechenland, in: *Ulrich Manthe* (Hrsg.): Die Rechtskulturen der Antike. Vom Alten Orient bis zum Römischen Reich, München 2003; *Hans Julius Wolff*: Griechisches Recht, in: Lexikon der Alten Welt, Band 3, Zürich – München 1990, Sp. 2516–2530.
Siehe neuerdings auch die schöne Schrift von *Heinz Barta*: Jurisprudenz und Griechische Klassik, Beiheft zur Zeitschrift „Antike Welt", 4/2020.
Für den Hellenismus dann im Gesamtzusammenhang der Kulturgeschichte *Carl Schneider*: Kulturgeschichte des Hellenismus, Band II, München 1969, S. 488 ff.

292 *Erik Wolf*: Griechisches Rechtsdenken, 6 Bde., Frankfurt am Main 1950–1970.

293 *Justus Hermann Lipsius*: Das Attische Recht und Rechtsverfahren, 3 Bde., Leipzig 1905–1915 (=Neudruck in einem Band, Darmstadt 1966).

294 *Louis Gernet*: Einführung in das Studium des alten griechischen Rechts, in: *Erich Berneker* (Hrsg.): Zur Griechischen Rechtsgeschichte, Darmstadt 1968, S. 10 f.

295 *Erich Berneker* (Hrsg.): Zur Griechischen Rechtsgeschichte, Darmstadt 1968.

296 *Kurt Latte*: Heiliges Recht. Untersuchungen zur Geschichte der sakralen Rechtsformen in Griechenland, Tübingen 1920. Vgl. auch *Kurt Latte*: Kleine Schriften

Tat sakralen Rechtsformen verhaftet bleibt. Der großangelegte Versuch von *Heinz Barta* „Graeca non leguntur?“[297], das griechische Recht mit einem eigenständigen Gewicht vor der Dominanz des Römischen Rechtes für die westliche Rechtsgeschichte zu retten, mag zwar für die Staatstheorie ohne weiteres zutreffen, ist aber für das Zivilrecht umstritten geblieben.[298]

2. Die Quellen

Unsere Kenntnis vom Griechischen Recht und damit die fachwissenschaftliche Literatur beruhen auf sehr unterschiedlichen Quellen, aus denen sich Normen und Inhalte griechischen Rechtes erfassen und erschließen lassen.[299] Im Unterschied zum Römischen und zum Kanonischen Recht gibt es als Rechtsquelle kein Corpus Iuris oder keinen Codex und auch keine explizite juristische Literatur aus der griechischen Antike. Das von der jeweiligen Polis abhängige Recht ist naturgemäß vielfältig. Es ist überliefert in einer Fülle heterogener Rechtsquellen und läßt sich überdies auch erst über nicht primär juristische Texte erschließen. So kommen denn in Betracht lokal verstreute *Inschriften* und *Papyri*[300] sowie Rechtsfragmente aus literarischen oder rhetorischen Texten. Wichtige Rechtsquellen sind in diesem Zusammenhang

---

zu Religion, Recht, Literatur und Sprache der Griechen und Römer, München 1968, S. 233 ff.

297 *Heinz Barta*: Graeca non leguntur?, 4 Bde., Wiesbaden 2010–2014.
Vgl. auch die Forschungen von Okko Behrends zum Einfluß der griechischen Philosophie auf das Römische Privatrecht, *Okko Behrends*: Institut und Prinzip. Siedlungsgeschichtliche Grundlagen, philosophische Einflüsse und das Fortwirken der beiden republikanischen Konzeptionen in den kaiserzeitlichen Rechtsschulen. Ausgewählte Aufsätze. Herausgegeben von Martin Avenarius, Rudolf Meyer-Pritzl und Cosima Möller, 2 Bände, Göttingen 2004.

298 vgl. die Rezensionen von *Thomas Finkenauer* in: sehepunkte 12, 2012, und *Christian Koch* in: Zeitschrift der Savigny-Stiftung für Rechtsgeschichte. Romanistische Abteilung, 2015, S. 535 f.

299 zu den Erkenntnisquellen des griechischen Rechtes ausführlich *Wolfgang Schuller*: Griechische Geschichte, 5. Aufl., München 2002, S. 64 ff.

300 Die juristische Papyrologie ist eine eigene Wissenschaftsdisziplin. Die Quellenbasis ist eher hellenistisch und später koptisch; vgl. *Uwe Wesel*, Geschichte des Rechts. Von den Frühformen bis zur Gegenwart, 4. Aufl., München 2014, S. 235 ff.

Gerichtsreden wie etwa diejenigen von Demosthenes, die auf der einen Seite jedenfalls das *gerichtliche Verfahren* erkennen lassen und auf der anderen Seite die Bedeutung der *Rhetorik* in eben diesen Verfahren. An derartigen Gerichtsreden sind etwa einhundert überliefert.[301]

Als wohl bedeutendste inschriftliche Rechtsquelle gilt die Inschrift von *Gortyn* auf Kreta, heute Gortys, die aus der Zeit etwa von 550 bis 450 vor Christus stammt.[302] In den 1880er Jahren führten italienische Archäologen in Gortys Ausgrabungen durch; 1884 entdeckten Federico Halbherr und Ernst Fabricius die Inschrifttafeln. Die aus 42 Steinblöcken zusammengesetzte Inschrift befand sich ursprünglich an den Wänden eines öffentlichen Gebäudes an der Agora der antiken Polis. Erhalten sind nur zwölf der Tafeln, die sich auf den Wänden eines hellenistischen Gebäudes befanden, das in römischer Zeit in den Bau eines Odeions mit einbezogen wurde. Der Text ist in einem altdorischen Dialekt verfaßt und besteht aus zwölf Kolumnen mit je 53 bis 55 Zeilen; die Zeilenführung verläuft im Boustrophedon („*wie ein Ochse wendet*" – gemeint ist: beim Pflügen); dabei wird abwechselnd von links nach rechts und von rechts nach links geschrieben; bei der Schrift von rechts nach links sind die Buchstaben spiegelverkehrt. In diesem frühgriechischen Alphabet fehlen noch die Zeichen

Φ *(Phi)*, Χ *(Chi)*, Ψ *(Psi)*, Ζ *(Zeta)*, Η *(Eta)* und Ω *(Omega)*.

Die Inschrift von Gortyn gibt freilich nicht attisches Recht wieder und ist Ausdruck der dezentralen Geltung griechischen Rechts. Die Tafeln des Rechts von Gortyn kommen am ehesten einer Codification nahe, wofür auch die monumentale Präsentation spricht. Man nimmt an,

301 *Uwe Wesel*: Geschichte des Rechts. Von den Frühformen bis zur Gegenwart, 4. Aufl., München 2014, S. 115 ff.

302 Textausgabe, Übersetzung und Interpretation von *Franz Büchler / Ernst Zitelmann*: Das Recht von Gortyn, Frankfurt am Main 1885 (unveränderter Nachdruck Aalen 1960); siehe auch *Egon Weiss*: Die große Inschrift von Gortyn und ihre Bestimmungen über Selbsthilfe und Prozeß, in: *Erich Berneker* (Hrsg.): Zur Griechischen Rechtsgeschichte, Darmstadt 1968, S. 315 ff.; *Thomas Vesting*: Die Medien des Rechts: Schrift, Weilerswist 2011, S. 105/106.

daß die Rechtstexte auf ältere Quellen zurückgehen, die jetzt erstmals schriftlich fixiert worden sind.[303]

In der neueren Forschung ist herausgearbeitet worden, inwieweit die Verschriftlichung des Rechts auf den Begriff des Rechts und auf die Rechtspraxis selbst zurückgewirkt hat.[304] Plötzlich entsteht der Unterschied, ja das Spannungsverhältnis von überliefertem, „ungeschriebenem" Recht und „geschriebenem" Recht, wobei das „ungeschriebene Recht", der νομος, einen für die nachfolgende Rechtsgeschichte fundamentalen Doppelsinn annimmt: teils als überliefertes Gewohnheitsrecht, das man mit heutigen Begriffen so wie das „geschriebene Recht" als „positives Recht" bezeichnen würde, teils aber als zunächst mythisches, dann als allem „positiven" Recht vorausliegendes, übergeordnetes, „natürliches" Recht, als „Naturrecht", an dem sich alles „positiv" geltende Recht messen lassen muß.

Rechtsquellen für die Erfassung positiven Rechts, aber immer eingebunden in rechtsphilosophische Überlegungen, sind die Schriften der Sophisten und die Texte von Platon und Aristoteles. Dem Aristoteles zugeschrieben wird überdies eine Schrift aus dem 4. Jahrhundert vor Christus, die Αθηναιων πολιτεια, die sich ausdrücklich mit dem „Staat der Athener" befaßt, gleichsam eine Rechts- und Staatskunde Athens und insofern eine besonders wichtige Quelle.[305] Hinzu kommt die Dichtung, aus der sich ebenfalls Aussagen über geltendes griechisches Recht und griechisches Rechtsdenken mittelbar entnehmen lassen: die Werke von Homer, Hesiod, Aischylos, Sophokles und Aristophanes. *Solon*, der legendäre Staatsmann und Gesetzgeber, hat seine Rechts-

303 Gortys und sein steinerner Rechts-Kodex ist heute eine Touristen-Attraktion auf Kreta. Vgl. etwa auch die Reisebeschreibung von *Robin Bryans:* Kreta, München 1970, S. 160 f., mit Abbildung der Steintafeln, Abb. 15 nach S. 172, und neuerdings *Eberhard Fohrer*: Kreta, 21. Aufl., Erlangen 2018, S. 300 f.

304 *Thomas Vesting*: Die Medien des Rechts: Schrift, Weilerswist 2011, S. 104 ff. (113 f.).
Verfasser verdankt den Hinweis auf diese Forschungen Herrn Priv.-Doz. Dr. iur. *Markus Pöcker*, Ludwigshafen am Rhein.

305 Greifbare Ausgabe: *Aristoteles*: Der Staat der Athener. Übersetzt und herausgegeben von Martin Dreyer, Stuttgart 1993.

schöpfungen in hexametrische Verse gekleidet,[306] wobei diese mit den von ihm erlassenen Gesetzen im Wortlaut nicht identisch gewesen sein dürften.

An einer Stelle aber hat sich griechisches Recht in systematischer Form der Codification angenähert: in den griechisch-sprachigen Teilen des Corpus Iuris Justiniani. Dieses mag dann in der späteren byzantinischen Zeit fortwirkt und fortgegolten, wohl auch in Wechselbeziehung zum Römischen Recht, der Hauptmasse des Corpus Iuris Justiniani, gestanden haben – im Westen galt, aus welchem Grund auch immer, der Grundsatz „Graeca non leguntur", und so kam es zu keiner Rezeption oder gar Fortgeltung im lateinischen Westen.

V. Der politische Zusammenhang des griechischen Rechts und die Verfassung Athens vom 7. bis zum 4. Jahrhundert

Die Entwicklung des Griechischen Rechtes steht in engem Zusammenhang mit der Geschichte der Polis, speziell der Stadt Athen. Insofern griechische Geschichte Geschichte der Polis ist, ist griechische Geschichte Rechtsgeschichte in dem spezifischen Sinne, daß es um die Entstehung und Entfaltung der Polis als Staatsform und damit um griechisches Staatsrecht geht.[307] Staatsrecht ist die rechtliche Ordnung des Gemeinwesens durch Institutionen der Machtausübung. Es antwortet in der jeweiligen geschichtlichen Situation auf soziale und politische Problemlagen. Mit der Staatsgesetzgebung geht einher eine

306 Textausgaben: *Eberhard Ruschenbusch*: Solon: Das Gesetzeswerk – Fragmente. Übersetzung und Kommentar. Herausgegeben von Klaus Bringmann (= Historia Einzelschriften. Heft 215) 2., korrigierte Auflage. Stuttgart 2014; *Eberhard Preime*: Solon: Dichtungen. Sämtliche Fragmente. Im Versmaß des Urtextes ins Deutsche übertragen. Griechisch und Deutsch. 3., verbesserte Auflage, München 1945.

307 zur griechischen Polis neuerdings wohl grundlegend *Karl-Wilhelm Welwei*: Die griechische Polis. Verfassung und Gesellschaft in archaischer und klassischer Zeit. 3. Aufl., Stuttgart 2017; auch *Ernst-Wolfgang Böckenförde*: Geschichte der Rechts- und Staatsphilosophie, 2. Aufl., Tübingen 2006, S. 13 ff.: „Wirklichkeit und Entwicklung der griechischen Polis".

Gesetzgebung zum Zivil- und zum Strafrecht, das sich in die staatliche Ordnung einfügt, wobei freilich in der Frühzeit die Rechtsgebiete ununterschieden ineinsgehen.[308] Diese Geschichte sei kurz nachgezeichnet.[309]

1. Drakon

Am Anfang der Überlieferung steht um 620 vor Christus der Name *Drakon*. Seine Historizität ist umstritten. Allerdings sind unter seinem Namen Gesetze überliefert, die in Athen soziale Spannungen zwischen der Herrschaft des Adels und der Bevölkerung gelöst haben sollen. Der Inhalt der Gesetze ist strafrechtlicher Natur und von sprichwörtlicher Härte.[310]

2. Solon

Es folgt *Solon*. Die Lebenszeit wird von 640 bis 560 vor Christus angesetzt.[311] Seine Person ist von Legenden umgeben; er gilt als einer der

---

308 zur frühen griechischen Gesetzgebung *Eduard Meyer*: Geschichte des Altertums, 5. Band, 9. Auflage, Essen o. J. (= Neudruck der Ausgabe 1952–1958), S. 521 ff.

309 als generelle Referenz *Helmut Berve*: Griechische Geschichte II: Blütezeit des Griechentums, Basel – Freiburg – Wien 1959; *Erich Bayer*: Griechische Geschichte, 2. Aufl., Stuttgart 1974; *Hermann Bengtson*: Griechische Geschichte. Von den Anfängen bis zur Römischen Kaiserzeit, 3. Aufl., München 1974; *Alfred Heuß*: Hellas, in: Propyläen Weltgeschichte, Band III, 1, Frankfurt am Main – Berlin – Wien 1976.
Für Athen *Christian Meier*: Athen. Ein Neubeginn der Weltgeschichte, Berlin 1993.
Aus dem großen Schrifttum des 19. Jahrhunderts *Eduard Meyer*: Geschichte des Altertums, 5.–7. Band, 9. Aufl., Essen o. J. (= Neudruck 1952–1958).

310 Beispiele bei *Uwe Wesel*: Geschichte des Rechts. Von den Frühformen bis zur Gegenwart, 4. Aufl., München 2014 S. 118 f.

311 zu Solon und seinen Reformen vgl. das große Lebensbild von Alfred Heuss, dessen historische Wirklichkeit hier dahingestellt bleiben mag, *Alfred Heuss*: Hellas, in: Propyläen Weltgeschichte, Band III, 1, Frankfurt am Main – Berlin – Wien 1976, S. 162 ff. vgl. dann *Erik Wolf*: Griechisches Rechtsdenken, Bd. 1, Frankfurt am Main 1950, S. 189 ff.; *Hermann Bengtson*: Griechische Geschichte. Von den Anfängen bis zur Römischen Kaiserzeit, 3. Aufl., München 1974, S. 95 ff.; *Karl-Wilhelm Welwei*: Die Griechische Polis. Verfassung und Gesellschaft in archaischer und klassischer Zeit, 3. Aufl., Stuttgart 2017, S. 160 ff.; *Wolfgang Schul-*

„Sieben Weisen". Er wurde im Jahre 594 vor Christus zum Archonten mit außerordentlichen Vollmachten gewählt; seine Stellung war die eines unbeschränkten Gesetzgebers. Seine Gesetzgebung um 594/593 vor Christus hatte soziale Reformen zum Inhalt, aber war zugleich Verfassungsrecht für die Polis. Die wichtigste Quelle ist *Aristoteles*, der seinerseits auf die Dichtungen Solons als Quelle zurückgreift: „Dem Volk gab ich so viele Rechte, wie für es genügen; von seiner Ehre nahm ich ihm nichts, noch streckte ich die Hand nach ihm aus; die die Macht hatten und wegen ihres Reichtums bewundert wurden, auch ihnen sagte ich, sie würden nichts Ungebührliches haben. Fest stand ich und hielt über beide meinen starken Schild; daß eine Partei ungerecht siegte, ließ ich nicht zu."[312] Und ferner: „Mit den Ämtern verhielt es sich also in dieser Weise: Nach allgemeiner Ansicht gelten folgende drei Maßnahmen der Staatsordnung Solons als die volksfreundlichsten: Die erste und wichtigste war die Abschaffung der Darlehen, für die mit dem eigenen Körper gehaftet werden mußte; dann das Recht, daß jeder, der wollte, für diejenigen, die Unrecht erlitten hatten, Vergeltung fordern konnte; und drittens – wodurch, wie man sagt, die Menge am meisten gestärkt worden ist – die Überweisung von Rechtsverfahren an das Gericht. Denn wenn das Volk im Gericht Herr über den Stimmstein ist, wird es auch Herr über den Staat."[313]

Feststehende Verfassungsorgane waren seit Solon die Volksversammlung (εκκλησια), der „Rat der 400" (βουλη) und die Heliaia (ηλιαια), das Volksgericht.

---

ler: Griechische Geschichte, 5. Aufl., München 2002, S. 23/24; *Mogens Herman Hansen*: Die Athenische Demokratie im Zeitalter des Demosthenes, Berlin 1995, S. 42 f.; *Christian Meier*: Athen. Ein Neubeginn der Weltgeschichte, Berlin 1993, S. 69 ff.; auch *Uwe Wesel*: Geschichte des Rechts. Von den Frühformen bis zur Gegenwart, 4. Aufl., München 2014, S. 120 f.
Das Lebensbild aus der Antike: *Plutarch*: Lebensbeschreibungen I, Gesamtausgabe Goldmanns Taschenbücher, Augsburg 1964, S. 177 ff.

312 *Aristoteles*: Der Staat der Athener. Übersetzt und herausgegeben von Martin Dreher, Stuttgart 1993, § 12, S. 39/40.

313 *Aristoteles*, a.a.O. (Fußn. zuvor), § 9, S. 38.

Damit sind die Grundzüge für die weitere Entwicklung des Rechtswesens und der Staatsverfassung gelegt. Mehr noch: „Mit Solons Schöpfung beginnt die Geschichte der Staatsidee in Europa.“[314]

3. Kleisthenes und Ephialtes

Auch die Politik des *Kleisthenes* um 520 vor Christus (die Lebensdaten sind ungesichert überliefert) richtete sich in Athen gegen die Vormachtstellung des Adels.[315] Die Grundlage seiner Ordnung war die territoriale Neugliederung Attikas. Er bildete territoriale Verwaltungs- und Entscheidungseinheiten, die von den überkommenen Sozialstrukturen unabhängig gemacht wurden und somit für die Bevölkerung egalisierende Folgen hatten. Attika wurde eingeteilt in 10 „Phylen“ (φυλαι), deren Untereinheit jeweils ein „Demos“ (δημος) waren. Aus den Phylen wurden nach einem arithmetischen Bevölkerungsschlüssel jeweils Ratsmitglieder in den jetzigen „Rat der 500“ entsandt; das Amt war zeitlich begrenzt. Diese Reform trägt mit der territorialen Egalisierung und der Amtszeitbegrenzung deutliche Züge einer Demokratisierung. Als Verfahren, der immer drohenden und aus der Vergangenheit bekannten Tyrannis entgegenzuwirken, wurde das „Scherbengericht“, der οστρακισμος, eingeführt.

Ephialtes setzte um 460 vor Christus diese Verfassungsstrukturen konsequent um; er bekämpfte die Korruption, entmachtete den vom Adel

---

314 *Hermann Bengtson*: Griechische Geschichte. Von den Anfängen bis in die Römische Kaiserzeit, 3. Aufl., München 1974, S. 100.

315 zu Kleisthenes *Karl-Wilhelm Welwei*: Die Griechische Polis. Verfassung und Gesellschaft in archaischer und klassischer Zeit, 3. Aufl., Stuttgart 2017, S. 175 ff.; vgl. *Wolfgang Schuller*: Griechische Geschichte, 5. Aufl., München 2002, S. 25/26; *Hermann Bengtson*: Griechische Geschichte. Von den Anfängen bis zur Römischen Kaiuserzeit, 3. Aufl., München 1974, S. 120 f.; *Mogens Herman Hansen*: Die Athenische Demokratie im Zeitalter des Demosthenes, Berlin 1995, S. 45 f; Der Kleine Pauly. Lexikon der Antike in fünf Bänden, Bd. 3, München 1979, Sp. 234; *Christian Meier*: Athen. Ein Neubeginn der Weltgeschichte, Berlin 1993, S. 182 ff.; ders.: Die Entstehung des Politischen bei den Griechen, Frankfurt am Main 1983, S. 91 ff.: „Kleisthenes und die Institutionalisierung der bürgerlichen Gegenwärtigkeit in Athen“; *Eduard Meyer*: Geschichte des Altertums, 5. Band, 9. Aufl., Essen o. J. (=Neudruck der Ausgabe 1952–1958), S. 737 ff.

beherrschten Areopag und übertrug alle Staatsgewalt auf den Rat der 500, die Ekklesia und das Volksgericht und somit ausschließlich auf demokratische Entscheidungsträger.[316]

4. Perikles

Das historische Bewußtsein von der Klassischen Antike in Athen wird maßgeblich von der Gestalt des Perikles (ca. 490–429) bestimmt. Man spricht vom Perikleischen Zeitalter als dem Höhepunkt der griechischen Geschichte.[317] Das Wirken des Perikles setzt indes die demokratischen Verfassungsstrukturen Athens bereits voraus und war nur unter diesen Voraussetzungen möglich. Perikles war weniger Gesetzgeber und Reformer, er war Staatsmann unter der Voraussetzung der Athenischen Demokratie. Die Volksherrschaft brachte eine dominante Gestalt hervor, die sich sowohl der demokratischen Willensbildung bediente als diese auch zur Voraussetzung hatte. Er war das Gegenbild zum Tyrannen. Sein Amt war das eines „Strategen", wie auch immer diese Funktion in die bestehende Ämterordnung einzuordnen war; ansonsten scheint seine Stellung mehr auf der natürlichen Autorität seiner Person als auf ausgeübten Ämtern bestanden zu haben.

Nach dem Urteil der Historiker vollzog sich unter Perikles allerdings „eine ungemeine folgenschwere Wandlung des attischen Staatswesens, der Übergang vom Leistungsstaat zum Fürsorge- und Wohlfahrts-

---

316 *Wolfgang Schuller*: Griechische Geschichte, 5. Aufl., München 2002, S. 32; Der Kleine Pauly. Lexikon der Antike in fünf Bänden, Bd. 2, München 1979, Sp. 297; *Erich Bayer*: Griechische Geschichte, 2. Aufl., Stuttgart 1977, S. 204 ff.

317 zum „Perikleischen Zeitalter" *Hermann Bengtson*: Griechische Geschichte. Von den Anfängen bis in die Römische Kaiserzeit, 3. Aufl., München 1974, S. 172 ff.; *Erich Bayer*: Griechische Geschichte, 2. Aufl., Stuttgart 1977, S. 244 ff.; *Christian Meier*: Athen. Ein Neubeginn der Weltgeschichte, Berlin 1993, S. 435 ff. („Das perikleische Athen"); *Eduard Meyer*: Geschichte des Altertums, 7. Band, 9. Aufl., Essen o. J. (= Neudruck der Ausgabe 1952–1958), S. 43 ff., 81 ff. („Die Kultur des Perikleischen Zeitalters").
Speziell zur athenischen Demokratie im Zeitalter des Perikles *Karl-Wilhelm Welwei*: Die griechische Polis. Verfassung und Gesellschaft in archaischer und klassischer Zeit, 3. Aufl., Stuttgart 2017, S. 205 ff.

staat."[318] Diese Wandlung ließ auf der einen Seite die Bürger an der allgemeinen Wohlfahrt demokratisch mehr und mehr teilhaben, schuf aber auf der anderen Seite eine Differenz zu den Bevölkerungsschichten, die kein Bürgerrecht hatten, danach aber drängten und für die Teilhabe zur Konkurrenz zu werden drohten.[319] Soziale Auseinandersetzungen in den folgenden Jahrzehnten, Pöbelherrschaft und Ochlokratie und der „Niedergang der Poliswelt"[320] waren letztlich die Folge.

5. Die Athenische Demokratie

Nach diesem kurzen historischen und verfassungsgeschichtlichen Abriß gerät jetzt die Athenische Demokratie des 5. und 4. Jahrhunderts als Ganze ins Blickfeld. Eine vollständige Darstellung kann angesichts der Komplexität des Gegenstandes und unübersehbaren Fülle der Überlieferung und der wissenschaftlichen Literatur schlechterdings nicht geleistet werden.[321] Wenige Grundzüge seien indes aufgezeigt.

5.1.

Voraussetzung einer Staatsverfassung ist das *Bürgerrecht.* Die Bevölkerung Athens war in drei verschiedene Gruppen eingeteilt: In „Bürger", in „Metöken" und in Sklaven. „Bürger" wurde man durch Geburt oder durch Einbürgerung. Metöken waren die Bewohner des Landes in der Umgebung, Sklaven waren von vorneherein rechtlos. Aus dem Bür-

---

318 *Hermann Bengtson*: Griechische Geschichte. Von den Anfängen bis in die Römische Kaiserzeit, 3. Aufl., München 1974, S. 178.

319 *Bengtson*, a.a.O. (Fußn. zuvor), S. 180.

320 *Bengtson*, a.a.O. (Fußn. zuvor), S. 226 ff.

321 insofern darf verwiesen werden auf die umfangreichen Darstellungen von *Jochen Bleicken*: Die athenische Demokratie, 4. Aufl., Paderborn 1986, und *Mogens Herman Hansen*: Die Athenische Demokratie im Zeitalter des Demosthenes. Struktur, Prinzipien und Selbstverständnis, Berlin 1995; auch *Wolfgang Schuller*: Griechische Geschichte, 5. Aufl., München 2002, S. 33 ff. Dort auch jeweils Verweise auf die ältere Literatur.
Ein sehr realistisches Bild der Athener Demokratie zeichnet jüngst *Christian Meier*: Die unbekannten Athener, Berlin 2021.
Aus dem älteren Schrifttum klassisch *Jacob Burkhardt*: Griechische Kulturgeschichte, Neuausgabe Band 1, München 1977, S. 202 ff.

gerrecht folgte die Berechtigung zur Teilhabe am Staatswesen; diese Berechtigung wurde im Laufe der geschichtlichen Entwicklung mehr und mehr von den Besitzverhältnissen abgekoppelt, so daß etwa seit der Mitte des 5. Jahrhunderts eine vollständige Gleichheit erreicht war. „Das Streben nach bürgerlicher Gleichheit ist nirgends früher und stärker zum Ausdruck gekommen als auf dem Gebiete des Rechts.“[322] Die Frauen waren einerseits gewiß „Bürgerinnen“, hatten aber als solche keine Teilhaberechte. „Die Gemeinschaft der athenischen Bürger bildete die Stadt Athen, den … athenischen Staat.“[323] Die Gemeinschaft ist keine territoriale, sondern eine *personale* Einheit.

Auf der Basis der Bürgerschaft konstituieren sich dann die Verfassungsorgane.

5.2.

Das schlechthin demokratische Verfassungsorgan war die *Volksversammlung*, die εκκλησια. „Die Volksversammlung ist in Athen … als die Gesamtheit aller politisch berechtigten Athener mit dem athenischen Staat identisch. Aber die Volksversammlung steht nicht nur stellvertretend für den Staat oder die Stadt; sie ist auch gleichbedeutend mit der politischen Ordnung dieser Stadt, der Demokratie.“[324] Von der Größenordnung her muß man sich eine Zahl von etwa 6.000 Bürgern vorstellen. Zum Verfahren gilt, daß die Volksversammlung von den Prytanen einberufen wurde; die Zahl der Sitzungen ist mit etwa 10 im Jahre anzusetzen. Vorbereitet werden mußte die Volksversammlung von dem „*Rat der 500*“. „Der Rat ist diejenige Behörde, welche die Volksversammlung, und das heißt den Souverän, funktionsfähig machen soll: Der Volksbeschluß bedarf der Initiative des Rates.“[325] Allein die Funktion der Prytanen und des Rates zeigen allerdings, daß

322 *Eduard Meyer*: Geschichte des Altertums, 5. Band, 9. Aufl., Essen o. J. (=Neudruck der Auflage 1952–1958), S. 521.
323 *Jochen Bleicken*: Die athenische Demokratie, 4. Aufl., Paderborn 1986, S. 180.
324 *Bleicken*, a.a.O. (Fußn. zuvor), S. 190.
325 *Bleicken*, a.a.O. (Fußn. zuvor), S. 224.

es organisatorischer und insoweit auch abstrakter Ämter und Funktionen bedurfte, um der Schwerfälligkeit einer Volksversammlung überhaupt erst zur Wirkung zu verhelfen. So ist es denn in der weiteren Entwicklung im 4. Jahrhundert zu einer Einschränkung der Befugnisse der zunächst als allzuständig konzipierten Volksversammlung zugunsten ausgegliederter Institutionen wie den *Nomotheten*, die für die Gesetzgebung zuständig waren, gekommen.[326] Zudem hat sich eine Souveränität der Volksversammlung und Volksgesetzgebung nie vollständig von überlieferten *Nomoi* lösen können, die als der Volkssouveränität religiös, historisch und rechtlich vorausliegend angesehen wurden. „Wir kommen zu dem Schluß, daß es nach der die klassische Polis beherrschenden Rechtsauffassung nur eine einzige wirkliche und autoritative Rechtsquelle gab: Das Gesetz. Entsprangen bindende Rechtsnormen tatsächlich aus anderer Wurzel, so wurde für sie ein fiktiver mythischer Gesetzgeber angenommen."[327] In dem Maße, wie im übrigen auch die Gesetzgebung im Umfange zunahm, gewannen die Gesetze gegenüber der Volksversammlung an eigenständigem Gewicht.

5.3.

Die laufenden Regierungsgeschäfte wurden von den *Archonten* ausgeübt, die teils durch das Los bestimmt, teils von der Volksversammlung gewählt wurden. Die Amtszeit war begrenzt.

5.4.

Das demokratische Verfassungsprinzip wird zu Beginn des 4. Jahrhunderts vollständig ausgebildet. Diese kultur- und weltpolitische Leistung der Athener bleibt einzigartig. Gleichwohl sollte man auch die Grenzen dieser Demokratie nicht außer Betracht lassen; die Demokratie

---

326 hierzu eingehend *Mogens Herman Hansen*: Die Athenische Demokratie im Zeitalter des Demosthenes. Struktur, Prinzipien und Selbstverständnis, Berlin 1995, S. 156 ff.; insbesondere zur Nomothesie *Bleicken*, a.a.O., S. 216 ff.

327 *Hans Julis Wolff*: Gewohnheitsrecht und Gesetzesrecht in der griechischen Rechtsauffassung, in: *Erich Berneker* (Hrsg.): Zur Griechischen Rechtsgeschichte, Darmstadt 1968, S. 115.

Athens war jedenfalls nach heutigen Begriffen unvollkommen.[328] Die demokratischen Mitwirkungsrechte waren auf die rund 6.000 Bürger beschränkt, für die allein die Gleichheit des Bürgerrechtes galt. Frauen hatten kein Mitwirkungsrecht; desgleichen auch die noch nicht volljährigen Kinder nicht. Letzteres war damals so selbstverständlich wie noch heute. Damit war mehr als die Hälfte der Einwohner Athens von der demokratischen Mitbestimmung ausgeschlossen. Auch die Metöken, in Athen lebende Ausländer, hatten nur beschränkte Rechte und kein Bürgerrecht, was freilich nicht verwundert, gilt Gleiches doch auch heute. Ein prinzipielles Defizit der athenischen Demokratie wie überhaupt der gesamten antiken Kultur war das Sklavenwesen. Man muß sich die Dimension deutlich machen: Zur perikleischen Zeit gab es etwa 100.00 männliche und weibliche Sklaven. Setzt man diese Zahl in ein Verhältnis zu den rund 6.000 Bürgern der Volksversammlung,[329] gewinnt man ein realistisches Bild vom Leben in der athenischen Demokratie.

6. Das Gerichtswesen

Näher an der Rechtsgeschichte im engeren Sinne steht die *Gerichtsbarkeit*.[330] Im Sinne einer konsequenten Volksherrschaft konnte die Gerichtsbarkeit auch nur vom Volk selbst ausgeübt werden. „Das Volk selbst war auch das Gericht.“[331] Eine Gewaltenteilung und eine daraus

328 was insbesondere Schuller thematisiert, *Wolfgang Schuller*: Griechische Geschichte, 5. Aufl., München 2002, S. 36 f.

329 die Zahlen bei *Schuller*, a.a.O. (Fußnote zuvor), S. 37/38.

330 zum Gerichtswesen in Athen vgl. die umfangreichen Beiträge von *Karl-Wilhelm Welwei*: Die Entwicklung des Gerichtswesens im antiken Athen. Von Solon bis zum Ende des 5. Jahrhundert v. Chr., in: *Leonhard Burckhardt / Jürgen von Ungern-Sternberg* (Hrsg.): Große Prozesse im antiken Athen, München 2000, S. 15 ff.; *Gerhard Thür*: Das Gerichtswesen in Athen im 4. Jahrhundert v. Chr., ibid., S. 30 ff.; ders.: Recht im antiken Griechenland, in: *Ulrich Manthe* (Hrsg.): Die Rechtskulturen der Antike. Vom Alten Orient bis zum Römischen Reich, München 2003, S. 208 ff.
Wohl grundlegend *Justus Hermann Lipsius*: Das Attische Recht und Rechtsverfahren, 3 Bde., Leipzig 1905–1915 (=Neudruck in einem Band, Darmstadt 1966).

331 *Wolfgang Schuller*: Griechische Geschichte, 5. Aufl., München 2002, S. 34.

folgende funktionale Ausgliederung der Justiz in eine Unabhängigkeit gab es nicht; sie hätte dem athenischen Verständnis von Demokratie auch nicht entsprochen. Eine letzte Erinnerung daran ist allenfalls die heute noch allen Gerichtsentscheidungen in Deutschland vorangehende Formel: „Im Namen des Volkes!" Die Volksversammlung als Gericht nennt sich ηλιαια. Aber auch hier erweist sich die Volksversammlung als solche in ihrer Größe und Schwerfälligkeit nicht als der für alle Rechtsstreitigkeiten geeignete Spruchkörper. Es gibt vielmehr nachgeordnete Gerichtshöfe, die *Dikasterien*, die für verschiedene Prozeßgegenstände zuständig waren und je nach Spruchkörper aus 200 bis 1500 Richtern bestanden. Den Vorsitz hatte jeweils ein Archont. In die Dikasterien wurden die Richter nach einem ausgeklügelten Verfahren durch Los bestimmt.[332] Auf diese Weise wurde sichergestellt, daß es keine vorherigen Verbindungen zwischen den Prozeßbeteiligten und den Richtern gibt und kein Richter im vorhinein wußte, welche Rechtssache auf ihn zukommen sollte. Wenn man so will, war dies eine erste Form des „gesetzlichen Richters", der in einer rechtsstaatlichen Staatsverfassung auch heute eine fundamentale Rolle spielt.[333] Eine „Gewaltenteilung" im heutigen Sinne, die zwischen der gesetzgebenden, der ausführenden und der rechtsprechenden Gewalt sachlich und organisatorisch unterscheidet, war wegen des demokratischen Prinzips damit freilich nicht gegeben; die moderne Gewaltenteilung mit der Ausdifferenzierung der Staatsfunktionen ist erst ein Ergebnis der Aufklärung und der Herausbildung des Rechtsstaates im späten 18. Jahrhundert, der dem demokratischen Prinzip das Rechtsstaatsprinzip komplementär entgegensetzt. Es scheint indes eine andere Art von Gewaltenteilung jedenfalls im Hinblick auf die Gerichtsbarkeit gegeben zu haben, nämlich nach Initiative und Entscheidung. Staatsorgane wie

332 wovon insbesondere Aristoteles im Detail berichtet.

333 Art. 101 Absatz 1 des Grundgesetzes für die Bundesrepublik Deutschland: „Ausnahmegerichte sind unzulässig. Niemand darf seinem gesetzlichen Richter entzogen werden."

die Archonten oder der Rat konnten zwar ein Verfahren initiativ in Gang setzen, waren jedoch zur Entscheidung nicht befugt.[334]

Im Verfahren selbst wird zwischen Strafrecht, Zivilrecht und Amtspflichtverletzung, heute würde man sagen Öffentlichem Recht, nicht unterschieden. Dem entspricht, daß im materiellen Recht diese Unterscheidung noch nicht voll ausgeprägt war. Ein Verfahren in Gang setzen konnte jeder Bürger mit einer δικη, einer „Klage", indem er für sich oder für einen anderen einen persönlichen zivilrechtlichen Anspruch geltend machen, eine Strafverfolgung erreichen oder die Amtspflichtverletzung eines öffentlichen Amtsträgers sanktionieren lassen konnte. Das würde man heute Popularklage nennen. Im Verfahren hatten die Parteien Gelegenheit zum öffentlichen Vortrag oder auch zur Verteidigung; es gab also sehr wohl ein „rechtliches Gehör".[335] In späterer Zeit konnte man sich professioneller Redner bedienen. Die Entscheidung wurde dann von der Gesamtheit der Richter durch Mehrheitsbeschluß gefällt; eine Beratung und eine Begründung der Entscheidung, die heute üblich und selbstverständlich ist, gab es nicht. Die Entscheidungskriterien sind ungewiß: überlieferte Gesetze – νομοι –, geltende Gesetze, Gutdünken und Billigkeit. Rechtsanwälte im heutigen Sinne gab es nicht, wie es überhaupt keine professionellen Juristen und keine Rechtswissenschaft wie etwa im Römischen Recht gab und deren Existenz heute selbstverständlich ist.

Das Gerichtsverfahren vor der großen Zahl der Richter, die Popularklage und die offenbar weithin unbestimmten Entscheidungskriterien geben Raum für eine forensische *Rhetorik*, die in der griechischen Antike eine außerordentlich große Rolle spielt: Es geht nicht so sehr darum, einen bestimmten Sachverhalt an einer vorgegebenen Norm zu messen, diesen Sachverhalt unter eine Norm zu „subsumieren", was für das römische Recht und die gesamte moderne Rechtsord-

334 hierauf hat insbesondere *Wolfgang Schuller*: Griechische Geschichte, 5. Aufl., München 2002, S. 35, hingewiesen.

335 Art. 103 Absatz 1 des Grundgesetzes für die Bundesrepublik Deutschland: „Vor Gericht hat jedermann Anspruch auf rechtliches Gehör."

nung von maßgeblicher Bedeutung ist und die spezifisch juristische Methodik ausmacht, sondern darum, die Richter in einem offenen Entscheidungsprozeß mit Argumenten rhetorisch einzustimmen und einzunehmen.[336] Nicht ohne Grund sind die aus der griechischen Antike überlieferten Gerichtsreden die wichtigsten Rechtsquellen für die Erkenntnis des griechischen Rechts. Dabei darf, auch im Hinblick auf die moderne Rechtspraxis, die rhetorische Überzeugungskraft eines Argumentes nicht unterschätzt werden; dies gilt insbesondere in Verfahren, in denen wegen der Unbestimmtheit und Offenheit der Rechtsbegriffe der Entscheidungsprozß relativ offen ist; vornehmlich in verfassungsrechtlichen Streitigkeiten ist dies der Fall. Die Überzeugungskraft eines Urteils hängt nicht zuletzt an der rhetorischen Qualität der Begründung. In der griechischen Antike liegt die Qualität in der Gerichtsrede, nicht in einer Urteilsbegründung, die es nicht gibt.

7. Der Areopag

Eine kurze besondere Betrachtung gilt dem Areopag. Der Name geht auf den „Hügel des Ares" – Αρειος παγος – zurück und hat mythischen Ursprung. Der Areopag war seit Beginn der Verfassungsentwicklung in Athen der für Tötungsdelikte zuständige Blutgerichtshof. Drakon und Solon haben den Areopag vorausgesetzt. Er steht am Anfang geordneter Staatlichkeit, indem die Blutrache abgelöst und durch staatlichen Rechtszwang und Rechtsschutz ersetzt wird.[337] In der Literatur ist der Areopag belegt etwa durch die Eumeniden des

336 zur antiken Rhetorik generell, aber leider ohne spezifischen Hinweis auf die forensische Rhetorik *Manfred Fuhrmann*: Die antike Rhetorik. Eine Einführung, 6. Aufl., Mannheim 2011; zum „Rechtsdenken der Rhetorik" eingehend *Erik Wolf*: Griechisches Rechtsdenken, Band III, 2, Frankfurt am Main 1956, S. 157 ff. Grundsätzlich zu dem Verhältnis von Recht und Sprache, auch in historischer Sicht *Ernst Forsthoff*: Recht und Sprache. Prolegomena zu einer richterlichen Hermeneutik, Darmstadt 1964; neuerdings *Thomas Vesting*: Die Medien des Rechts: Sprache, Weilerswist 2011.

337 Der Kleine Pauly. Lexikon der Antike, Bd. 1, München 1979, Sp. 524.

Aischylos,[338] im politischen Schrifttum durch die Αθηναιων πολιτεια des Aristoteles. Bemerkenswert ist, daß bei den Tötungsdelikten bereits unterschieden wurde zwischen *vorsätzlicher* und *fahrlässiger* Tat, was gegenüber archaischen Vorstellungen ein wesentlicher Fortschritt ist. Im Zuge der Entwicklung, insbesondere der Ausdifferenzierung der Gerichtsbarkeit in Dikasterien, kam dem Areopag zunehmend die Aufgabe einer Art von Verfassungsgerichtsbarkeit zu, indem dem Areopag die Aufsicht über die Gesetze, die Amtsträger und die Bürger zur Wahrung der demokratischen Ordnung zukam. Dies hatte, was für jede Verfassungsgerichtsbarkeit bis zum heutigen Tage gilt, eine Politisierung des Gerichtshofs zur Folge, wie diese denn im 4. Jahrhundert deutlich zu beobachten ist.[339]

8. Der Ostrakismos

Eine besondere Verfahrensart war der Ostrakismos – οστρακισμος –, das sprichwörtlich gewordene Scherbengericht.[340] Von Kleisthenes eingeführt, handelte es sich im ein Verfahren vor der Volksversammlung, kraft dessen eine Person, von der man die Errichtung einer Tyrannis befürchtete, außer Landes verwiesen wurde, bevor sie ihre wirkliche oder vermeintliche Absicht verwirklichen konnte. Die athenische Demokratie sah sich, auch aufgrund gemachter Erfahrungen, stets bedroht: gerade starke und einflußreiche Persönlichkeiten konnten unter den Bedingungen einer Massendemokratie leicht die tyrannische Macht ergreifen. Aufgrund einer Popularklage wurde in einem streng formalisierten Verfahren in der Volksversammlung eine Abstimmung mittels vorgefertigter Tonscherben durchgeführt; für geheime Abstimmung war gesorgt. Wen die Ostrakisierung traf, der mußte innerhalb

338 vgl. hierzu *Erik Wolf*: Griechisches Rechtsdenken, Bd. 1, Frankfurt am Main 1950, S. 407 ff. (416).

339 vgl. *Charlotte Schubert*: Der Areopag, in: *Leonhardt Burkhardt / Jürgen von Ungern-Sternberg* (Hrsg.): Große Prozesse im antiken Athen, München 2000, S. 50 ff.

340 hierzu näher etwa *Martin Dreher*: Der Ostrakismos, in: *Leonhardt Burkhardt / Jürgen von Ungern-Sternberg* (Hrsg.): Große Prozesse im antiken Athen, München 2000, S. 66 ff.

von zehn Tagen seine persönlichen Angelegenheiten regeln und das Land verlassen. Seine Familie und sein Vermögen erlitten keinen Schaden: der Ostrakismos war kein Strafverfahren und hatte außer der Verbannung keine weiteren nachteiligen Rechtsfolgen. Eine Rückkehr nach Zeitablauf war möglich. Der Ostrakismos war vielmehr „ein Kontrollinstrument des Demos, des athenischen Volkes, gegenüber aristokratischen Politikern und eine Waffe im politischen Machtkampf… Die Verbannung von höchstens einem Mitglied der Politikerklasse hatte eine Art Blitzableiterfunktion für den Demos, der sich aus der herrschenden Klasse ein Opfer aussuchte und damit jedesmal wieder unter Beweis stellt, wer der wahre Souverän im Staate war.“[341]

9. Der Prozeß des Sokrates

Eine Betrachtung des Griechischen Rechts kann von dem berühmtesten aller Prozesse nicht absehen, dem Prozeß des *Sokrates*.[342] Der Prozeß fügt sich vollständig in die Ordnung des athenischen Gerichtswesens ein. Eingeleitet wurde der Prozeß durch eine Klageschrift der drei athenischen Bürger Meletos, Anytos und Lykon wegen Gottlosigkeit (γραφη ασεβειας). Zuständig war die für Religionsdelikte zuständige Dikasterie, deren Vorsitz der Archon mit dem archaischen Titel βασιλευς führte. Bestimmt wurde in dem hierfür vorgesehenen

---

341 *Dreher*, a.a.O. (Fußn. zuvor), S. 74/75.

342 hierzu *Peter Scholz*: Der Prozeß gegen Sokrates. Ein ‚Sündenfall' der athenischen Demokratie?, in: *Leonhardt Burkhardt / Jürgen von Ungern-Sternberg* (Hrsg.): Große Prozesse im antiken Athen, München 2000, S. 157 ff.; *Alexander Demandt*: Sokrates vor dem Volksgericht von Athen 399 v. Chr., in: *Alexander Demandt* (Hrsg.): Macht und Recht. Große Prozesse in der Geschichte, 3. Aufl., München 1991, S. 9 ff.; *Christian Meier*: Ein Anschlag der Demokratie auf die Philosophie? Verurteilung und Tod des Sokrates, in: *Uwe Schultz* (Hrsg.): Große Prozesse. Recht und Gerechtigkeit in der Geschichte, München 1996, S. 21 ff.
Alexander Demandt war 10.5.2004, am 24.1.2007 und am 11.11. 015, *Christian Meier* am 12.10.1994 und am 13.6.2007 Referent der „Lebendigen Antike“ in Ludwigshafen am Rhein; vgl. *Frank Hennecke / Friedrich Kuntz* (Hrsg.): Lebendige Antike Ludwigshafen. Einführungstexte 1954–2014, Ludwigshafen am Rhein 2015, S. 154, 191, 206, 208; *Frank Hennecke / Friedrich Kuntz* (Hrsg.): Lebendige Antike. Jahresheft 2015 / 2016 / 2017, Ludwigshafen am Rhein 2018, S. 23.

Verfahren ein regulärer richterlicher Spruchkörper von 500 Personen. Die Klageschrift – in der hübschen Formulierung von Bruno Snell „Klaglibell“[343] – wurde verlesen und ist überliefert, so in der Fassung von Xenophon: „Sokrates handelt erstens gesetzwidrig, da er nicht an die Götter glaubt, die der Staat anerkennt, sondern neue Gottheiten einführt; er handelt zweitens gesetzwidrig, da er die Jünglinge verdirbt.“[344] Die Kläger hatten Gelegenheit zur näheren Begründung, Sokrates zu einer Verteidigungsrede. Diese ist sowohl in einer Fassung Xenophons als auch in der Fassung Platons überliefert. Die neuere Forschung hält Platons Fassung für die am ehesten authentische.[345] Die Apologie überzeugt die Richter nicht; in einer ersten Abstimmung fällen die Richter, allerdings mit knapper Mehrheit einen Schuldspruch, in einer zweiten, offenbar von dem zweiten Teil der Apologie, in der Sokrates unter anderem seinen Mangel an Todesfurcht zur Schau stellte, vor den Kopf gestoßen, mit breiterer Mehrheit das Todesurteil. Die Vollstreckung wurde aus kultischen Gründen – solange das „Schiff des Theseus“ noch nach Delos unterwegs war – noch hinausgeschoben, Sokrates schlägt die Gelegenheit zur Flucht aus dem Gefängnis aus, nimmt Abschied von der Familie, den Freunden, den Schülern und trinkt dann den Schierlingsbecher.

Für die Nachwelt bewegend und bleibend dargestellt ist der Tod des Sokrates in den Schriften Platons, der „Apologie des Sokrates“ und in den Dialogen „Kriton“ und „Phaidon“.[346]

Die Folgen für die gesamte Geistesgeschichte sind unermeßlich und beispiellos. Noch am ehesten wird der Tod des Sokrates mit dem

---

343 in seiner Übersetzung der Apologie, *Platon*: Sokrates im Gespräch. Vier Dialoge, Nachwort und Anmerkungen von *Bruno Snell*, Frankfurt am Main – Hamburg 1953, S. 5 ff.

344 *Xenophon*: Memorabilien. Erinnerungen an Sokrates, übertragen und erläutert von Paul M. Laskowsky, München 1960, S. 10.

345 *Alexander Demandt*: Sokrates vor dem Volksgericht von Athen 399 v. Chr., in: *Alexander Demandt* (Hrsg.): Macht und Recht. Große Prozesse in der Geschichte, München, 3. Aufl. 1991, S. 16.

346 hierzu unvergessen *Romano Guardini*: Der Tod des Sokrates. Eine Interpretation der platonischen Schriften Euthyphron, Apologie, Kriton und Phaidon, o. O. 1956.

Prozeß und dem Tod Jesu von Nazareth verglichen, gar gleichgestellt. Doch davon kann an dieser Stelle nicht weiter gehandelt werden.

Die *rechtliche* und die *historische* Frage, die sich stellt, ist diejenige, ob man von einem Justizmord sprechen kann, und diejenige nach den historischen Bedingungen, unter denen das Ereignis stattgefunden hat und stattfinden konnte. Hierzu gibt es in neuerer Zeit eine differenzierte Beurteilung. Juristisch gesehen, folgte das Verfahren den damals geltenden Bestimmungen, es verlief formal in korrekten Bahnen. Auch gab es in der Tat den Straftatbestand der Gotteslästerung oder Gottlosigkeit, die ασεβεια. Das Verderbnis der Jugend freilich läßt sich nur schwer unter einen positiv geltenden Straftatbestand fassen, es sei denn, man sehe hierin einen Angriff auf das Staatswesen selbst, als welcher der Vorwurf wohl auch verstanden wurde. Nun ist aber ein Straftatbestand wie ασεβεια in hohem Maße von der *Auslegung* abhängig, ist vielfältig dehnbar und auf verschiedenste Sachverhalte anwendbar. Das gilt übrigens bis heute: nicht umsonst ist ein solcher Straftatbestand stark umstritten und im deutschen Strafgesetzbuch inzwischen abgeschafft worden; in anderen Rechtsordnungen spielt er noch eine erschreckende Rolle.

Und hier spielen nun die historischen Bedingungen hinein:[347] Der Prozeß fand im Jahre 399 vor Christus statt. Mit Mühe war die athenische Demokratie nach den Erfahrungen des Peloponnesischen Krieges und der Herrschaft der Dreißig Tyrannen wiederhergestellt, aber alle Sicherheiten waren geschwunden, der Glaube an die alten Götter war nicht zuletzt durch die Sophisten in Zweifel gezogen – das Bedürfnis nach Sicherheit und Stabilität war groß. Da konnte ein Mann, der, als Philosoph freilich nur, alle Gewißheiten in Frage stellte, der der Demokratie mit deren Gleichheit aller Entscheidungsträger eine Unfähigkeit zu sachkundigen Entscheidungen vorwarf, das geltende Recht so-

347 hierzu sehr intensiv *Christian Meier*, Ein Anschlag der Demokratie auf die Philosophie? Verurteilung und Tod des Sokrates, in: *Uwe Schultz* (Hrsg.): Große Prozesse. Recht und Gerechtigkeit in der Geschichte, München 1996, S. 21 ff. (29 f.).

wohl mit Vernunftgründen als auch mit einem persönlichen δαιμονιον, einem Individualismus relativierte, ja sogar der aus eben diesen relativistischen Gründen sogar mit den Tyrannen ausgekommen war, schwerlich ertragen werden, vertrug sich gar nicht, um es einmal so auszudrücken, mit dem gebeutelten Zeitgeist. Die historische Stunde trat in die Auslegung der ασεβεια hinein. Das Todesurteil war kein Justizmord.

Gleichwohl reicht das Geschehen über eine derartige juristisch-historische Feststellung hinaus. Es ist allen Beteiligten damals wie aller Rezeption bis heute aufgefallen, daß Sokrates sich dem Todesurteil nicht widersetzt hat, die Flucht nicht ergriffen, sondern den Tod vielmehr geradezu freiwillig auf sich genommen hat. Mit eigenen Worten begründet er diese seine Haltung mit dem Gehorsam gegenüber dem Gesetz. Hat er sich damit, um einen modernen Begriff zu gebrauchen, einem Rechtspositivismus unterworfen? Einem Rechtspositivismus, der nur das formale, „gesetzte", „positive" Gesetz, aber keine übergesetzliche Ordnung anerkennen will? Dem widerspräche doch das δαιμονιον wie auch die von Sokrates geradezu begründete sittliche Autonomie des Individuums. Und hier wird eine grundlegende Spannung erfahrbar: Setzt sich eine individuelle Entscheidung über das positive Gesetz hinweg, löst ein solcher Individualismus letztlich die geltende Rechtsordnung auf. Hierin liegt auch das tiefe Dilemma der Anerkennung der Gewissensfreiheit in modernen Staatsverfassungen. In den Worten nach Platons Kriton: „Selbst ein ungerecht erscheinendes Urteil verdiene Respekt, andernfalls verlören die Gesetze überhaupt ihre Kraft. Seien die Gesetze schlecht, so müsse man sie ändern, nicht aber übertreten."[348] *Demandt* fährt dann fort, indem er philosophiegeschichtlich auf Hegel zurückgreift: „Der Prozeß des Sokrates ist für Hegel ein Konflikt zweier Prinzipien, wobei die Bürger das alte, bewahrende Prinzip vertraten, Sokrates aber das neue, auflö-

348 *Alexander Demandt*, Sokrates vor dem Volksgericht von Athen 399 v. Chr., in: *Alexander Demandt* (Hrsg.): Macht und Recht. Große Prozesse in der Geschichte, München, 3. Aufl. 1991, S. 18.

sende. Insofern sei der Konflikt tragisch und unausweichlich gewesen. Hegels Urteil ist gespalten. Als Philosoph des Fortschritts steht er auf Seiten des Sokrates, als Philosoph des Staates gibt er den Athenern recht, denn eine Berufung auf das Gewissen gegen den Staat zerstöre diesen. Sokrates ist schuldig vor dem Gericht Athens, aber unschuldig vor dem Gericht der Weltgeschichte. Hegels Interpretation hat viel für sich. So gewiß Sokrates subjektiv den Staat zu bessern suchte, so gewiß hat er objektiv zu seiner Auflösung beigetragen. Die von Sokrates ausgehenden Philosophenschulen sind keine Stütze der Demokratie gewesen … Und die politisch aktiven Schüler des Sokrates haben den Rahmen der Demokratie, ja des Staates überhaupt gesprengt. Die unbedingte Selbstverwirklichung des Individuums führt entweder in die Anarchie oder in den Kosmopolitismus. Das haben Ankläger und Richter des Sokrates geahnt."[349]

War damit der Tod des Sokrates ein Märtyrertod? Wofür ist er gestorben? Er ist gestorben für seine Überzeugung: einerseits das Richtige getan zu haben, andererseits daß das Richtige unter den Bedingungen dieser Welt nicht immer Wirklichkeit werden kann, ohne daß der Wirklichkeit Gewalt angetan würde. Sokrates ist nicht zum Märtyrer geworden, indem er sich unter Berufung auf ein höheres Gesetz der konkreten Rechts- und Machtordnung widersetzt hätte; er hat vielmehr umgekehrt im Gehorsam gegenüber dem Gesetz und dem Richterspruch die geltende Rechtsordnung, mag sie ihm auch Unrecht zufügen, bestätigt und gelten lassen, eben um der sonst gefährdeten allgemeinen Ordnung willen.[350] Es liegt gerade nicht der klassische Norm-Konflikt vor. Auch die Annahme – nicht Hinnahme – der Wirklichkeit kann Bedingung sein für eine humane Welt. Vielleicht ist es das, was mit dem Tod des Sokrates als ewige Unruhe bleibt.

---

349 *Demandt*, a.a.O. (Fußn. zuvor), S. 23.

350 zu den Motiven des Sokrates in diesem Sinne *Arnd Morkel*: Der politische Sokrates, Würzburg 2006, S. 86 ff.

VI. Der geistige Zusammenhang mit der Rechts- und Staatsphilosophie

Es ist zu Anfang betont worden, daß das Griechische Recht in engem Zusammenhang mit der griechischen Rechts- und Staatsphilosophie steht, wie es denn überhaupt die griechische Rechts- und Staatsphilosophie war, die das politische und das rechtliche Denken der gesamten abendländischen Geistesgeschichte geprägt hat. Daher mag in wenigen Worten an die Begründung und die Entfaltung des politischen Denkens in der griechischen Antike erinnert werden.[351][352]

1. Die Polis als Voraussetzung der Rechts- und Staatsphilosophie

Voraussetzung ist, wie dargelegt, bei den Griechen in ganz charakteristischer Weise die „Polis" als Lebensform und politische Ordnung.[353] Die Ordnung dieser „polis" ist von Anfang an der Gegenstand der politischen Philosophie.[354] Da die „polis" nicht primär von Macht und Unterwerfung, sondern vom Zusammenwirken – wie auch immer definierter – „freier" Bürger bestimmt und gestaltet wird, stellte sich daher zugleich die Frage nach den Regeln dieses Zusammenlebens und nach deren leitendem Ordnungsprinzip: So bildete sich auf der einen Seite der Grundgedanke der „demokratia" – δημοκρατια – heraus und

351 Verfasser folgt hier der grundlegenden Aufarbeitung von *Ernst-Wolfgang Böckenförde*: Geschichte der Rechts- und Staatsphilosophie. Antike und Mittelalter, 2. Aufl., Tübingen 2006.
Vgl. auch wegweisend *Hans Welzel*: Naturrecht und materiale Gerechtigkeit, 4. Aufl., Göttingen 1962, Erster Teil: Das antike Naturrecht, S. 9 ff.
In einem umfassenden Sinne auch *Erik Wolf*: Griechisches Rechtsdenken, 5 Bde., Frankfurt am Main 1950 ff.

352 Verfasser hat dieses Kapitel mit den Nummern 1–4 aus einer früheren Schrift entnommen, *Frank Hennecke*: Politische Antike: Carl Schmitt, 3. Aufl., Ludwigshafen am Rhein 2017, S. 10–13.

353 hierzu aus der großen Literatur des 19. Jahrhunderts *Jacob Burkhardt*: Griechische Kulturgeschichte, Neuausgabe Band 1, München 1977, S. 53 ff.
In übergreifendem Zusammenhang *Numa Denis Fustel de Coulanges*: Der antike Staat. Kult, Recht und Institutionen Griechenlands und Roms, München 1988, S. 157 ff.

354 *Ernst-Wolfgang Böckenförde*: Geschichte der Rechts- und Staatsphilosophie, 2. Aufl. Tübingen 2006, S. 13 ff.

trat auf der anderen Seite die Frage nach Gesetz und Gerechtigkeit von Anfang an unabweisbar hervor. Der „nomos" –νομος – in seiner vielfältigen Bedeutung wird zum Urbegriff griechischer Rechtsphilosophie.

2. Dichtung, Vorsokratiker und Sophisten

Erste überlieferte Ansätze finden sich in der Dichtung etwa bei Homer[355] und Hesiod,[356] dann bei Solon, den Vorsokratikern wie Anaximander und Heraklit, den Sophisten[357] und schließlich bei Sokrates selbst. *Was bereits in dieser Entfaltungsphase des rechtsphilosophischen Denkens zutagetritt, ist das Bewußtsein einer Differenz zwischen dem „nomos" als Ausdruck eines letztlich metaphysisch begründeten Rechtsgedankens und einer physischen Wirklichkeit, die einerseits Zielpunkt der Norm, andererseits zugleich deren Widerspruch ist.*

3. Platon

Die erste systematisch großangelegte Rechts- und Staatsphilosophie hat *Platon* (428/427 – 348/347 vor Christus) vorgelegt.[358] Dies ist hinlänglich bekannt. Erinnert sei an die „Politeia" – πολιτεια –[359] und an die „Nomoi" – νομοι –[360], bereits diese Begriffsbildung steht für die schlechthin konstituierende Wirkung seines Werkes–, aber

355 *Rudolf Köstler*: Die homerische Rechts- und Staatsordnung, in: *Erich Berneker* (Hrsg.): Zur Griechischen Rechtsgeschichte, Darmstadt 1968, S. 172 ff.

356 *Erik Wolf*: Griechisches Rechtsdenken, Band I, Frankfurt am Main 1950, S. 70 ff.

357 *Erik Wolf*: Griechisches Rechtsdenken, Band II, Frankfurt am Main 1952, S. 9 ff.; *Ernst-Wolfgang Böckenförde*: Geschichte der Rechts- und Staatsphilosophie, 2. Aufl., Tübingen 2006, S. 33 ff.

358 zum Rechtsdenken *Platons* in dessen gesamtem Werk eingehend *Erik Wolf*: Griechisches Rechtsdenken, Band IV, 1 und IV, 2, Frankfurt am Main 1968 und 1970.

359 als greifbare Ausgabe in deutscher Übersetzung neu erschienen: *Platon*: Der Staat. Übersetzt und herausgegeben von Gernot Krapinger, Stuttgart 2017.
Alt eingeführt *Platon*: Werke in acht Bänden. Griechisch und Deutsch. Herausgegeben von Gunther Eigler, 4. Band: Politeia. Deutsche Übersetzung von Friedrich Schleiermacher, Darmstadt 1971. Siehe auch *Platon*: Der Staat (Politeia). Übersetzt und herausgegeben von Karl Vretska, Stuttgart 2000.

360 *Platon*: Werke in acht Bänden. Griechisch und Deutsch. Herausgegeben von Gunther Eigler. 8. Band 1,2: Gesetze. Deutsche Übersetzung von Klaus Schöpsdau, Darmstadt 1977.

auch an die vielen Dialoge, die das Politische zum Gegenstand haben. Platons Werk kann an dieser Stelle weder dargestellt und gewürdigt werden.[361] Aus heutiger Sicht aber mag eine Charakteristik zitiert werden, die *Ernst-Wolfgang Böckenförde* eindrucksvoll formuliert hat: „Platons fortwirkende Leistung war, daß er die Frage nach dem Rechten und Gerechten als Frage nach der Gerechtigkeit stellte und die Gerechtigkeit ... bestimmte als bleibende Idee. ... Diese Gerechtigkeit ist menschenbezogen, auf den einzelnen Menschen in sich... und auf die Polisordnung in sich...". Platon, so weiter, sieht den Menschen ganz auf die Polis bezogen; „erst in ihr und durch sie findet er – nicht zuletzt in der Erziehung – seine Entfaltung und Bestimmung. Er ist Glied und Teil der Polis, ist in sie voll eingefügt. Die ideale, gerechte Polis ist ihrerseits umfassende Gemeinschaft, eine Lebenstotalität. Der moderne Freiheitsgedanke ist ihr fremd, Freiheit besteht nicht in der Freiheit von oder gegenüber der Polis, sondern im Anteil, der Beteiligung an der Polis..." Die Beteiligung ist „Bedingung der vernünftigen Ordnung der Polis. Für diese vernünftige Ordnung ... setzt Platon auf die umfassende Erziehung der Menschen."[362] *Was bei Platon gedacht ist, ist damit Gerechtigkeit und die politische Teilhabe – und zugleich die Erziehung als deren Voraussetzung.*[363] (Hier finden wir eine Nähe zum Umfeld der „Lebendigen Antike" und zum Humanistischen Gymnasium!). Was hier nicht gedacht ist, ist die individuell-autonome Freiheit, die doch so sehr das moderne Lebensgefühl bestimmt und deren Nichtbeachtung zur Fundamentalkritik Platons in der Moderne geführt hat.[364] Was damit zugleich nicht gedacht ist, ist der Konflikt. Der aber ist das Hauptthema nicht-platonischer Staatsphilosophie. Und was von Platon vorausgesetzt wird, ist die Erziehbarkeit des Menschen,

---

361 zu den „Nomoi" neuerdings *Manuel Knoll / Francisco L. Lisi* (Hrsg.): Platons Nomoi. Die politische Herrschaft von Vernunft und Gesetz, Baden-Baden 2017.

362 *Ernst-Wolfgang Böckenförde:* Geschichte der Rechts- und Staatsphilosophie, 2. Aufl., Tübingen 2006, S. 98.

363 insofern grundlegend zu Platon *Werner Jäger*: Paideia. Die Formung des griechischen Menschen, Bd. 2, Berlin 1944; Bd. 3, Berlin 1947.

364 *Karl R. Popper*: Die Offene Gesellschaft und ihre Feinde, Band 1: Der Zauber Platons, 4. Aufl., München 1975.

an der zu zweifeln die historischen Erfahrungen der Gegenwart jedoch allen Anlaß geben.

4. Aristoteles

Bei *Aristoteles* (384–322 vor Christus) kommen neue Ansätze und Gedanken hinzu. Auch diese können hier nicht entfaltet werden. Die platonische Ideenlehre wird von einer „realistischen" Anthropologie unterfangen. Es geht Aristoteles eher um die Erfassung und Systematisierung der Wirklichkeit als um die normative Begründung von deren Ordnung. Was wegweisend hinzukommt, ist die Explikation des Begriffes der Gerechtigkeit und die normlogische Verbindung von Recht und Sittlichkeit. Mit der „austeilenden Gerechtigkeit" erfährt der Begriff des nomos einen neuen, weiteren Gehalt, wenn denn mit diesem Wort auch ein „Zuteilen" gemeint sein sollte.[365] Mit der „ausgleichende Gerechtigkeit" – iustitia commutativa – und der „austeilenden Gerechtigkeit" – iustitia distributiva – hat Aristoteles eine Unterscheidung getroffen, die der Idee der Gerechtigkeit innewohnt und für die folgende Rechtsphilosophie und Rechtspraxis von maßgeblicher Bedeutung geworden ist. Hier findet sich denn auch der Satz, der als Inbegriff antiken politischen Denkens gelten darf:

εν δε δικαιοσυνηι συλληβδην πασ‘ αρετη ‘στιν. – „In der Gerechtigkeit ist alle Tugend zusammengefaßt."[366]

5. Die Stoa

Weitere Bedeutung kommt der Stoa zu. Als Gründer dieser philosophischen Schule gilt *Zenon* aus Kition in Zypern (etwa 332–262 vor Christus). Zur Zeit von deren Entstehung hatte die polis an Bedeutung

365 *Aristoteles*: Nikomachische Ethik, 5. Buch, 1130 b 5 ff. (greifbare Ausgabe: *Aristoteles*: Die Nikomachische Ethik. Griechisch-deutsch. Übersetzt von Olof Gigon, neu herausgegeben von Rainer Nickel, 2. Aufl., Düsseldorf 2007.
Wenn man auf die Begriffe schaut, geht es Aristoteles allerdings um δικαιοσυνη, Gerechtigkeit, nicht um νομος, Gesetz. Wie das Verhältnis zueinander ist, mag hier dahinstehen.

366 *Aristoteles*: Die Nikomachische Ethik, 5. Buch, 1129 b.

verloren; an deren Stelle sind die hellenistischen Großreiche getreten. Daher verliert der Begriff des νομος seine Rückbindung an die πολις: das „Gesetz“ ist jetzt nicht mehr das positive, lokale Gesetz der Polis, sondern letztlich die Grundordnung der Welt: ein Ausdruck des λογος der Natur. Es ist Vernunftgesetz und daher material an die Vernunft gebunden. „Die Veränderung des Nomosbegriffes und seine Verselbständigung gegenüber den geltenden νομοι unterwirft die bestehenden Gesetze einer Legitimationsnotwendigkeit außerhalb ihrer selbst ... Diese Gesetze haben ihren Maßstab und ihre Rechtfertigung in keiner Weise mehr in sich, weder aus der Art ihrer Entstehung noch aus einer durch Tradition vermittelten göttlichen Herkunft; ihre Verbindlichkeit, ihr Charakter als Recht hängt allein davon ab, daß sie mit dem vorgeordneten, aus sich geltenden Naturgesetz in Einklang stehen, sich aus ihm herleiten können.“[367] Mit einem derartigen Verständnis des Gesetzes verbindet die Stoa zugleich ein *Ethos des rechtlichen Handelns.*

6. Ausblick: Naturrecht, Politische Wissenschaft und positive Zivilrechtsordnung

Damit ist für die künftige Rechts- und Staatsphilosophie die Grundlage gelegt. Was ursprünglich begründet und generell zum Durchscheinen kommt, ist eine Idee des *Naturrechtes* – einer Normenordnung jenseits der jeweils positiv geltenden Gesetze, die zugleich deren Grundlegung und Orientierungsziel, aber auch Maßstab ist.[368] Dabei steht der Begriff der „Natur“ freilich nicht fest; sei es die „Natur“ des Menschen, sei es die „Natur“ des Kosmos oder des Logos. Auch der materiale Gehalt eines Naturrechtes schwankt in seiner Bedeutung. Aber das Naturrecht bleibt seit den Griechen ständiger Gegenstand der Rechtsphilosophie – mit durchaus immer wieder aktuellen Konsequenzen, wenn jedenfalls eine Differenz zwischen dem „Naturrecht“ und der geltenden Rechtsordnung erfahren, behauptet oder erlitten

367 *Ernst-Wolfgang Böckenförde*: Geschichte der Rechts- und Staatsphilosophie, 2. Aufl., Tübingen 2006, S. 147.

368 Vgl. *Hans Welzel*: Naturrecht und materiale Gerechtigkeit, Göttingen 1962, S. 9 ff.

wird. Nicht umsonst ist einmal von der „Ewigen Wiederkehr“ des Naturrechtes gesprochen worden[369] und schreibt noch im 20. Jahrhundert *Ernst Bloch* „Naturrecht und menschliche Würde“.[370]

Neben dem Naturrecht darf die griechische Rechts- und Staatsphilosophie, vor allem des Aristoteles, auch als Grundlegung der *Politischen Wissenschaft* gelten.[371] Jedenfalls einer *normativen* Politischen Wissenschaft, die, ausgehend von der Analyse historischer Erfahrungen, nach dem Wesen des *Politischen* und der *rechten Staatsverfassung* fragt. „Die Griechen sind die ersten gewesen, die experimentierend nachgedacht haben über Staatsverfassung und Recht.“[372] Von daher stammt auch der bekannte Satz: „Der Mensch ist ein politisches Wesen“, ein „ζωον πολιτικον“,[373] der zunächst meint, der Mensch ist ein Wesen, das in einer Polis lebt, aber dann darüberhinaus eine anthropologische Grunddisposition zum Ausdruck bringt: Der Mensch erfährt sich als soziales Wesen in der Begründung von Staat und in der politischen Auseinandersetzung. *Christian Meier* hat geradezu von der „Entstehung des Politischen bei den Griechen“ gesprochen.[374] Die Fragestellung der Politischen Wissenschaft hat seitdem immer wieder die Geister beschäftigt.

Ein durchgängiges Thema der antiken Staatsphilosophie ist die sogenannte „gemischte Verfassung“. Die historische Erfahrung von Polis, Despotie und aristokratischen Herrschaftsformen schlägt sich in der Staatsphilosophie nieder und hat in einer *Typologie der Staatsformen*

369 *Heinrich Rommen*: Die ewige Wiederkehr des Naturrechts, 2. Aufl., München 1947.

370 *Ernst Bloch*: Naturrecht und menschliche Würde, Frankfurt am Main 1961.

371 *Carl Joachim Friedrich*: Die Politische Wissenschaft, Freiburg – München 1961, S. 29: „Der Urvater der *Wissenschaft* von der Politik ist Aristoteles.“

372 *Uwe Wesel*: Geschichte des Rechts, 4. Aufl., München 2014, S. 145.

373 *Aristoteles*: Politik, 1253 a 2.

374 *Christian Meier*: Die Entstehung des Politischen bei den Griechen, Frankfurt am Main 1983.
Hierüber ist in der „Lebendigen Antike“ im Zusammenhang mit Carl Schmitt gesprochen worden; vgl. *Frank Hennecke*: Politische Antike: Carl Schmitt, 3. Auflage, Ludwigshafen am Rhein 2017, S. 16, 35 f.

ihren Ausdruck gefunden.[375] Immer wieder geht es um das Thema der „richtigen" Verfassung. In der Antike hat freilich die „Demokratie" im heutigen Verständnis und in ihrer heutigen Selbstverständlichkeit zumindest in der Theorie noch keine Priorität; aber sie ist als *ein* Modell gedacht und begründet. Ihr stehen die Monarchie und die Aristokratie zur Seite – Verfassungsformen, die, in guter Ausprägung, legitim und erträglich sind. Gedacht wird aber auch deren jeweilige Perversion als Ochlokratie, als Oligarchie, als Tyrannis – wiederum Ausdruck historischer Erfahrung, wie sie etwa bei Polybios beschrieben wird.[376] Als Synthese gilt die „gemischte Verfassung", die die „guten" Elemente der drei Verfassungsformen vereinigt und das Ideal einer gerechten Herrschaftsordnung abgibt.[377] Ganz so fremd ist auch diese Vorstellung in der heutigen Zeit nicht: unsere Demokratie enthält mit dem Parlamentarismus oder der Verfassungsgerichtsbarkeit zumindest der Idee nach aristokratische Züge, und daß sich Demokratie mit der Monarchie verträgt, zeigen etliche europäische Beispiele, nach denen sich sogar mancher in Deutschland sehnt.

In geradezu paradoxer Weise hat die Dominanz der Rechtsphilosophie eine wissenschaftliche oder auch nur systematische Behandlung des jeweils in der Polis und später dann in den hellenistischen Reichen konkret für die Lebenswirklichkeit der Menschen geltenden Rechtes nicht hervorgebracht, vielleicht gar verdrängt oder als uninteressant bewertet. Man vergleiche nur, was wenig später dann von den Römern geleistet worden ist. Auf das konkrete, positive Recht soll daher im Nachfolgenden kurz das Augenmerk gelenkt werden.

375 Eingehend *Aristoteles*: Politik, 5. Buch.

376 *Polybios*: Historien, VI, 3–10.

377 So denn auch in *Platons* „Nomoi" und „Politikos", vgl. hierzu *Manuel Knoll*: Platons Konzeption der Mischverfassung in den *Nomoi* und ihr aristokratischer Charakter, in: *Manuel Knoll / Francisco L. Lisi* (Hrsg.): Platons Nomoi. Die politische Herrschaft von Vernunft und Gesetz, Baden-Baden 2017, S. 23 ff.

VII. Der Begriff des Rechtes

Zuvor jedoch einige wenige Worte zum Begriff des Rechtes bei den Griechen.[378] Es fällt auf, daß das Griechische Recht nicht zu einem Begriff des Rechtes jedenfalls in dem Sinne gefunden hat, wie der Begriff heute verwendet wird: Es gibt kein griechisches Wort für „Recht" im *objektiven* Sinne als dem Inbegriff aller geltenden Rechtsnormen, als „Rechtsordnung". „Die Griechen haben niemals ein Wort entwickelt, das die Gesamtheit des geltenden Rechts bezeichnet, sondern sprechen nur in der Mehrzahl von Gesetzen."[379] Verwendung findet nur das Wort „nomos" (νομος) oder in der Mehrzahl „nomoi" (νομοι) und daneben „thesmos" (θεσμος), „thesmoi" (θεσμοι). Dabei bleibt der Begriffsinhalt schillernd. Zumeist sind die in einer Polis aktuell geltenden „Gesetze" gemeint, die als positives Recht verabschiedet worden sind, teils als allgemeine Gesetzesregeln, aber auch als mythisch überlieferte, gottgesetzte Normen, teils wird „nomos" als übergeordnetes Prinzip gegenüber dem thesmos, der kontingent gesetzten Übereinkunft, verstanden.[380]

Daneben steht der Begriff der „dike" (δικη) als einer gerichtlichen Klage, die insoweit formgebunden ist, aber noch nicht als *subjektives* Recht einer Person im heutigen Sinne verstanden werden kann.

---

378 zu Folgendem grundsätzlich *Hans Julius Wolff*: Vorgeschichte und Entstehung des Rechtsbegriffs im frühen Griechenland, in: *Wolfgang Fikentscher / Herbert Franke / Oskar Köhler* (Hrsg.): Entstehung und Wandel rechtlicher Traditionen, Freiburg – München 1980, S. 557 ff.; *Kurt Latte*: Der Rechtsgedanke im archaischen Griechenland, in: ders.: Kleine Schriften zu Religion, Recht, Literatur und Sprache der Griechen und Römer, München 1968, S. 233 ff.; *Ernst-Wolfgang Böckenförde*: Geschichte der Rechts- und Staatsphilosophie, 2. Auflage, Tübingen 2006, S. 20 ff.: „Die Polis und ihre Nomoi".

379 *Kurt Latte*: Der Rechtsgedanke im archaischen Griechenland, in: ders.: Kleine Schriften zu Religion, Recht, Literatur und Sprache der Griechen und Römer, München 1968, S. 233.

380 zum „Gesetz" in der Antike vgl. auch *Numa Denis Fustel de Coulanges*: Der antike Staat. Kult, Recht und Institutionen Griechenlands und Roms, München 1988, S. 252 ff.
Zum Auseinandertreten von νομος und θεσμος infolge der Verschriftlichung des Rechts *Thomas Vesting*: Die Medien des Rechts: Schrift, Weilerswist 2011, S. 109.

Man erinnere sich auch an die ersten Verse der Odyssee, in denen es heißt „και νοον εγνω“ mit der charakteristischen Textvariation „και νομον εγνω“: die Begriffe „νοος“ – Sinnesart – und „νομος“ -Lebensordnung – liegen so nahe beisammen, daß beide Überlieferungen gleichermaßen plausibel sind und etwa die deutschen Übersetzungen mit „Sitte“,[381] „Sinnesart“,[382] „Wesen“[383] den Unterschied gar nicht mehr hervortreten lassen.

VIII. Elemente des Zivilrechts

Wenden wir den Blick auf konkrete Inhalte des Zivilrechts, sofern diese in der Überlieferung faßbar sind.[384] Gegenstandsbereiche des Zivilrechts sind das Familienrecht, das Erbrecht, das Recht der wirtschaftlichen Beziehungen wie Tausch, Kauf, Werk, Eigentum oder Dienstleistung. Diese Unterscheidungen sind in der Natur der Sache begründet und spiegeln das zivile Leben der Menschen. Spezifisch griechisch sind diese Rechtsmaterien als solche nicht.

Die athenische Rechtsordnung, sofern man von einer solchen sprechen kann, kannte die Rechtsfähigkeit der Athener im Sinne von Vermögensfähigkeit, die auch den Frauen zukam, den Sklaven und den Metöken allerdings fehlte. Die Geschäftsfähigkeit, also verantwortlich durch

381 so die eingeführte Übersetzung von *Johann Heinrich Voß*.

382 *Schadewaldt* in: *Homer*: Die Odyssee. Übersetzt in deutsche Prosa von *Wolfgang Schadewaldt*, Hamburg 1958, S. 7.

383 *Hampe* in: *Homer*: Odyssee. Übersetzung, Nachwort und Register von *Roland Hampe*, Stuttgart 1979, S. 3.

384 zum Nachfolgenden *Uwe Wesel*: Geschichte des Rechts, 4. Auflage, München 2014, S. 134 ff.; *Gerhard Thür*: Recht im antiken Griechenland, in: *Ulrich Manthe* (Hrsg.): Die Rechtskulturen der Antike. Vom Alten Orient bis zum Römischen Reich, München 2003, S. 191 ff. (226 ff.); *Hans Julius Wolff*: Griechisches Recht, in: Lexikon der Alten Welt, Band 3, Zürich – München 1990, Sp. 2522–2527; *Hermann Ferdinand Hitzig*: Die Bedeutung des altgriechischen Rechtes für die vergleichende Rechtswissenschaft, in: *Erich Berneker* (Hrsg.): Zur Griechische Rechtsgeschichte, Darmstadt 1968, S. 121 ff.; kurz auch *Wolfgang Schuller*: Griechische Geschichte, 5. Aufl., München 2002, S. 92 f.

eigenes Handeln am Rechtsleben teilzuhaben, war auf die Männer beschränkt.

Es gab das Eigentum an Sachen und an Grundstücken, wobei ein genauer Eigentumsbegriff nicht ausgebildet war. Über das Eigentum konnte durch Verkauf verfügt werden, wobei wiederum zwischen dem Vertrag als solchem und der Eigentumsübertragung als solcher nicht unterschieden wurde; es ist davon auszugehen, daß der Eigentumsübergang die Zahlung des Kaufpreises voraussetzte. Der Verkauf von Grundstücken erforderte eine Publizität: Er mußte öffentlich bekanntgemacht werden. Grundstücke unterlagen einer sozialen Eigentumsbindung: Ölbäume durften – bis auf zwei im Jahr – nicht abgeholzt werden, es gab für Baumpflanzungen Abstandsgrenzen. Die Nutzung des Wassers mußte unter bestimmten Voraussetzungen auch dem Nachbarn gestattet werden. Derartige Regelungen sind Ausdruck einer elementaren Wirtschaft und Bedingung für das Leben im engen Raum der Polis.

In der klassischen Zeit hatte sich eine Geldwirtschaft mit einem Finanz- und Bankwesen entwickelt.[385] Es gab Darlehen, Kauf, Bürgschaft und Pfand, insbesondere auch Grundpfandrechte,[386] Miete und Pacht. Eine entsprechende Entwicklung von *abstrakten Vertragstypen* aber fehlt. Andererseits ist das Problem von Willensmängeln im Vertragsrecht erkannt,[387] der gerichtliche Vergleich erfunden[388] und der *Konsens* als konstituierendes Merkmal des Vertrages entwickelt worden.[389]

385 vgl. hierzu *R. J. Hopper*: Handel und Industrie im klassischen Griechenland, München 1982, S. 139 ff.

386 insbesondere hierzu *Moses I. Finley*: Mehrfache Belastung von Grundstückseigentum im attischen Recht, in: *Erich Berneker* (Hrsg.): Zur Griechischen Rechtsgeschichte, Darmstadt 1968, S. 534 ff.

387 *Georgios S. Simonetos*: Die Willensmängel in den Rechtsgeschäften nach altgriechischem Recht, in: *Erich Berneker* (Hrsg.): Zur griechischen Rechtsgeschichte, Darmstadt 1968, S. 455 ff.

388 *Artur Steinwenter*: Die Streitbeendigung durch Vergleich, in: *Erich Berneker* (Hrsg.): Zur griechischen Rechtsgeschichte, Darmstadt 1968, S. 434 ff.

389 *Hans Julis Wolff*: Die Grundlagen des griechischen Vertragsrechtes, in: *Erich Berneker* (Hrsg.): Zur griechischen Rechtsgeschichte, Darmstadt 1968, S. 483 ff.

Insgesamt gilt für die Fälle der Vertragsverletzung oder Nichterfüllung generell ein *Schadensersatzrecht*, nicht etwa ein einklagbarer Anspruch auf Erfüllung. Die Haftung war insoweit eine *deliktische*, um den heutigen Begriff zu gebrauchen. Für diese Haftung gab es eine „δικη", die beim Volksgericht eingebracht werden konnte. Es bleibt aber der „Befund, dass die Griechen den Vertrag als juristisches Gebilde vom Delikt noch nicht unterschieden haben. So ist es immer in unterentwickelten Rechten. Überall ist der Vertrag juristisch aus dem Delikt entstanden. Die Griechen sind da keine Ausnahme."[390]

Besondere Bedeutung hat allerdings das *Vereinsrecht* der Griechen erlangt. Im Hinblick hierauf liest man bei *Hermann Bengtson*: „Durch das Medium des attischen Rechts im 1. Seebund haben Solons Gesetze geradezu Weltgeltung erlangt, im hellenistischen und im römischen Recht leben sie fort, die Bestimmungen über das Vereinsrecht haben durch die justinianische Kodifikation (Digesten XLVII 22,4) und durch die Rezeption des römischen Rechts im Mittelalter sogar Eingang in das Recht des modernen Europa gefunden."[391] Ob dies allerdings mit solcher Bestimmtheit ausgesagt werden kann, mag hier aber dahinstehen.

Im *Familienrecht* war die *Eheschließung* ein formaler Akt zwischen dem Ehemann und dem Vater der Ehefrau.[392] Die Mitgift wurde Eigentum des Ehemannes. Nur er konnte auch die Scheidung einreichen; diese war durch Erklärung gegenüber dem Archonten formgebunden und von Gründen abhängig. Nach der Scheidung durfte der Vater der Frau die Mitgift zurückverlangen und war der Ehemann zu Unterhaltszahlungen verpflichtet.

390 *Uwe Wesel*: Geschichte des Rechts, 4. Auflage, München 2014, S. 134 ff.; Vgl. auch *Hans Julius Wolff*: Die Grundlagen des griechischen Vertragsrechtes, in: *Erich Berneker* (Hrsg.): Zur Griechischen Rechtsgeschichte, Darmstadt 1968, S. 483 ff.

391 *Hermann Bengtson*: Griechische Geschichte. Von den Anfängen bis in die Römische Kaiserzeit, 3. Auflage, München 1974, S. 99.

392 insbesondere hierzu *Hans Julius Wolff*: Die Grundlagen des griechischen Eherechts, in: *Erich Berneker* (Hrsg.): Zur Griechischen Rechtsgeschichte, Darmstadt 1968, S. 620 ff.

Das *Erbrecht* beschränkte sich auf die Söhne des Erblassers. Es gab kein Testament, nur ein gesetzliches Erbrecht, das nicht abgeändert werden konnte. Erst in spätere Zeit wurde die Testierfreiheit für den Fall fehlender gesetzlicher Erben eingeführt. Fehlen ansonsten gesetzliche Erben, gilt eine komplizierte Rechtsnachfolge durch Töchter oder Verwandte.

Die Rechte der Frauen waren somit, wie auch im politischen Leben, kaum ausgeprägt. Dazu bedurfte es erst spätere Entwicklungen.

Was es gab, war die *Adoption* als Annahme an Kindes Statt: Immerhin eine recht abstrakte Rechtskonstruktion, die aber offenbar praktischen Bedürfnissen und zutiefst humanen Vorstellungen entsprach.

IX. Dichtung

Wer nun den Blick auf das Zivilrecht als spröde oder sprichwörtlich trocken empfunden haben sollte, den mag jetzt die Dichtung trösten, eine Dichtung, in der griechisches Rechtsdenken in einzigartiger und epochemachender Weise zum Ausdruck kommt, nicht als rechtswissenschaftliche Dogmatik, vielmehr als Darstellung der Grundformen menschlicher Existenz.

1. Aischylos

Von den Tragödie des *Aischylos* (525–456 vor Christus) führt der dritte Teil der „Orestie", die „Eumeniden",[393] eine wichtige historische Trennungslinie vor Augen: Den Übergang von der privaten Blutrache auf ein gerichtliches Verfahren. Die Verfolgung des Muttermörders Orest durch die Erynnien, die Rachedämonen, euphemistisch Eumeniden genannt, endet nicht mit einer blutigen Vergeltungstat, sondern vor

393 greifbare Textausgabe: *Aischylos*: Tragödien und Fragmente. Herausgegeben und übersetzt von Oskar Werner, 2. Auflage, München 1969; auch *Aischylos*: Die Eumeniden. Deutsch von Karl Otfried Müller, in: ders., Die Tragödien, Frankfurt am Main – Hamburg 1961, S. 209 ff. (= Exempla Classica Band 30).

dem Areopag, dem die Göttin Athene als Allegorie der Stadt Athen vorsitzt und der die Bürgerschaft repräsentiert. Hier wird die archaische Blutrache der Verfolger durch ein objektives Verfahren jenseits der Beteiligten ersetzt. Ein geordnetes Verfahren, Gleichheit der Parteien im Verfahren, Rechtliches Gehör und Verteidigung, Unabhängigkeit und Unparteilichkeit der Richter: hier ist das rechtlich gestaltete Gerichtsverfahren durch eine staatliche Instanz grundgelegt. Dieser Übergang ist ein historischer Epochenwandel.[394] „Die Menschheit ist in ein neues Stadium der Entwicklung übergetreten, wo sie sich ohne das materielle Eingreifen der göttlichen Personen erhalten kann: sie kann es freilich nur, indem sie den ewigen sittlichen Mächten, die bisher von außen gewaltsam eingriffen, in sich eine bleibende Stätte bereitet. Der Mensch ist frei geworden: seine Freiheit benutzt er dazu, durch den gemeinsamen Willen zum Guten eine Gesellschaftsordnung zu schaffen, der sich der Einzelne unbeschadet seiner Freiheit unterwirft. Diese Ordnung ist der Staat; er genügt, aber genügt nur, weil und so lange er ein Organ der Sittlichkeit und der Freiheit zugleich ist."[395] Und in der Tat auch das: die Prozeß-Szene der „Eumeniden" ist „eine wichtige Quelle der Kenntnis des attischen Strafprozeßrechts".[396] Die Tragödie macht die Änderung, die zur Zeit ihrer Entstehung und Aufführung historisch bereits vollzogen ist oder zumindest in Vollziehung begriffen war, noch einmal bewußt,[397] ist sogar ein politisches Mani-

---

394 hierzu insbesondere *Christian Meier*: Die Entstehung des Politischen bei den Griechen, Frankfurt am Main 1983, S. 144 ff.

395 *Ulrich von Wilamowitz-Moellendorff* in: Griechische Tragoedien. Übersetzt von Ulrich von Wilamowitz-Moellendorff, Zweiter Band. Orestie, 7. Auflage, Berlin 1913, S. 247

396 *Albrecht Dihle*: Griechische Literaturgeschichte, Stuttgart 1967, S. 144.
Albrecht Dihle war Referent in der „Lebendigen Antike" am 25. Mai 1966 und am 20. November 1996, vgl. *Frank Hennecke / Friedrich Kuntz* (Hrsg.): Lebendige Antike Ludwigshafen. Einführungstexte 1954–2014, Ludwigshafen am Rhein 2015, S. 68 und 163.

397 zu historischen und literaturgeschichtlichen Einordnung der „Eumeniden" vgl. *Albin Lesky*: Die Griechische Tragödie, 4. Auflage, Stuttgart 1968, S. 112 f.
Albin Lesky war Referent in der „Lebendigen Antike" am 10. November 1965, vgl. *Frank Hennecke / Friedrich Kuntz (Hrsg.)*: Lebendige Antike Ludwigshafen. Einführungstexte 1954–2014, Ludwigshafen am Rhein 2015, S. 65.

fest des Aischylos selbst.[398] Ob man schon von der „Geburtsstunde der „Demokratie“ und nicht nur der Staatlichkeit sprechen kann, wird *Hellmut Flashar* in der „Lebendigen Antike“ am 5. Dezember 2018 vortragen.[399]

2. Sophokles

Unter der Dichtung steht kein Werk so sehr für den tragischen Konflikt einander entgegenstehender Rechtsnormen wie die „Antigone“ des *Sophokles* (497/496 – 406/405 vor Christus).[400] Die Ausdeutungen in der Rezeptions- und Aufführungsgeschichte sind unübersehbar.[401] „Sie gilt als die spezifische ‚Rechtstragödie‘ des Sophokles.“[402] Diese

---

398 *Joachim Latacz*: Einführung in die griechische Tragödie, 2. Aufl., Göttingen 2003, S. 130.

399 *Hellmut Flashar*: Die Orestie des Aischylos – Geburtsstunde der Demokratie“, Vortrag in der „Lebendigen Antike Ludwigshafen“ am 5. Dezember 2018. In dem Einladungsfaltblatt zu dem Vortrag heißt es: „Die Orestie des Aischylos, die einzige vollständig erhaltene Trilogie von drei Tragödien, ist die erste poetische Gestaltung von Rechtsstaatlichkeit und Demokratie und damit der Überwindung von blinder Rache und Vergeltung. Sie steht wegen ihrer ungebrochenen Aktualität bis heute auf dem Spielplan unserer Theater.“

400 greifbare Textausgabe: *Sophokles*: Tragödien und Fragmente. Griechisch und deutsch, herausgegeben und übersetzt von Wilhelm Willige, überarbeitet von Karl Bayer, München 1966.
Der deutsche Wortgebrauch für die griechischen Begriffe im vorliegenden Text folgt dieser Übersetzung.
Siehe auch *Sophokles:* Antigone. Griechisch / Deutsch. Übersetzt und herausgegeben von Norbert Zink, Stuttgart 1981; *Sophokles*: Antigone. Übersetzt und eingeleitet von Karl Reinhardt, 6. Auflage, Göttingen 1982; *Sophokles*: Oedipus. Antigone. Deutsch von Friedrich Hölderlin. Eingeleitet von Wolfgang Schadewaldt, Frankfurt am Main – Hamburg 1957; *Sophokles:* Die Tragödien. Mit einem Nachwort von Wolfgang Schadewaldt, Frankfurt am Main – Hamburg 1963 (= Exempla Classica Band 81).

401 vgl. etwa die Hinweise bei *Albin Lesky*: Die griechische Tragödie, 4. Aufl., Stuttgart 1968, S. 137 ff.; ausführlich *Joachim Latacz*: Einführung in die griechische Tragödie, 2. Aufl., Göttingen 2003, S, 202 f.; Vgl. auch die monographische Abhandlung von Erik Wolf, in: *Erik Wolf*: Griechisches Rechtsdenken, Band II, Frankfurt am Main 1952, S. 248–280.
Die entlegene Schrift von *Hermann Funke*: Die sogenannte tragische Schuld. Studie zur Rechtsidee in der griechischen Tragödie, Dss. Köln 1963, hat hier nicht berücksichtigt werden können.

402 *Erik Wolf*: Griechisches Rechtsdenken, Band II, Frankfurt am Main 1952, S. 248.

bestürzende Tragödie bezieht ihre Gewalt aus einem prinzipiellen Widerspruch, der je und je in der Geschichte immer wieder aufbrechen kann: dem Widerspruch der *postivrechtlichen* Geltungsanordnung in einem Gemeinwesen zu einer *übergesetzlichen* Norm. Wer in diesen Widerspruch hineingerät, verliert entweder sein Gewissen als seine innerste Identität oder verliert als Märtyrer sein Leben. Dabei ist der Normwiderspruch nicht immer in der Weise evident und prinzipiell lösbar, indem die positive Geltungsanordnung ohne weites als *Unrecht zu bewerten*, die übergesetzliche Norm als *allgemeingültig zu erkennen* wäre. Hier liegt das Grundproblem des Naturrechtes, der in moderner Sprache sogenannte Widerspruch von Legalität und Legitimität,[403] der Gegensatz von öffentlicher Norm und individuellem Gewissen. „Aber das hat Sophokles eben erkannt: daß wir als *Menschen*, die wir sind, uns des ‚höheren' Rechtes nie *so* sicher sein können, daß wir darum anmaßend werden und auf der alleinigen Richtigkeit unserer vermeintlich ‚höheren' Erkenntnis eifernd oder gar fanatisch beharren dürften."[404] Oder auch: „Sophokles wußte offenbar, daß es eindeutig richtiges Handeln im realen Leben kaum gibt und daher auch nicht auf der Bühne als möglich suggeriert werden sollte."[405]

Tyrannis auf der einen Seite, Anarchie auf der anderen Seite sind die antagonistischen Pole. Antigone geht den Weg des Martyriums, Sokrates hingegen bekräftigt die positive Rechtsordnung. Die „Antigone" erzeugt bleibende Unruhe: auch dies ein Erbe griechischen Rechtsdenkens.

Die hier vorgetragene Deutung orientiert sich an der Interpretation von *Georg Wilhelm Friedrich Hegel*, ohne diese aber ganz zu übernehmen. Er ist es, der den Normwiderspruch als das Essentiale der Tragödie herausarbeitet: „Alles in dieser Tragödie ist konsequent; das

403 hierüber ist seinerzeit in der „Lebendigen Antike" gesprochen worden, *Frank Hennecke*: Politische Antike: Carl Schmitt, 3. Aufl., Ludwigshafen am Rhein 2017, S. 33 f.

404 *Joachim Latacz*: Einführung in die griechische Tragödie, 2. Aufl., Göttingen 2003, S. 213.

405 *Gustav Adolf Seeck*: Die griechische Tragödie, Stuttgart 2017, S. 109.

öffentliche Gesetz des Staats und die innere Familienliebe und Pflicht gegen den Bruder stehen einander streitend gegenüber, das Familieninteresse hat das Weib, Antigone, die Wohlfahrt des Gemeinwesens, Kreon, der Mann zum Pathos."[406]. *Lesky*[407] und *Paulsen*[408] weisen hierauf hin. Hegel setzt die Norm der Norm *gleichwertig* gegenüber und sieht hierin den tragischen Widerspruch. Näher liegt aber, eine *Hierarchie* der Normen anzunehmen, einerseits die öffentliche, ausdrücklich veröffentlichte und allgemeine erkennbare Norm des Staates, andererseits die höhere, aber nur im individuelle Gewissen erkennbare und erfahrene Norm: Hierin liegt die Brisanz des Konfliktes, und in diesem Konflikt ereignet sich das Tragische. Eine andere Interpretation freilich, die sich ausdrücklich gegen Hegel richtet, hält die „Theorie von den gegeneinanderfahrenden, gleichberechtigten Werten" für eine „Fehldeutung",[409] deutet die „Antigone" gar als das erste Widerstandsstück „der Weltliteratur zutreffend und die Titelheldin mit Grund zu einer Symbolfigur für den Widerstand eines Einzelnen gegen staatliche Willkürakte."[410] Diese Deutung mag im Text Anhaltspunkte finden, verkürzt aber den Konflikt um eine ganze Dimension: Das genuin Tragische und damit eine Essenz der Tragödie als unauflösbarem Widerspruch geht dabei verloren. Die „Antigone" entfiele dann wohl als „Rechtstragödie"...

Es gibt in der Literatur ein hübsches Gedankenspiel: „Vielleicht hat Sophokles, als er sein Stück schrieb, einmal mit Sokrates darüber diskutiert, ob sich ein Bürger von einzelnen Gesetzen distanzieren darf, wenn er im übrigen den Schutz des Staates in Anspruch nimmt. Dabei könnte auch über das Gute als Maßstab, wie es Sokrates vertrat,

406 *Georg Wilhelm Friedrich Hegel*: Werke in zwanzig Bänden, Band 14: Vorlesungen über die Ästhetik II, Frankfurt am Main 1970, II, 2, 1 S. 60.

407 *Albin Lesky*: Die griechische Tragödie, 4. Aufl., Stuttgart 1968, S. 141.

408 *Thomas Paulsen*: Geschichte der griechischen Literatur, Stuttgart 2004, S. 122.

409 *Albin Lesky*: Geschichte der Griechischen Literatur, Bern 1957/58, S. 261; siehe auch ders.: Die griechische Tragödie, 4. Aufl., Stuttgart 1968, S. 141/142.

410 *Thomas Paulsen*: Geschichte der griechischen Literatur, Stuttgart 2004, S. 122; so auch *Joachim Latacz*: Einführung in die griechische Tragödie, 2. Aufl., Göttingen 2003, S. 202; *Gustav Adolf Seeck*: Die griechische Tragödie, Stuttgart 2017, S. 108.

gesprochen worden sein. Sophokles könnte vielleicht am Beispiel Antigones und Kreons vor ethischem Rigorismus gewarnt haben. Man wüßte gern, was Sokrates darauf geantwortet hätte."[411]

Vielleicht ist das auch ein Fingerzeig auf den ethischen Rigorismus, der derzeit in Politik und Gesellschaft um sich greift.

Der Text belegt im übrigen, wie vieldeutig und schillernd der Rechts- und Gesetzesbegriff im Griechischen geblieben ist: Hier wird nicht einfach ein übergesetzlicher „nomos" (νομος) einem autoritären „thesmos" (θεσμος) entgegengesetzt; das Wort „nomos" bezeichnet sowohl das göttliche Gesetz, das die Bestattung des Toten gebietet,[412] als auch in gleicher Weise allgemein den Begriff der „Satzung" des Gemeinwesens,[413] aber auch den Befehl des Kreon, sogar in der Mehrzahl.[414] Für den Befehl des Kreon steht zum anderen aber auch das „verkündete Gebot" – κηρυχθεντα –[415], die „Verlautbarung", während das göttliche Recht, das unverbrüchlich gilt, außerdem mit dem Wort „δικη"[416] oder auch mit dem Neutrum-Plural „νομιμα"[417] bezeichnet wird. „Recht" heißt an anderer Stelle „δικαια"[418], „δικη"[419] oder gar „τιμας θεων"[420] – „Auflagen der Götter", „Götterrecht". In einem der Chorlieder steht „νομος" sogar für das unausweichliche Schicksal.[421] Die „Antigone" ist kein Lehrbuch der Rechtstheorie und vielleicht auch gerade deswegen eine der größten Tragödien der Literaturgeschichte.

411 *Gustav Adolf Seeck*: Die griechische Tragödie, Stuttgart 2017, S. 109.
412 Antigone, Vers 24; dort übrigens synonym gebraucht zu „δικαιαι".
413 Antigone, Verse 213, 287, 481.
414 Antigone, Verse 449, 452 und 663: „νομους".
415 Antigone, Vers 447.
416 Antigone, Vers 921.
417 Antigone, Verse 454/455: „αγραπτα νομιμα".
418 Antigone, Vers 743.
419 Antigone, Vers 1270.
420 Antigone, Vers 475.
421 Antigone, Vers 613.

3. Aristophanes

Satirisch überzeichnete, aber auf der Alltagsrealität basierende Fragmente griechischer Rechtskultur finden sich in den Komödien des *Aristophanes* (ca. 450–380 vor Christus).[422] Hierauf kann hier nicht näher eingegangen werden. Bemerkenswert bleibt die Hervorhebung von *Erik Wolf*, die Spiele des Aristophanes würden mit dem Satz „τα δικαια λεγειν" umschrieben; umgekehrt werde kein „ανηρ αδικος, ανομος, απολις" gelobt[423]: die Komödie bestätigt gerade die Tugenden eines anständigen Bürgers der Polis.[424]

X. Zum Fortleben Griechischen Rechts jenseits der westlich-lateinischen Tradition

Wir kommen zum Schluß. Es bliebe festzustellen, ob, in welchem Umfang und mit welchem Gehalt Griechisches Recht in eine Traditionslinie jenseits der westlich-lateinischen Tradition eingegangen ist. Der lateinische Westen selbst wird bekanntlich vom Römischen Recht bestimmt. Ein Fortleben gab es gewiß im byzantinischen Staat, der immerhin bis 1453 bestand.[425] Die Rechtsgeschichte im Oströmischen

---

422 greifbare Textausgabe: *Aristophanes*: Komödien, 3 Bde., Übersetzt von Ludwig Seeger. Eingeleitet von Otto Seel, München o. J.

423 *Erik Wolf*: Griechisches Rechtsdenken, Band III,1, Frankfurt am Main 1954, S. 199.

424 zur Behandlung von Rechtsfragen in der griechischen Komödie vgl. jüngst *Heinz-Günther Nesselrath / Johannes Platschek* (Hrsg.): Menschen und Recht. Fallstudien zu Rechtsfragen und ihrer Bedeutung in der griechischen und römischen Komödie, Tübingen 2018.

425 zum byzantinischen Recht und dessen Fortleben grundlegend *D. Karl Eduard Zachariä von Lingenthal*: Geschichte des Griechisch-Römischen Rechts, vermehrter Neudruck der dritten Auflage, Aalen 1955. Vgl. auch *Uwe Wesel*: Geschichte des Rechts. Von den Frühformen bis zur Gegenwart, 4. Aufl., München 2014, S. 245 ff.; *Erwin Seidl*: Römische Rechtsgeschichte und römisches Zivilprozeßrecht, 3. Aufl., Köln. a. 1971, S. 120 ff.; *Peter E. Pieler*: Entstehung und Wandel rechtlicher Traditionen in Byzanz, in: *Wolfgang Fikentscher / Herbert Franke / Oskar Köhler* (Hrsg.): Entstehung und Wandel rechtlicher Traditionen, Freiburg – München 1980, S. 669 ff.

Reich hat jedenfalls mit Justinian nicht geendet; es gab Gesetzgebung und später sogar eine „Epoche der Rechtskodifikation"[426] im 9. Jahrhundert. Der Frage, wieweit in den byzantinisch beinflußten, zum Großteil slawischen Nachfolgestaaten Osteuropas eine Nachwirkung griechischen Rechtes beobachtet werden kann, kann der vorliegende Beitrag allerdings nicht mehr nachgehen.[427]

Auf ein Fortleben im Kirchenrecht der Ostkirchen ist bereits hingewiesen worden.[428]

Eine besondere Tradition ist durch das hellenistisch geprägte Ptolemäische Recht[429] im *Koptischen Recht* begründet worden.[430] Diese Rechtstradition bestand im christlichen Ägypten jahrhundertelang, bevor der Islam den christlichen Osten und Süden überwältigte.

Zum byzantinischen Staatsrecht etwa *Norman H. Baynes / Henry St. L.B. Moss*: Byzanz. Geschichte und Kultur des Oströmischen Reiches, München 1964, S. 332 ff.

426 *Georg Ostrogorsky*: Geschichte des byzantinischen Staates, München 1963, S. 188 ff.

427 hierzu etwa *D. Karl Eduard Zachariä von Lingenthal*: Geschichte des Griechisch-Römischen Rechts, vermehrter Neudruck der dritten Auflage, Aalen 1955, passim.

428 zum Kirchenrecht der Ostkirchen *Friedrich Heiler*: Die Ostkirchen, München – Basel 1971, S. 89 ff.; *Panagiotis Boumis*: Das Kirchenrecht der Orthodoxen Kirche, in: *Wilhelm Nyssen / Hans-Joachim Schulz / Paul Wiertz* (Hrsg.): Handbuch der Ostkirchenkunde, Band III, Düsseldorf 1997, S. 145 ff.; *Ernst Benz*: Geist und Leben der Ostkirche, Hamburg 1957, S. 59 ff.
Zu den Sonderfällen der altorientalischen Kirchen vgl. *Walter Selb*: Orientalisches Kirchenrecht, Band I. Die Geschichte des Kirchenrechts der Nestorianer, Wien 1981; ders.: Orientalisches Kirchenrecht, Band II. Die Geschichte des Kirchenrechts der Westsyrer, Wien 1989.

429 hierzu *Hans Julius Wolff*: Ptolemäisches Recht, in: Lexikon der Alten Welt, Band 3, Zürich – München 1990, Sp. 2530–2532.

430 Vgl. hierzu die Ausgabe von Quellen des Koptischen Rechts von *Walter E. Crum / Georg Steindorff*: Koptische Rechtsurkunden des achten Jahrhunderts aus Djeme (Theben). Unveränderter fotomechanischer Nachdruck der Originalausgabe 1912 durch eine Einleitung in englischer Sprache ergänzt von A. Arthur Schiller (New York), Leipzig 1971.

XI. Zum Fortwirken Griechischen Rechts in der Gegenwart

Wir kommen in der Gegenwart Westeuropas an. Gilt Griechisches Recht fort, wie Römisches Recht fortgilt?

Zum einen wird man die Frage verneinen müssen. Eine in unmittelbarer Traditionslinie stehende Fortgeltung läßt sich nicht feststellen. Hier hat das Römische Recht dominiert. Das mittelalterliche „Graeca non leguntur“ hat jedenfalls tabula rasa geschaffen. Aber es ist ein Vorbehalt zu machen: Es ist nicht auszuschließen, daß Inhalte, die als römisch-rechtlich einherkommen, ihrerseits griechisch beeinflußt sind. Sollte nicht der enge Kulturkontakt der Römer mit den Griechen in der Antike, der etwa für die Literatur oder die Philosophie so ungeheuer fruchtbar war, nicht auch Elemente des Rechtes aufgenommen haben? Gibt es nicht auch von den „Graeca“ Justinians lateinische Übersetzungen? Von einigen Elementen läßt sich dies ahnen, wie etwa vom Darlehens- und Hypothekenwesen, den Willensmängeln und dem Vertrag oder dem Vereinsrecht, wovon bereits die Rede war. Nicht ohne Grund ist die „Hypothek“ ein griechisches Wort. Im übrigen haben neuere Forschungen herausgearbeitet, wie stark die griechische Philosophie auf das römische Privatrecht eingewirkt hat.[431] Es kommt noch etwas Anderes hinzu: Im hellenistischen Recht sind bestimmte Formalia des Rechtes wie Urkunden, Register, Notarfunktionen ausgebildet worden, die in der Spätantike eine Rolle gespielt und die Rechtspraxis auch des Römischen Rechtes im Römischen Weltreich bestimmt haben. Das auch heute gebräuchliche Formerfordernis bestimmter

431 *Okko Behrends*: Institut und Prinzip. Siedlungsgeschichtliche Grundlagen, philosophische Einflüsse und das Fortwirken der beiden republikanischen Konzeptionen in den kaiserzeitlichen Rechtsschulen. Ausgewählte Aufsätze. Herausgegeben von Martin Avenarius, Rudolf Meyer-Pritzl und Cosima Möller, 2 Bände, Göttingen 2004.
Hierauf hat Professor Dr. iur. *Ralph Backhaus* am 4. Mai 2018 in Heidelberg auf der Festveranstaltung „Geschichtliche Rechtswissenschaft. 100 Jahre Heidelberger Institut (1918–2018)“ in seinem Vortrag „Rechtsromanistik in Heidelberg“ aufmerksam gemacht, in: *Christian Baldus / Christian Hattenhauer / Klaus-Peter Schroeder* (Hrsg.): Geschichtliche Rechtswissenschaft. 100 Jahre Heidelberger Institut (1918–2018), Heidelberg 2018, S. 96.

Rechtsgeschäfte hat hier eine seiner sachlichen und historischen Wurzeln.

In einem anderen Sinne aber kann eine Fortwirkung griechischen Rechtes bis in die Gegenwart festgestellt werden, jedenfalls dann, wenn man griechisches Rechtsdenken und griechisches Staatsrecht mit hereinnimmt.

Es ist ein Gemeinplatz, daß die Griechen die Demokratie erfunden haben. Aber die Selbstverständlichkeit der heutigen demokratischen Staatsform wäre ohne das griechische Vorbild undenkbar. Das griechische Wort „Demokratie" steht für diesen Jahrtausende übergreifenden Zusammenhang. Es darf hinzugefügt werden, daß die griechische Theorie von der gemischten Verfassung auch im gegenwärtigen demokratischen Rechtsstaat einen Ausdruck gefunden hat: es gibt im Bundespräsidenten den einen einzigen Repräsentanten des Gesamtstaates, der insoweit – und freilich auch nur insoweit – einem Monarchen vergleichbar ist. Der Parlamentarismus, jedenfalls seiner Idee nach, und mit ihm das Prinzip der Repräsentation haben ebenso wie die Verfassungsgerichtsbarkeit aristokratische Züge.

Nicht zuletzt lebt griechisches Rechts- und Staatsdenken in der Sprache fort: Zahlreiche Wörter des politischen Lebens sind griechischen Ursprungs, gar griechische Fremdwörter im Deutschen: die Typologie der Staatsformen wie Demokratie, Monarchie, Oligarchie, Tyrannei sind griechischer Herkunft, wie denn auch die Wörter Politik, Polizei und Technokratie. „Unser tägliches Griechisch"[432] ist die Sprache des politischen Lebens.

Was wohl am tiefsten auf die Geschichte und die politische Gegenwart eingewirkt hat, war die griechische Rechts- und Staatsphilosophie. „Im Vergleich zum Römischen, wo das Interesse für das Klassische Privatrecht und für positiv-rechtliche Details ausgeprägter war, ist mehr griechisch … die Hinwendung zur Gesamtordnung des Gemeinwesens

432 *Bernhard Kytzler / Lutz Redemund / Nikolaus Eberl / Elke Steinmeyer*: Unser tägliches Griechisch. Lexikon des altgriechischen Spracherwerbs, Mainz 2007.

und zur Regulierung der öffentlichen Gewalt. Es ist eine stärkere Betonung der Grundfragen von Recht und Gerechtigkeit festzustellen."[433] *Die Grundfrage nach dem richtigen Recht und der richtigen Staatsverfassung beschäftigt uns bis heute.* Die Griechen haben die Begriffe und Denkkategorien hierfür geschaffen.[434] Es ist freilich nicht die Gleichheit aller Menschen, die bei den Griechen im Mittelpunkt des Denkens steht; hier war Raum für das Judentum und das Christentum in der Geschichte. Das große Wort aber vom ζωον πολιτικον als der *anthropologischen Grunddisposition* des Menschen steht unvergleichlich einerseits für die Freiheit des Einzelnen in der Welt, die allen externen Gewalten unverfügbar ist, andererseits für die soziale Bindung des Einzelnen, von welcher die Staatlichkeit ausgeht und sich konstituiert, und zwar in elementar demokratischem Sinne *allein* im Unterschied zu dynastischer, autokratischer oder tyrannischer Herrschaft. Eine derart konstituierte Staatlichkeit gewährleistet ihrerseits Freiheit und Recht.

433 *Ulrich Eisenhardt*: Deutsche Rechtsgeschichte, 6. Aufl., München 2013, S. 111.

434 Zu den Grenzen der aristotelischen Wissenschaft von der Politik für das Verständnis des modernen Staates allerdings *Carl Joachim Friedrich*: Der Verfassungsstaat der Neuzeit, Berlin – Göttingen – Heidelberg 1953, S. 2 f.

Schrifttumsverzeichnis

Aischylos: Tragödien und Fragmente. Herausgegeben und übersetzt von Oskar Werner, 2. Auflage, München 1969.

Aischylos: Die Eumeniden. Deutsch von Karl Otfried Müller, in: ders., Die Tragödien, Frankfurt am Main – Hamburg 1961, S. 209 ff. (= Exempla Classica Band 30).

Aristophanes: Komödien, 3 Bde., Übersetzt von Ludwig Seeger. Eingeleitet von Otto Seel, München o. J.

Aristoteles: Der Staat der Athener. Übersetzt und herausgegeben von Martin Dreyer, Stuttgart 1993.

Aristoteles: Die Nikomachische Ethik. Griechisch-deutsch. Übersetzt von Olof Gigon, neu herausgegeben von Rainer Nickel, 2. Aufl., Düsseldorf 2007.

Aristoteles: Politik. Schriften zur Staatstheorie. Übersetzt und herausgegeben von Franz F. Schwarz, Stuttgart 2017.

Baldus, Christian / Hattenhauer, Christian / Schroeder, Klaus-Peter (Hrsg.): Geschichtliche Rechtswissenschaft. 100 Jahre Heidelberger Institut (1918–2018), Heidelberg 2018.

Barta, Heinz: Graeca non leguntur?, 4 Bde., Wiesbaden 2010–2014.

Barta, Heinz: Jurisprudenz und Griechische Klassik, Beiheft zur Zeitschrift „Antike Welt", 4/2020.

Bayer, Erich: Griechische Geschichte, 2. Aufl., Stuttgart 1974.

Baynes, Norman H. / Moss, Henry St. L. B: Byzanz. Geschichte und Kultur des Oströmischen Reiches, München 1964, S. 332 ff.

Behrends, Okko: Institut und Prinzip. Siedlungsgeschichtliche Grundlagen, philosophische Einflüsse und das Fortwirken der beiden republikanischen Konzeptionen in den kaiserzeitlichen Rechtsschulen. Ausgewählte Aufsätze. Herausgegeben von Martin Avenarius, Rudolf Meyer-Pritzl und Cosima Möller, 2 Bände, Göttingen 2004.

Bengtson, Hermann: Griechische Geschichte. Von den Anfängen bis zur Römischen Kaiserzeit, 3. Aufl., München 1974.

Benz, Ernst: Geist und Leben der Ostkirche, Hamburg 1957.

Berneker, Erich (Hrsg.): Zur Griechischen Rechtsgeschichte, Darmstadt 1968.

Berve, Helmut: Griechische Geschichte II: Blütezeit des Griechentums, Basel – Freiburg – Wien 1959.

Bleicken, Jochen: Die athenische Demokratie, 4. Aufl., Paderborn 1986.

Bloch, Ernst: Naturrecht und menschliche Würde, Frankfurt am Main 1961.

Böckenförde, Ernst-Wolfgang: Geschichte der Rechts- und Staatsphilosophie, 2. Aufl., Tübingen 2006.

Büchler, Franz / Zitelmann, Ernst: Das Recht von Gortyn, Frankfurt am Main 1885 (unveränderter Nachdruck Aalen 1960).

Boumis, Panagiotis: Das Kirchenrecht der Orthodoxen Kirche, in: *Wilhelm Nyssen / Hans-Joachim Schulz / Paul Wiertz* (Hrsg.): Handbuch der Ostkirchenkunde, Band III, Düsseldorf 1997.

Bryans, Robin: Kreta, München 1970.

Burckhardt, Leonhardt / Ungern-Sternberg, Jürgen von (Hrsg.): Große Prozesse im antiken Athen, München 2000.

Burkhardt, Jacob: Griechische Kulturgeschichte, Neuausgabe Band 1, München 1977.

Crum, Walter E. / Steindorff, Georg: Koptische Rechtsurkunden des achten Jahrhunderts aus Djeme (Theben). Unveränderter fotomechanischer Nachdruck der Originalausgabe 1912 durch eine Einleitung in englischer Sprache ergänzt von A. Arthur Schiller (New York), Leipzig 1971.

Demandt, Alexander: Sokrates vor dem Volksgericht von Athen 399 v. Chr., in: *Alexander Demandt* (Hrsg.): Macht und Recht. Große Prozesse in der Geschichte, 3. Aufl., München 1991, S. 9 ff.

Demandt, Alexander (Hrsg.): Macht und Recht. Große Prozesse in der Geschichte, 3. Aufl., München 1991.

Der Kleine Pauly. Lexikon der Antike, Bd. 1, München 1979.

Dihle, Albrecht: Griechische Literaturgeschichte, Stuttgart 1967.

Dreher, Martin: Der Ostrakismos, in: *Leonhardt Burkhardt / Jürgen von Ungern-Sternberg* (Hrsg.): Große Prozesse im antiken Athen, München 2000, S. 66 ff.

Eisenhardt, Ulrich: Deutsche Rechtsgeschichte, 6. Aufl., München 2013.

Fikentscher, Wolfgang / Franke, Herbert / Köhler, Oskar (Hrsg.): Entstehung und Wandel rechtlicher Traditionen, Freiburg – München 1980.

Finkenauer, Thomas: Rezension zu Heinz Barta, Graeca non leguntur, in: sehepunkte 12, 2012.

Finley, Moses I: Mehrfach Belastung von Grundstückseigentum im attischen Recht, in: *Erich Berneker* (Hrsg.): Zur Griechischen Rechtsgeschichte, Darmstadt 1968.

Fohrer, Eberhard: Kreta, 21. Aufl., Erlangen 2018.

Forsthoff, Ernst: Recht und Sprache. Prolegomena zu einer richterlichen Hermeneutik, Darmstadt 1964.

Friedrich, Carl Joachim: Der Verfassungsstaat der Neuzeit, Berlin – Göttingen – Heidelberg 1953.

Friedrich, Carl Joachim: Die Politische Wissenschaft, Freiburg – München 1961.

Fuhrmann, Manfred: Die antike Rhetorik. Eine Einführung, 6. Aufl., Mannheim 2011.

Funke, Hermann: Die sogenannte tragische Schuld. Studie zur Rechtsidee in der griechischen Tragödie, Diss. Köln 1963.

Fustel de Coulanges, Numa Denis: Der antike Staat. Kult, Recht und Institutionen Griechenlands und Roms, München 1988, S. 157 ff.

Gernet, Louis: Einführung in das Studium des alten griechischen Rechts, in: *Erich Berneker* (Hrsg.): Zur Griechischen Rechtsgeschichte, Darmstadt 1968, S. 10 f.

Griechische Tragoedien. Übersetzt von Ulrich von Wilamowitz-Moellendorff. Zweiter Band. Orestie, 7. Auflage, Berlin 1913.

Guardini, Romano: Der Tod des Sokrates. Eine Interpretation der platonischen Schriften Euthyphron, Apologie, Kriton und Phaidon, o. O. 1956.

Habermas, Jürgen: Auch eine Geschichte der Philosophie. Band 1, 4. Aufl., Berlin 2020.

Hansen, Mogens Herman: Die Athenische Demokratie im Zeitalter des Demosthenes, Berlin 1995.

Hegel, Georg Wilhelm Friedrich: Werke in zwanzig Bänden, Band 14: Vorlesungen über die Ästhetik II, Frankfurt am Main 1970.

Heiler, Friedrich: Die Ostkirchen, München – Basel 1971.

Hennecke, Frank: Politische Antike: Carl Schmitt, 3. Aufl., Ludwigshafen am Rhein 2017 (= Schriftenreihe des Förderkreises „Lebendige Antike Ludwigshafen am Rhein e. V.“, Band 17).

Hennecke, Frank: Das Römische Recht als Rezeption der Antike – vom Mittelalter bis zur Europäischen Union, 2. Aufl., Ludwigshafen am Rhein 2017 (= Schriftenreihe des Förderkreises „Lebendige Antike Ludwigshafen am Rhein e. V.“, Band 25).

Hennecke, Frank: Kirche und Reich. Das Kanonische Recht als Erbe der Antike, 2. Auflage, Ludwigshafen am Rhein 2018 (= Schriftenreihe des Förderkreises „Lebendige Antike Ludwigshafen am Rhein e. V.“, Band 27).

Hennecke, Frank: Griechisches Recht. Ein verborgenes Erbe der Antike, Ludwigshafen am Rhein 2018 (= Band 29 der Schriftenreihe des Förderkreises Lebendige Antike Ludwigshafen am Rhein e. V.

Hennecke, Frank / Kuntz, Friedrich (Hrsg.): Lebendige Antike Ludwigshafen. Einführungstexte 1954–2014, Ludwigshafen am Rhein 2015.

Hennecke, Frank / Kuntz, Friedrich (Hrsg.): Lebendige Antike. Jahresheft 2015 / 2016 / 2017, Ludwigshafen an am Rhein 2018.

Herzog, Roman: Staaten der Frühzeit. Ursprünge und Herrschaftsformen, München 1988.

Heuß, Alfred: Hellas, in: Propyläen Weltgeschichte, Band III, 1, Frankfurt am Main – Berlin – Wien 1976.

Hitzig, Hermann Ferdinand: Die Bedeutung des altgriechischen Rechtes für die vergleichende Rechtswissenschaft, in: *Erich Berneker* (Hrsg.): Zur Griechischen Rechtsgeschichte, Darmstadt 1968 S. 121 ff.

Homer: Die Odyssee. Übersetzt in deutsche Prosa von Wolfgang Schadewaldt, Hamburg 1958, S. 7.

Homer: Odyssee. Übersetzung, Nachwort und Register von Roland Hampe, Stuttgart 1979.

Hopper, R. J.: Handel und Industrie im klassischen Griechenland, München 1982.

Jäger, Werner: Paideia. Die Formung des griechischen Menschen, Bd. 2, Berlin 1944; Bd. 3, Berlin 1947.

Knoll, Manuel: Platons Konzeption der Mischverfassung in den *Nomoi* und ihr aristokratischer Charakter, in: *Manuel Knoll / Francisco L. Lisi* (Hrsg.): Platons Nomoi. Die politische Herrschaft von Vernunft und Gesetz, Baden-Baden 2017, S. 23 ff.

Knoll, Manuel /. Lisi, Francisco L. (Hrsg.): Platons Nomoi. Die politische Herrschaft von Vernunft und Gesetz, Baden-Baden 2017.

Koch, Christian: Rezension zu Heinz Baeta, Graeca non leguntur?, in: Zeitschrift der Savigny-Stiftung für Rechtsgeschichte. Romanistische Abteilung, 2015, S. 535 f.

Köstler, Rudolf: Die homerische Rechts- und Staatsordnung, in: *Erich Berneker* (Hrsg.): Zur Griechischen Rechtsgeschichte, Darmstadt 1968, S. 172 ff.

Kulturgeschichte des alten Vorderasien, Berlin 1989.

Kytzler, Bernhard / Redemund, Lutz / Eberl, Nikolaus / Steinmeyer, Elke: Unser tägliches Griechisch. Lexikon des altgriechischen Spracherwerbs, Mainz 2007.

Latacz, Joachim: Einführung in die griechische Tragödie, 2. Aufl., Göttingen 2003.

Latte, Kurt: Heiliges Recht. Untersuchungen zur Geschichte der sakralen Rechtsformen in Griechenland, Tübingen 1920.

Latte, Kurt: Kleine Schriften zu Religion, Recht, Literatur und Sprache der Griechen und Römer, München 1968.

Lesky, Albin: Geschichte der Griechischen Literatur, Bern 1957/58.

Lesky, Albin: Die Griechische Tragödie, 4. Auflage, Stuttgart 1968

Lexikon der Alten Welt, Band 3, Zürich – München 1990.

Lingenthal, D. Karl Eduard Zachariä von: Geschichte des Griechisch-Römischen Rechts, vermehrter Neudruck der dritten Auflage, Aalen 1955.

Lipsius, Justus Hermann: Das Attische Recht und Rechtsverfahren, 3 Bde., Leipzig 1905–1915 (=Neudruck in einem Band, Darmstadt 1966).

Manthe, Ulrich (Hrsg.): Die Rechtskulturen der Antike. Vom Alten Orient bis zum Römischen Reich, München 2003.

Meier, Christian: Die Entstehung des Politischen bei den Griechen, Frankfurt am Main 1983.

Meier, Christian: Athen. Ein Neubeginn der Weltgeschichte, Berlin 1993.

Meier, Christian: Ein Anschlag der Demokratie auf die Philosophie? Verurteilung und Tod des Sokrates, in: *Uwe Schultz* (Hrsg.): Große Prozesse. Recht und Gerechtigkeit in der Geschichte, München 1996, S. 21 ff

Meier, Christian: Die unbekannten Athener, Berlin 2021.

Meyer, Eduard: Geschichte des Altertums, 5. Band, 9. Auflage, Essen o. J. (= Neudruck der Ausgabe 1952–1958).

Morkel, Arnd: Der politische Sokrates, Würzburg 2006.

Nesselrath, Heinz-Günther / Platschek, Johannes (Hrsg.): Menschen und Recht. Fallstudien zu Rechtsfragen und ihrer Bedeutung in der griechischen und römischen Komödie, Tübingen 2018.

Nyssen, Wilhelm / Schulz, Hans-Joachim / Wiertz, Paul (Hrsg.): Handbuch der Ostkirchenkunde, Band III, Düsseldorf 1997.

Ostrogorsky, Georg: Geschichte des byzantinischen Staates, München 1963.

Paulsen, Thomas: Geschichte der griechischen Literatur, Stuttgart 2004.

Pieler, Peter E.: Entstehung und Wandel rechtlicher Traditionen in Byzanz, in: *Wolfgang Fikentscher / Herbert Franke / Oskar Köhler* (Hrsg.): Entstehung und Wandel rechtlicher Traditionen, Freiburg – München 1980.

Platon: Sokrates im Gespräch. Vier Dialoge, Nachwort und Anmerkungen von *Bruno Snell*, Frankfurt am Main – Hamburg 1953.

Platon: Werke in acht Bänden. Griechisch und Deutsch. Herausgegeben von Gunther Eigler, 4. Band: Politeia. Deutsche Übersetzung von *Friedrich Schleiermacher*; 8. Band 1,2: Gesetze. Deutsche Übersetzung von *Klaus Schöpsdau*, Darmstadt 1977, Darmstadt 1971.

Platon: Der Staat (Politeia). Übersetzt und herausgegeben von Karl Vretska, Stuttgart 2000.

Platon: Der Staat. Übersetzt und herausgegeben von Gernot Krapinger, Stuttgart 2017.

Plutarch: Lebensbeschreibungen I, Gesamtausgabe Goldmanns Gelbe Taschenbücher, Augsburg 1964.

Polybios: Historien. Auswahl, Übersetzung, Anmerkungen und Nachwort von Karl Friedrich Eisen, Stuttgart 1983.

Popper, Karl R.: Die Offene Gesellschaft und ihre Feinde, Band 1: Der Zauber Platons, 4. Aufl., München 1975.

Preime, Eberrhard: Solon: Dichtungen. Sämtliche Fragmente. Im Versmaß des Urtextes ins Deutsche übertragen. Griechisch und Deutsch, 3., verbesserte Auflage, München 1945.

Propyläen Weltgeschichte, Band III, 1, Frankfurt am Main – Berlin – Wien 1976.

Rommen, Heinrich: Die ewige Wiederkehr des Naturrechts, 2. Aufl., München 1947.

Ruschenbusch, Eberhard: Solon: Das Gesetzeswerk – Fragmente. Übersetzung und Kommentar. Herausgegeben von Klaus Bringmann (= Historia Einzelschriften. Heft 215). 2., korrigierte Auflage. Stuttgart 2014.

Selb, Walter: Orientalisches Kirchenrecht, Band I. Die Geschichte des Kirchenrechts der Nestorianer, Wien 1981.

Walter, Selb: Orientalisches Kirchenrecht, Band II. Die Geschichte des Kirchenrechts der Westsyrer, Wien 1989.

Schmökel, Hartmut: Kulturgeschichte des Alten Orient, Augsburg 1995.

Schneider, Carl: Kulturgeschichte des Hellenismus, Band II, München 1969.

Scholz, Peter: Der Prozeß gegen Sokrates. Ein ‚Sündenfall' der athenischen Demokratie?, in: *Leonhardt Burkhardt / Jürgen von Ungern-Sternberg* (Hrsg.): Große Prozesse im antiken Athen, München 2000, S. 157 ff..

Schubert, Charlotte: Der Areopag, in: *Leonhardt Burkhardt / Jürgen von Ungern-Sternberg* (Hrsg.): Große Prozesse im antiken Athen, München 2000, S. 50 ff.

Schuller, Wolfgang: Griechische Geschichte, 5. Aufl., München 2002.

Schultz, Uwe (Hrsg.): Große Prozesse. Recht und Gerechtigkeit in der Geschichte, München 1996.

Seeck, Gustav Adolf: Die griechische Tragödie, Stuttgart 2017.

Seidl, Erwin: Römische Rechtsgeschichte und römisches Zivilprozeßrecht, 3. Aufl., Köln u. a. 1971.

Simonetos, Georgios S.: Die Willensmängel in den Rechtsgeschäften nach altgriechischem Recht, in: *Erich Berneker* (Hrsg.): Zur griechischen Rechtsgeschichte, Darmstadt 1968, S. 455 ff.

Sophokles: Oedipus. Antigone. Deutsch von *Friedrich Hölderlin*. Eingeleitet von *Wolfgang Schadewaldt*, Frankfurt am Main – Hamburg 1957.

Sophokles: Die Tragödien. Mit einem Nachwort von *Wolfgang Schadewaldt*, Frankfurt am Main – Hamburg 1963 (= Exempla Classica Band 81).

Sophokles: Tragödien und Fragmente. Griechisch und deutsch, herausgegeben und übersetzt von *Wilhelm Willige*, überarbeitet von *Karl Bayer*, München 1966.

Sophokles: Antigone. Übersetzt und eingeleitet von Karl Reinhardt, 6. Auflage, Göttingen 1982.

Steinwenter, Artur: Die Streitbeendigung durch Vergleich, in: *Erich Berneker* (Hrsg.): Zur griechischen Rechtsgeschichte, Darmstadt 1968, S. 434 ff

Thür, Gerhard: Das Gerichtswesen in Athen im 4. Jahrhundert v. Chr., in *Leonhard Burckhardt / Jürgen von Ungern-Sternberg* (Hrsg.): Große Prozesse im antiken Athen, München 2000, S. 30 ff.

Thür, Gerhard: Recht im antiken Griechenland, in: *Ulrich Manthe* (Hrsg.): Die Rechtskulturen der Antike. Vom Alten Orient bis zum Römischen Reich, München 2003, S. 208 ff.

Vesting, Thomas: Die Medien des Rechts: Sprache, Weilerswist 2011.

Vesting, Thomas: Die Medien des Rechts: Schrift, Weilerswist 2011.

Weiss, Egon: Die große Inschrift von Gortyn und ihre Bestimmungen über Selbsthilfe und Prozeß, in: *Erich Berneker* (Hrsg.): Zur Griechischen Rechtsgeschichte, Darmstadt 1968, S. 315 ff.

Welwei, Karl-Wilhem: Die griechische Polis. Verfassung und Gesellschaft in archaischer und klassischer Zeit, 3. Aufl., Stuttgart 2017.

Welwei, Karl-Wilhelm: Die Entwicklung des Gerichtswesens im antiken Athen. Von Solon bis zum Ende des 5. Jahrhundert v. Chr., in: *Leonhard Burckhardt / Jürgen von Ungern-Sternberg* (Hrsg.): Große Prozesse im antiken Athen, München 2000, 15 ff.

Welzel, Hans: Naturrecht und materiale Gerechtigkeit, 4. Aufl., Göttingen 1962.

Wesel, Uwe: Geschichte des Rechts. Von den Frühformen bis zur Gegenwart, 4. Aufl., München 2014.

Wolf, Erik: Griechisches Rechtsdenken, 6 Bde., Frankfurt am Main 1950–1970.

Wolff, Hans Julius: Gewohnheitsrecht und Gesetzesrecht in der griechischen Rechtsauffassung, in: *Erich Berneker* (Hrsg.): Zur Griechischen Rechts-geschichte, Darmstadt 1968, S. 99 ff..

Wolff, Hans Julius: Die Grundlagen des griechischen Vertragsrechtes, in: *Erich Berneker* (Hrsg.): Zur Griechischen Rechtsgeschichte, Darmstadt 1968, S. 483 ff.

Wolff, Hans Julius: Die Grundlagen des griechischen Eherechts, in: *Erich Berneker* (Hrsg.): Zur Griechischen Rechtsgeschichte, Darmstadt 1968, S. 620 ff.

Wolff, Hans Julius: Vorgeschichte und Entstehung des Rechtsbegriffs im frühen Griechenland, in: *Wolfgang Fikentscher / Herbert Franke / Oskar Köhler* (Hrsg.): Entstehung und Wandel rechtlicher Traditionen, Freiburg – München 1980, S. 557 ff.

Wolff, Hans Julius: Griechisches Recht, in: Lexikon der Alten Welt, Band 3, Zürich – München 1990, Sp. 2516–2530.

Wolff, Hans Julius: Ptolemäisches Recht, in: Lexikon der Alten Welt, Band 3, Zürich – München 1990, Sp. 2530–2532.

Xenophon: Memorabilien. Erinnerungen an Sokrates, übertragen und erläutert von Paul M. Laskowsky, München 1960.

Politische Antike: Carl Schmitt. Hinführung zu seinem Werk aus der Perspektive der Antikenrezeption

Vorbemerkung

Den Vortrag „Politische Antike: Carl Schmitt“ hat der Verfasser am 13. Juni 2012 im Rahmen der Veranstaltungsreihe „Lebendige Antike“ in Ludwigshafen am Rhein in den Räumen der dortigen Volkshochschule gehalten.[435] Der Vortrag war im Programm der „Lebendigen Antike“ mit folgendem Einführungstext angekündigt worden:

„CARL SCHMITT (1888–1985) war der wohl einflußreichste Staatsdenker in Deutschland in der ersten Hälfte des 20. Jahrhunderts. Der am meisten umstrittene ist er geblieben. Seine Schriften wie ‚Politische Theologie‘, ‚Der Begriff des Politischen‘ oder ‚Legalität und Legitimität‘ haben mit ihrer schonungslosen Analyse von Macht und Politik Epoche gemacht, stehen aber unverändert und nach Meinung seiner Kritiker vielleicht heute stärker denn je im Schatten des Nationalsozialismus. In diese Epoche war er als der ‚furchtbare Jurist‘ tief verstrickt. Die Abgründe der politischen Auseinandersetzungen und Katastrophen seiner Zeit haben sein Denken geprägt; von dorther hat er das ‚Politische‘ auf den Begriff zu bringen versucht. Sein Werk greift weit in die europäische Geistesgeschichte aus. Die Antike ist selbstverständlich in seinem Blickfeld.

---

435 Eine frühere Textfassung des Vortrages ist seinerzeit im Selbstverlag erschienen, *Frank Hennecke*: Politische Antike. Carl Schmitt, 3. Auflage, Ludwigshafen am Rhein 2017.

Der Vortrag will der Frage nachgehen, inwieweit SCHMITTs ‚Positionen und Begriffe' (QUARITSCH) neue historische Erfahrungen originär reflektieren oder ob sich hierin die Wiederkehr alter historischer Erfahrungen zeigt, über die bereits die Staatsdenker und Geschichtsschreiber der Klassischen Antike nachgedacht haben."

Gleichwohl schien das Vorhaben, über Carl Schmitt in dem genannten Rahmen zu referieren einiger Vorbehalte, wenn nicht gar einer Rechtfertigung zu bedürfen.

Zu gewaltig ist das Werk dieses politischen Denkers, zu komplex seine Gedankenwelt, zu kontrovers seine Thesen, zu umstritten seine Person, zu unübersehbar seine Wirkung, zu ausufernd die Sekundärliteratur, als daß der verfügbaren Zeit eines Vortragsabends und den bescheidenen Kräften des Referenten auch nur eine Annäherung hätte gelingen können.

Doch warum stand also eine Veranstaltung über Carl Schmitt im Programm der „Lebendigen Antike"? Das ist in der „Lebendigen Antike" selbst begründet. Die „Lebendige Antike" bemüht sich seit 58 Jahren um das kulturelle Erbe der Klassischen Antike hier im Kurpfälzer Raum.[436] Es geht um Vergegenwärtigung, Aneignung, Anverwandlung, Auseinandersetzung, vielleicht um Bildung an großen Vorbildern und grundlegenden Formen.[437] In der Rezeption der klassischen oder präziser griechisch-römischen Antike versucht die Gegenwart ihr eigenes Herkommen zu begreifen und ihre eigene historische Erfahrung wiederzuerkennen und zu verstehen. *Zum Erbe der griechisch-römischen Antike gehört grundlegend und formgebend das Politische Denken.* Das

---

436 *Frank Hennecke / Friedrich Kuntz* (Hrsg.): Lebendige Antike Ludwigshafen am Rhein. Einführungstexte 1954–2007, Ludwigshafen am Rhein 2008 (= Schriftenreihe des Förderkreises Lebendige Antike Ludwigshafen am Rhein e. V, Band 14); jetzt dies. (Hrsg.): Lebendige Antike Ludwigshafen. Einführungstexte 1954–2014, Ludwigshafen am Rhein 2015 (= Schriftenreihe des Förderkreises Lebendige Antike Ludwigshafen am Rhein, Band 19).

437 Vgl. *Frank Jürgen Werner Hennecke*: Bildung am Urbild, Ludwigshafen am Rhein 2006 (= Schriftenreihe des Förderkreises Lebendige Antike Ludwigshafen am Rhein e. V, Band 10).

Politische Denken der Gegenwart bleibt auf die Antike verwiesen. Es liegt daher im Blickfeld und in der Tradition der „Lebendigen Antike", nicht nur der Literatur, nicht nur der Kunst, nicht nur der Religion, sondern gerade auch diesem Erbe der Antike Gelegenheit und Raum zur Vergegenwärtigung und Reflexion zu geben. Dies kann bevorzugt am Werk eines politischen Philosophen des 20. Jahrhunderts geschehen, der in einzigartiger Weise das politische und staatsrechtliche Denken des 20. Jahrhunderts bestimmt und zugleich die Gemüter erregt hat. Carl Schmitt ist als der „faszinierendste Staatsrechtler" des 20. Jahrhunderts bezeichnet worden.[438] Er gilt inzwischen, wie die Philosophen der Antike, als Klassiker der Politik.[439]

I. Das politische Denken der Antike

1.

Zunächst mag indes in wenigen Worten an die Begründung und die Entfaltung des politischen Denkens in der griechisch-römischen Antike erinnert werden.[440]

1.1.

Voraussetzung ist bei den Griechen in ganz charakteristischer Weise die „Polis" als Lebensform und politische Ordnung. Die Ordnung dieser „polis" ist von Anfang an der Gegenstand der politischen Phi-

---

438 *Hasso Hofmann*: Carl Schmitt, in: Staatslexikon, Bd. 4, 7. Aufl., Freiburg – Basel – Wien 1995, Sp. 1052.

439 *Ernst-Wolfgang Böckenförde*: Auf dem Weg zum Klassiker. Carl Schmitt in der Diskussion: Politische Theologie als Fluchtpunkt seines Werkes, in: Frankfurter Allgemeine Zeitung, 11.7.1997, S. 15.

440 Verfasser folgt hier der grundlegenden, zugleich übersichtlichen und außerordentlich hilfreichen Aufarbeitung von *Ernst-Wolfgang Böckenförde*: Geschichte der Rechts- und Staatsphilosophie. Antike und Mittelalter, 2. Aufl., Tübingen 2006.
Vgl. auch wegweisend *Hans Welzel*: Naturrecht und materiale Gerechtigkeit, 4. Aufl., Göttingen 1962, Erster Teil: Das antike Naturrecht.

losophie. Da die „polis“ nicht primär von Macht und Unterwerfung, sondern vom Zusammenwirken – wie auch immer definierter – „freier“ Bürger bestimmt und gestaltet wird, stellte sich daher zugleich die Frage nach den Regeln dieses Zusammenlebens und nach deren leitendem Ordnungsprinzip: So bildete sich auf der einen Seite der Grundgedanke der „demokratia“ und trat auf der anderen Seite die Frage nach Gesetz und Gerechtigkeit von Anfang an unabweisbar hervor. Der „nomos“ in seiner vielfältigen Bedeutung wird zum Urbegriff griechischer Rechtsphilosophie.

1.2.

Erste überlieferte Ansätze finden sich in der Dichtung etwa bei Hesiod, dann bei Solon, den Vorsokratikern wie Anaximander und Heraklit, den Sophisten und schließlich bei Sokrates selbst. *Was bereits in dieser Entfaltungsphase des rechtsphilosophischen Denkens zutagetritt, ist das Bewußtsein einer Differenz zwischen dem „nomos“ als Ausdruck eines letztlich metaphysisch begründeten Rechtsgedankens und einer physischen Wirklichkeit, die einerseits Zielpunkt der Norm, andererseits zugleich deren Widerspruch ist.*

1.3.

Die erste systematisch großangelegte Rechts- und Staatsphilosophie hat Platon vorgelegt. Dies ist hinlänglich bekannt. Erinnert sei an die „Politeia“ und an die „Nomoi“ – bereits diese Begriffsbildung steht für die schlechthin konstituierende Wirkung seines Werkes –, aber auch an die vielen Dialoge, die das Politische zum Gegenstand haben. Platons Werk kann an dieser Stelle weder dargestellt und gewürdigt werden. Aus heutiger Sicht aber mag eine Charakteristik zitiert werden, die Ernst-Wolfgang Böckenförde klassisch formuliert hat: „Platons fortwirkende Leistung war, daß er die Frage nach dem Rechten und Gerechten als Frage nach der Gerechtigkeit stellte und die Gerechtigkeit … bestimmte als bleibende Idee. … Diese Gerechtigkeit ist menschenbezogen, auf den einzelnen Menschen in sich… und auf die Polisordnung in sich…". Platon, so weiter, sieht den Menschen ganz auf die Polis bezogen; „erst in ihr und durch sie findet er – nicht zuletzt in der Erziehung – seine Entfaltung und Bestimmung. Er ist Glied und Teil der Polis, ist in sie voll eingefügt. Die ideale, gerechte Polis ist ihrerseits umfassende Gemeinschaft, eine Lebenstotalität. Der moderne Freiheitsgedanke ist ihr fremd, Freiheit besteht nicht in der Freiheit von oder gegenüber der Polis, sondern im Anteil, der Beteiligung an der Polis…" Die Beteiligung ist „Bedingung der vernünftigen Ordnung der Polis. Für diese vernünftige Ordnung … setzt Platon auf die umfassende Erziehung der Menschen."[441] *Was bei Platon gedacht ist, ist damit Gerechtigkeit und die politische Teilhabe – und zugleich die Erziehung als deren Voraussetzung.*[442] (Hier finden wir eine Nähe zum Umfeld der „Lebendigen Antike" und zum Humanistischen Gymnasium!). Was hier nicht gedacht ist, ist die individuell-autonome Freiheit, die doch so sehr das moderne Lebensgefühl bestimmt und deren Nichtbeachtung zur Fundamentalkritik Platons in der Moderne geführt hat.[443] Was damit zugleich nicht gedacht ist, ist der Konflikt. Der aber ist das Hauptthema nicht-platonischer Staatsphilosophie. Und was hier vorausgesetzt wird, ist die Erziehbarkeit des Menschen, an der zu zweifeln die historischen Erfahrungen der Gegenwart allen Anlaß geben. Diese hier nicht zum Ausdruck kommende dunkle Seite des politischen Denkens wird uns noch beschäftigen.

1.4.

Bei Aristoteles kommen neue Ansatze und Gedanken hinzu. Auch diese können hier nicht entfaltet werden. Die platonische Ideenlehre wird von einer „realistischen" Anthropologie unterfangen. Es geht Aristoteles eher um die Erfassung und Systematisierung der Wirklichkeit als um die normativer Begründung von deren Ordnung. Was wegweisend

---

441 *Böckenförde*, a.a.O. (Fußn. 439), S. 98.

442 insofern grundlegend zu Platon *Werner Jäger*: Paideia. Die Formung des griechischen Menschen, Bd. 2, Berlin 1944; Bd. 3, Berlin 1947.

443 *Karl R. Popper*: Die Offene Gesellschaft und ihre Feinde, Band 1: Der Zauber Platons, 4. Aufl., München 1975.

hinzukommt, ist die Explikation des Begriffes der Gerechtigkeit und die normlogische Verbindung von Recht und Sittlichkeit. Mit der „austeilenden Gerechtigkeit“ erfährt der Begriff des nomos einen neuen, weiteren Gehalt, wenn denn mit diesem Wort auch ein „Zuteilen“ gemeint sein sollte.[444] Hier findet sich denn auch der Satz, der als Inbegriff antiken politischen Denkens gelten darf: εν δε δικαιοσυνηι συλληβδην πασ‘ αρετη ‘στιν. – „In der Gerechtigkeit ist alle Tugend zusammengefaßt."[445]

1.5.

In der römischen Geistesgeschichte steht Marcus Tullius Cicero in der Tradition des politischen Denkens. Ihm geht es um eine Begründung des Rechtes aus der Vernunft oder der Natur des Menschen und um die Umsetzung dieses Vernunftrechtes in die politische Verfassung. Das vernunftbegründete Recht ist die innere Intention der geltenden Rechtsordnung, die unter diesem normativen Maßstab steht und nur nach Maßgabe des „wahren Gesetzes“[446] als Rechtsordnung gelten kann und legitim ist. Die Übertragung dieses allgemeinen Gedankens auf die Verfassung des Gemeinwesens macht Cicero zum Staatsdenker von bleibender Aktualität. *Die spätere Unterscheidung von Legalität und Legitimität einer politischen Ordnung hat hier einen ihrer Ursprünge.*

1.6.

Ein durchgängiges Thema der antiken Staatsphilosophie ist die sogenannte „gemischte Verfassung“. Die historische Erfahrung von Polis, Despotie und aristokratischen Herrschaftsformen schlägt sich in der Staatsphilosophie nieder: Immer wieder geht es um das Thema der

---

444 *Aristoteles*: Nikomachische Ethik, 5. Buch, 1130 b 5 ff.
Wenn man auf die Begriffe schaut, geht es Aristoteles allerdings um δικαιοσυνη, Gerechtigkeit, nicht um νομος, Gesetz. Wie das Verhältnis zueinander ist, mag hier dahinstehen.

445 *Aristoteles*: Die Nikomachische Ethik, 5. Buch, 1129 b.

446 *Marcus Tullius Cicero*: De re publica, III, 22.

„richtigen" Verfassung. In der Antike hat freilich die „Demokratie" im heutigen Verständnis und in ihrer heutigen Selbstverständlichkeit zumindest in der Theorie noch keine Priorität; aber sie ist als Modell gedacht und begründet. Ihr stehen die Monarchie und die Aristokratie zur Seite – Verfassungsformen, die, in guter Ausprägung, legitim und erträglich sind. Gedacht wird aber auch deren jeweilige Perversion als Ochlokratie, als Oligarchie, als Tyrannis – wiederum Ausdruck historischer Erfahrung, wie sie etwa bei Polybios beschrieben wird.[447] Als Synthese gilt die „gemischte Verfassung", die die „guten" Elemente der drei Verfassungsformen vereinigt und das Ideal einer gerechten Herrschaftsordnung abgibt. Ganz so fremd ist auch diese Vorstellung in der heutigen Zeit nicht: unsere Demokratie enthält mit dem Parlamentarismus oder der Verfassungsgerichtsbarkeit zumindest der Idee nach aristokratische Züge, und daß sich Demokratie mit der Monarchie verträgt, zeigen etliche europäische Beispiele, nach denen sich mancher in Deutschland sehnt.

1.7.

Politisches Denken setzt einen Begriff des Politischen voraus. Eine solche Begriffsbestimmung oder eine Auseinandersetzung mit den vielfachen Bestimmungen kann an dieser Stelle indes nicht geleistet werden. Auf eine besondere freilich werden wir noch zu sprechen kommen. Für das griechische Denken dürfte maßgeblich sein, daß die Erfahrungswelt des Politischen in der polis liegt und daß es hier um die bewußte Gestaltung des öffentlichen Gemeinwesens durch freie Bürger geht. *Nicht Despotie, nicht Herrschaft und Unterwerfung begründen das Politische, sondern die freie Auseinandersetzung um die gerechte Öffentliche Ordnung.* Die maßgeblichen Werke wie die „politeia" Platons, die „politika" des Aristoteles, die „res publica" Ciceros setzen diesen Zusammenhang voraus. Christian Meier, seinerzeit Referent in

447 *Polybios*: Historien, VI, 3–10.

der „Lebendigen Antike“[448], hat die „Entstehung des Politischen bei den Griechen“ in diesem Sinne historisch und systematisch herausgearbeitet.[449]

1.8.

Das Politische Denken hat seine Erfahrungsbasis in der Geschichte. Die Geschichte ist gleichsam das Material, aus dem das Politische Denken seine Theorien und Konstruktionen bildet. Politik kann daher nicht gedacht werden ohne Geschichtsschreibung. Wie denn auch umgekehrt Geschichtsschreibung vom Ursprung her Aufzeichnung der politischen, freilich meist kriegerischen Geschichte ist, nicht Biographie oder Sozial- und Wirtschaftsgeschichte. Damit rückt die antike Geschichtsschreibung auch in unser Blickfeld. Zwei Namen seien für den hiesigen Zusammenhang genannt: Thukydides und Tacitus.

Mit Thukydides beginnt die kritische Geschichtsschreibung. Das ist hier nicht weiter abzuhandeln.[450] Aber was zugleich für diesen Autor kennzeichnend ist, sei hervorgehoben: Die kritische, schonungslose Analyse der Macht. Diese scharfe Sicht auf das politische und dann kriegerische Geschehen und dessen grausamen Verlauf gibt dem Werk von Thukydides von Anfang an einen eindrucksvollen Ernst und einen düsteren Gehalt.[451] Diese Tendenz spitzt sich zu in dem bekannten

448 *Christian Meier*: Die Griechen und die Arbeit, „Lebendige Antike“ am 12.10.1994; ders.: Wie es zu den Griechen kam, „Lebendige Antike“ am 13.6.2007; vgl. *Hennecke/Kuntz*, a.a.O. (Anm. 435), S. 198, 237.

449 *Christian Meier*: Die Entstehung des Politischen bei den Griechen, Frankfurt am Main 1980; vgl. neuerdings auch die „Berliner Carl-Schmitt-Vorlesung“ von Christian Meier vom Herbst 2019, hierzu *Stephan Speicher*: Der Griff des Politischen, Frankfurter Allgemeine Zeitung, 11. Dezember 2019, S. N 3.

450 Zur neuesten Thukydides-Forschung, insbesondere unter dem Aspekt seines Staats- und Politikverständnisses vgl. die einzelnen Beiträge bei *Ernst Baltrusch / Christian Wendt* (Hrsg.): Ein Besitz für immer? Geschichte, Polis und Völkerrecht bei Thukydides, Baden-Baden 2011. Aus der älteren Literatur *Michael Grant*: Klassiker der antiken Geschichtsschreibung, Neuausgabe München 1981, S. 65 ff.

451 *Thomas Paulsen*: Geschichte der griechischen Literatur, Stuttgart 2004, S. 197: „Der Krieg erscheint … als eine fürchterliche Katastrophe, womit der düstere Grundton, der das ganze Werk fast ohne Aufhellung beherrscht, angeschlagen ist.“

Melier-Dialog, in dem der Machtanspruch in den Worten der Athener unverhüllt zum Ausdruck gebracht wird: „Wir glauben nämlich, daß... alles Menschenwesen allezeit nach dem Zwang seiner Natur, soweit es Macht hat, herrscht. Wir haben dieses Gesetz weder gegeben noch ein vorgegebenes zuerst befolgt, als gültig überkamen wir es, und zur ewigen Geltung werden wir es überlassen...“[452] Das hat nichts mit Tugend, nichts mit Recht und Gerechtigkeit zu tun, wovon sonst in der griechischen Staatsphilosophie die Rede ist, das ist der reine Zynismus der Macht, und der Begriff des „nomos“ erfährt hier eine beängstigende Verkehrung.

Tacitus ist sozusagen das römische Pendant. Er ist einerseits der große Moralist, der das politische Geschehen und dessen Protagonisten in kalter Beschreibung einem vernichtenden Urteil unterwirft, er ist andererseits als Humanist von diesem Geschehen tief erschüttert, so daß sein Werk am Ende von Resignation und Düsternis überschattet ist. Das ist kein imperialer, geradezu heilsgeschichtlicher Aufbruch mehr wie bei Vergil, das ist die Heillosigkeit der Geschichte. Mit Tacitus betreten wir nach einem Wort von Friedrich Klingner den Vorhof des Mittelalters.[453]

2.

Doch noch sind wir nicht soweit. Die „Lebendige Antike“ ist Rezeption der Antike. Sie hat damit aber zugleich die Rezeption der Antike selbst zum Gegenstand. So wie wir heute die Antike zu verstehen und uns vielleicht anzueignen versuchen, gibt es mit wachsender historischer Distanz in der seitherigen Geschichte auch jeweilige Formen und Phasen der Antikenrezeption. Die Erfahrung der Antike wird damit für die Nachfolgenden immer zugleich auch zu einer Erfahrung von deren früherer Rezeption; es ist gleichsam die Brille früherer

452 *Thukydides:* Geschichte des Peloponnesischen Krieges, Buch V, 105 (Übersetzung Georg Peter Landmann, 2 Bde., München 1993, S. 801/803).

453 Verfasser zitiert dieses Wort aus dem Gedächtnis in Erinnerung an eine frühere Lektüre, ohne den Nachweis wieder auffinden zu können.

Antikenaneignung, durch die die Späteren die Antike wahrnehmen. *So werden auch wir die Antike immer zugleich auch mit den Augen der Früheren wahrnehmen.*

2.1.

So kann denn generell gesagt werden, daß die Antike mit ihren schlechthin formprägenden Kulturleistungen seit jeher und je und je Gegenstand der Aneignung, Anverwandlung und Auseinandersetzung war. Abendländische Kulturgeschichte ist weithin kontinuierliche Fortentwicklung und Rezeption der Antike.

2.2.

In dem bescheidenen Rahmen der „Lebendigen Antike" ist dies denn auch immer wieder deutlich geworden. Es waren nicht nur die originären Werke der Antike, denen sich die „Lebendige Antike" unmittelbar anzunähern versucht hat, es waren durchgängig auch die Interpretationen, Umgestaltungen, eben die Rezeptionen der Antike bis hin in die Moderne, denen ihr Interesse galt. Der Rückblick auf das Programm macht dies deutlich.[454]

2.3.

Die gleichsam konstante Kontinuität der Antikenrezeption erfuhr in der Geschichte zusätzliche Entwicklungsschübe und Verstärkungen, die jeweils epochemachend und epochenspezifisch geworden sind und die sich bewußt und ausdrücklich als Wiederaufnahme der Antike verstehen: Auf dem Umwege der arabischen Aristoteles-Vermittlung die Scholastik[455], die italienische Renaissance, der europäische Huma-

454 Vgl. die Dokumentationen von *Friedrich Kuntz* (Hrsg.): 50 Jahre Lebendige Antike Ludwigshafen, Ludwigshafen am Rhein o. J.; und *Hennecke/Kuntz*, a.a.O. (Anm. 435).

455 Vgl. *Josef Pieper*: Scholastik. Gestalten und Probleme der mittelalterlichen Philosophie, München 1960, S. 137 ff.; *Kurt Flasch*: Das philosophische Denken im Mittelalter. Von Augustin zu Machiavelli, 2. Aufl., Stuttgart 2000, S. 351 ff.

nismus des 16. Jahrhunderts, die baugeschichtliche Epoche des Klassizismus, in Deutschland speziell Winckelmann, Hölderlin und für die deutsche Geistesgeschichte von unabsehbarer Wirkung Wilhelm von Humboldt mit seiner Begründung des Humanistischen Gymnasiums. Vielleicht darf auch das moderne Drama in diese Linie gestellt werden. Im Blick auf den italienischen Faschismus freilich verschlägt es den Atem. Hierzu Carl Schmitt: „Der faschistische Staat will mit antiker Ehrlichkeit wieder Staat sein…“[456]

2.4.

Früh schon hat Carl Schneider, einer der „Gründungsväter“[457] der „Lebendigen Antike“, die Hellenisierung des entstehenden Christentums herausgearbeitet.[458] Gegenwärtig hat die These von Joseph Ratzinger, daß das christliche Dogma gleichsam das Gewand der griechischen Philosophie angenommen habe und damit das Christentum in seiner historischen Gestalt eine Synthese aus der naturhaften Vernunft der griechischen Philosophie und der christlichen Offenbarung bilde, eine erhebliche Kontroverse ausgelöst.[459] Dem sei wie auch immer: Ein Zusammenhang ist unbestreitbar da. Es wäre die geschichtsmächtigste Anverwandlung der Antike schlechthin.

456 *Carl Schmitt*: Positionen und Begriffe im Kampf um Weimar – Genf – Versailles 1923–1939, Neuausgabe Berlin 1988, S. 114.

457 *Carl Schneider*: Der Wandel des Bildes der Antike während der letzten dreißig Jahre, „Lebendige Antike“ am 16. 9. 1954; ders.: Die Weltseele von Platons Timaios bis zu den späten Neuplatonikern, „Lebendige Antike“ am 5. 7. 1956; vgl. *Hennecke/Kuntz*, a.a.O. (Anm. 435), S. 27, 32.

458 *Carl Schneider*: Geistesgeschichte des antiken Christentums, 2 Bde., München 1954.

459 *Benedikt XVI*: Glaube und Vernunft. Die Regensburger Vorlesung, Freiburg – Basel – Wien 2006, S. 11 ff. (1 8.); vgl. hierzu *Georg Essen*: Hellenisierung des Christentums? Zur Problematik und Überwindung einer polarisierenden Deutungsfigur, in: Theologie und Philosophie, Vierteljahresschrift, 1/2012, S. 1–17 (mit weiteren Nachweisen).

2.5.

Noch nahe an der Antike, vielleicht zu nahe und noch zeitgleich, steht das Werk von Augustinus. Augustinus geht auf erklärte Distanz zur freilich heidnischen Antike, wertet alle ihre Werte geradezu mit bestürzender Wucht um – Kurt Flasch spricht von einer „Logik des Schreckens“[460] – und übernimmt aus der Antike eben doch, was wert ist zu übernehmen.[461] Wilhelm Blümer hat erst vor kurzem in der „Lebendigen Antike“[462] unter Bezugnahme auf Augustins pädagogisches Werk „De doctrina christiana“ hierauf hingewiesen und in diesem Zusammenhang insgesamt die frühchristliche Antikenrezeption, die „chresis“, dargestellt, die die sich freilich als gezielt selektiv verstand.[463] Die „Civitas Dei“, wohl nicht zufällig gerade nicht mit dem Prädikat „Politik“ benannt, hat denn auch mit der griechisch-römischen Rechts- und Staatsphilosophie wenig zu tun.[464]

II. Carl Schmitt und sein Werk

Das ist der Anfang der Tradition, in der Carl Schmitt steht, gleichsam der Horizont seines Denkens. Wenden wir uns nun seiner Person und seinem Werk zu. Was hier freilich nicht geleitetet werden kann, ist eine

460 *Kurt Flasch* (Hrsg.): Logik des Schreckens. Augustinus von Hippo. De diversis quaestionibus ad Simplicianum I, 2, Mainz 1990; vgl. auch ders.: Augustin. Einführung in sein Denken, 2. Aufl., Stuttgart 1994.

461 Verfasser darf hier eine kleine Entdeckung anfügen, auf die er zur Zeit der Befassung mit vorliegendem Text zufällig gekommen ist, eine Arbeit, die das Verhältnis Augustins zum Neuplatonismus zum Gegenstand hat: *Albert Camus*: Christliche Metaphysik und Neuplatonismus, Reinbek 1978, S. 108 ff.: „Hellenismus und Christentum bei Augustin“.

462 *Wilhelm Blümer*: Augustinus und die antike Kultur, „Lebendige Antike“ am 28. 3. 2012.

463 Vgl. in diesem Zusammenhang die umfangreiche Münsteraner „Chresis“-Forschung, *Christian Gnilka* u. a. (Hrsg.): Chresis I ff., Basel 1993 ff.

464 So wohl auch *Böckenförde*, a.a.O. (Anm. 438), S. 220/221.

Biographie[465] und eine Gesamtdarstellung seines Werkes.[466] Vielmehr soll mit einigen signifikanten Merkmalen sein Leben und sein Werk

465 Die maßgebliche Biographie: *Reinhard Mehring*: Carl Schmitt. Aufstieg und Fall. Eine Biographie, München 2009. Vorausgegangen waren *Reinhard Mehring*: Carl Schmitt zur Einführung, Hamburg 1992 (jetzt 4. Aufl., Hamburg 2011), und *Paul Noack*: Carl Schmitt. Eine Biographie, Berlin – Frankfurt am Main 1993.
Vgl. auch *Piet Tommissen*: Bausteine zu einer wissenschaftlichen Biographie (Periode: 1888–1933), in: *Helmut Quaritsch* (Hrsg.): Complexio Oppositorum. Über Carl Schmitt, Berlin 1988, S. 71 ff.; *Bernd Rüthers*: Wer war Carl Schmitt? Bausteine zu einer Biographie, in: Neue Juristische Wochenschrift, 1994, S. 1681 ff. (=Besprechung zu Paul Noack: Carl Schmitt. Eine Biographie, 1993).
Vgl. auch jüngst Carl Schmitt im Spiegel einer Erinnerung: *Henning Ritter*: Verehrte Denker. Porträts nach Begegnungen, Springe 2012.
Für die Biographie gewinnen die in jüngster Zeit nach und nach edierten Tagebücher zunehmend an Bedeutung; vgl. *Carl Schmitt*: Tagebücher vom Oktober 1912 bis Februar 1915, hrsgg. von Ernst Hüsmert, Berlin 2005; *Carl Schmitt*: Tagebücher 1930–1934, hrsgg. von Wolfgang Schuller, Berlin 2012 (hierzu die Rezension von *Bernd Rüthers*, in: Zeitschrift der Savigny-Stiftung für Rechtsgeschichte, 129. Band, Wien – Köln – Weimar 2012, S. 825–832); *Carl Schmitt*: Der Schatten Gottes. Introspektionen, Tagebücher und Briefe 1921 bis 1924, hrsgg. von Gerd Giesler / Ernst Hüsmert / Wolfgang H. Spindler, Berlin 2014.
Den weiten geistigen Horizont von Carl Schmitt, über die Staatswissenschaft hinaus und im Hinblick auf Beethoven, belegt *Angela Reinthal*: „Mich hält ein reines Intervall". Carl Schmitt und die Musik, Berlin 2019 (vgl. hierzu die Rezension von *Lorenz Jäger*: Seitdem die Instrumente reden. Der Einbruch des Spiels in die Zeit: Carl Schmitt über Beethoven und die Deutschen, in: Frankfurter Allgemeine Zeitung, 31. Dezember 2019, S. N3).

466 Einen durchaus qualifizierten Zugang ermöglicht der zwar nicht zitierfähige, aber doch hilfreiche Artikel in der Internet-Enzyklopädie „Wikipedia".
Jeweils eine lexikalische Einführung geben *Hasso Hofmann*, a.a.O. (Anm. 3); *Ernst-Wolfgang Böckenförde*: Artikel „Carl Schmitt", in: Lexikon für Theologie und Kirche, Bd. 9, 3. Aufl., Freiburg – Basel – Wien 2006, Sp. 183/184. Dort auch in Stichworten die prägnante Zusammenfassung des Gesamtwerkes: „Im stark diskutierten wiss. Werk lassen sich fünf Hauptpunkte ausmachen, an die auch die krit. Auseinandersetzung anknüpft: 1. Kritik des parlamentar. Systems sowie der Demokratie u. des bürgerl. Rechtsstaats auf der Grdl. eines Konzeptes des Staates als einer eigenständigen polit. Ordnungsmacht mit letztlich durch Idee-Repräsentation (Zshg. Herrschaft – Transzendenz) legitimierter Autrorität; 2. (kriteriolog.) Definition des Politischen durch das Freund-Feind-Verhältnis, nach der das Politische nicht sachlich-gegenständlich, sondern durch einen (sich potentiell z. Freund-Feind-Verhältnis aufsteigerndem) Intensitätsgrad der Assoziation od. Dissoziation zw. Menschengruppen bestimmt ist, der seinen Anknüpfungspunkt in jedem Sachgebiet od. Lebensbereich finden kann; 3. Zeitweise bewußtes Eintreten für das nationalsozialist. Regime sowie ein eher emphatischer, auch nach 1945 fortbestehender Antijudaismus; 4. Gründung des Rechts in sinnhaltigen Le-

gekennzeichnet werden. So soll deutlich werden, was seine Eigenart, seine Faszination, aber auch seine Umstrittenheit ausmacht.

1.

Zur Biographie gleichwohl die wichtigsten Daten. Geboren wurde Carl Schmitt im Jahre 1888 in Plettenberg im Sauerland als Sohn einer katholisch-kleinbürgerlichen Familie. Nach dem Abitur am Humanistischen Gymnasium wollte er zunächst Klassische Philologie studieren, wandte sich dann aber der Rechtswissenschaft zu. Das Studium absolvierte er in Berlin, München und an der damals reichsdeutschen Universität Straßburg. Seine außerordentliche Begabung trat bald zutage. Schmitt wurde im Jahre 1910 in Straßburg – übrigens mit einer strafrechtlichen Arbeit – promoviert, legte 1915 das Assessor-Examen ab und diente 1916 als Kriegsfreiwilliger, da für den Frontdienst als wehruntauglich eingestuft, in einer internen Dienststelle in München. Erste Publikationen erschienen. 1916 folgte dann die Habilitation in Straßburg. Von Anfang der zwanziger Jahre an publizierte er Schlag auf Schlag seine berühmt gewordenen Schriften. Bereits 1921 erhielt er seine erste Professur in Greifswald; es folgten Berufungen nach Bonn, Berlin, Köln und wiederum Berlin. Im Jahre 1933 trat Schmitt in die NSDAP ein. Hermann Göring berief ihn in den Preußischen Staatsrat.[467] Schmitt übernahm hohe Funktionen in den nationalsozia-

---

bensordnungen u. ordnungsstiftenden Entscheidungen; 5. Stellungnahme z. polit. Theol. u. seine (Selbst-) Interpretation als „politischer Theologe', der die Antriebe zu seinem Wirken u. seinen wiss. Positionsnahmen aus einer theol. Welt-, Daseins- u. Gesch.-Deutung empfing."

Zur Einordnung von Carl Schmitt in die Geschichte des Öffentlichen Rechts und der deutschen Staatsrechtslehre *Michael Stolleis*: Geschichte des öffentlichen Rechts in Deutschland, Dritter Band: Staats- und Verwaltungsrechtswissenschaft in Republik und Diktatur 1914–1945, München 1999, S. 177 ff.; ähnlich *Christoph Möllers*: Staat als Argument, 2. Aufl., Tübingen 2011, S. 58–83.

467 Das ist ein Verfassungsorgan des Preußischen Staates nach Art. 31 der Preußischen Verfassung von 1920: „Zur Vertretung der Provinzen bei der Gesetzgebung und Verwaltung wird ein Staatsrat gebildet.".

Zur Berufung Schmitts in dieses Gremium vgl. *Dirk Blasius*: Carl Schmitt – Preußischer Staatsrat in Hitlers Reich, Göttingen 2001.

listisch gleichgeschalteten juristischen Standesorganisationen. Er galt als „Kronjurist“ des Dritten Reiches. Gegen Ende der dreißiger Jahre verlor er jedoch infolge von Intrigen und persönlichen Gegnerschaften seine parteipolitisch orientierten Ämter. Er blieb jedoch in der Partei und behielt seinen Berliner Lehrstuhl bis zum Ende des Krieges. In den Nürnberger Prozessen war er angeklagt; es kam aber zu keiner Verurteilung. Carl Schmitt zog sich nach Plettenberg in seine alte Heimat zurück. Einen Lehrstuhl erhielt er nicht mehr. In der langen Zeit seines inneren Exils in Plettenberg bildet sich um ihn herum ein Kreis von Schülern verschiedener Fachrichtungen, die teils als Weggenossen aus früherer Zeit, teils in neuer Annäherung und in je unterschiedlicher Haltung und Auseinandersetzung die Staats- und Staatsrechtswissenschaft der frühen Bundesrepublik bestimmten.[468] Sein vielleicht bedeutendster Schüler – wenn man das so sagen kann – ist der zunächst in Heidelberg, später in Bielefeld und schließlich in Freiburg lehrende Professor und spätere Bundesverfassungsrichter Ernst-Wolfgang Böckenförde.[469] Im Jahre 1985 ist Carl Schmitt fast 97-jährig gestorben.

2.

Die Bibliographie des Werkes läßt allein in den Titeln bereits die intellektuelle Weite, aber auch die Brisanz und provokative Schärfe von Carl Schmitts Denken erkennen. Die markantesten, in Buch- oder Broschürenform veröffentlichten Titel mögen enumerativ benannt werden. Charakteristisch ist als wissenschaftliche Kurzform die Broschüre. Nach der „Politischen Romantik“ von 1919 erschien bereits 1921 der wuchtige Titel „Die Diktatur“. Es folgen in kurzen Abständen die „Politische Theologie“, die „Geistesgeschichtliche Lage des heutigen Parlamentarismus“, „Römischer Katholizismus und politische Form“ und dann 1927, in erster Fassung, epochemachend „Der Begriff des

468 Vgl. *Dirk van Laak*: Gespräche in der Sicherheit des Schweigens, Carl Schmitt in der politischen Geistesgeschichte der frühen Bundesrepublik, Berlin 1993.

469 Zur biographischen und wissenschaftlichen Begegnung vgl. *Ernst-Wolfgang Böckenförde / Dieter Gosewinkel*: Wissenschaft. Politik. Verfassungsgericht, Berlin 2011, S. 359 ff.

Politischen". Die „Verfassungslehre", das einzige systematische Werk, erschien in erster Auflage 1928; auf die Krise der Weimarer Republik antwortet der „Hüter der Verfassung", „Legalität und Legitimität" entzieht ihr dann 1932 die Grundlage. Die Reihe der den Nationalsozialismus stützenden Schriften wird eröffnet mit „Staat, Bewegung, Volk", fortgesetzt mit „Der Leviathan in der Staatslehre des Thomas Hobbes", bis Rückzug und Distanzierung in die Weite eines mythischen „Land und Meer" übergehen. Nach 1945 vertieft sich die mythische Dimension in „Der Nomos der Erde". Frühere Werke erscheinen in Neuauflage. Neue Grenzgänge wie „Theorie des Partisanen"[470] kommen hinzu; die „Tyrannei der Werte"[471] greift aggressiv in die rechtswissenschaftliche Diskussion und verfassungsgerichtliche Rechtsprechung der frühen Bundesrepublik ein. Der Rest ist Schweigen.

Eine kritische Gesamtausgabe des Werkes gibt es bislang nicht; eine solche wäre wegen der zahlreichen Titel, der wechselnden Textfassungen und der Fülle der weit verstreuten Beiträge in Zeitschriften und sonstigen Periodica, insbesondere wenn man auch den umfangreichen Schriftwechsel und die noch nicht entzifferten Tagebucheinträge einbeziehen wollte, auch in absehbarer Zeit nicht zu leisten.[472]

---

470 *Carl Schmitt*: Theorie des Partisanen. Zwischenbemerkung zum Begriff des Politischen, Berlin 1963 (2. Aufl., Berlin 1975).

471 *Carl Schmitt*: Die Tyrannei der Werte, Berlin 1967 (3. Aufl., Berlin 2011).

472 Einen Überblick über die Schriften und die bibliographischen Einzelnachweise der hier aufgelisteten Titel geben immerhin *Reinhard Mehring*: Carl Schmitt. Eine Biographie, München 2009, S. 584 f.; *Alain de Benoist*: Carl Schmitt. Internationale Bibliographie der Primär- und Sekundärliteratur, Graz 2010.
Zur Bibliographie generell *Piet Tommissen*: Carl-Schmitt-Bibliographie, in: *Hans Barion / Ernst Forsthoff / Werner Weber* (Hrsg.): Festschrift für Carl Schmitt zum 70. Geburtstag dargebracht von Freunden und Schülern, 2. Aufl., Berlin 1989 (1. Aufl. 1959), S. 273 ff.; ders.: Ergänzungsliste zur Carl-Schmitt-Bibliographie vom Jahre 1959, in: *Hans Barion / Ernst-Wolfgang Böckenförde / Ernst Forsthoff / Werner Weber* (Hrsg.): Epirrhosis. Festgabe für Carl Schmitt, 2. Aufl., Berlin 2002, S. 739 ff.
Aus dem immensen Briefwechsel *Kai Burkhardt* (Hrsg.): Carl Schmitt und die Öffentlichkeit. Briefwechsel mit Journalisten, Publizisten und Verlegern aus den Jahren 1923 bis 1983, Berlin 2013; *Ewald Grothe* (Hrsg.): Carl Schmitt – Ernst Rudolf Huber: Briefwechsel 1926–1981, Berlin 2014; *Martin Tielke / Gerd Giesler* (Hrsg.): Schmitt und Sombart. Der Briefwechsel von Carl Schmitt mit Nicolaus,

3.

Das Werk hat eine außerordentliche Aufmerksamkeit gefunden und leidenschaftliche Auseinandersetzungen hervorgerufen.[473] Die Sekundärliteratur ist Legion und schlechterdings nicht mehr überschau-

---

Corina und Werner Sombart, Berlin 2015; *Jan Eike Dunkhase* (Hrsg.): Reinhard Koselleck und Carl Schmitt: Briefwechsel 1953–1983, Berlin 2019; *Martin Tielke* (Hrsg.): Carl Schmitt – Duschka Schmitt. Briefwechsel 1923–1950, Berlin 2020. Bemerkenswert neuerdings *Carl Schmitt*: Glossarium. Aufzeichnungen aus den Jahren 1947 bis 1958, hrsgg. von Gerd Giesler / Martin Tielke, 2. Aufl., Berlin 2015.

473 Aus der neueren Befassung mit Carl Schmitt vgl. etwa *Reinhard Mehring*: Pathetisches Denken. Carl Schmitts Denkweg am Leitfaden Hegels: Katholische Grundstellung und antimarxistische Hegelstrategie, Berlin 1989; ders.: Macht im Recht. Carl Schmitts Rechtsbegriff in seiner Entwicklung, in: Der Staat, 2004, S. 1 – 22; *Günter Meuter*: Zum Begriff der Transzendenz bei Carl Schmitt, in: Der Staat, 1991, S. 483 – 512; *Heinrich Meier*: Die Lehre Carl Schmitts. Vier Kapitel zur Unterscheidung Politischer Theologie und Politischer Philosophie, Stuttgart – Weimar 1994; *Andreas Göbel / Dirk van Laak / Ingeborg Villinger* (Hrsg.): Metamorphosen des Politischen. Grundfragen politischer Einheitsbildung seit den 20er Jahren, Berlin 1995; *Jürgen Manemann*: Carl Schmitt und die Politische Theologie. Politischer Anti-Monotheismus, Münster 2002; *Timo Frasch*: Zwischen Selbstinszenierung und Rezeption. Carl Schmitts Ort in der Bundesrepublik Deutschland, Bonn 2006; *Andreas Heuer*: Carl Schmitt: Die Dialektik der Moderne. Von der europäischen zur Weltmoderne, Berlin 2010; *Hugo Eduardo Herrera*: Carl Schmitt als politischer Philosoph, Berlin 2011; *Christian Kreuder-Sonnen*: Der Globale Ausnahmezustand. Carl Schmitt und die Anti-Terror-Politik des UN Sicherheitsrates, Baden-Baden 2012; *Rüdiger Voigt*: Denken in Widersprüchen. Carl Schmitt wider den Zeitgeist, 2. Aufl., Baden-Baden 2021; *Jean Francois Kervégan*: Was tun mit Carl Schmitt?, Tübingen 2019; *Michael Kodalle*: Carl Schmitt und seine Schuld, in: Der Staat, 2/2019; als nach eigener Verlautbarung erstmalige Würdigung des juristischen Werkes von Carl Schmitt *Volker Neumann*: Carl Schmitt als Jurist, Tübingen 2015.

Vgl. auch die sehr persönliche Begegnung eines jüdischen Autors mit Carl Schmitt: *Jacob Taubes*: Ad Carl Schmitt. Gegenstrebige Fügung, Berlin 1987; hierin S. 7 ff.: „Carl Schmitt. Ein Apokalyptiker der Gegenrevolution".

Zur rechtspolitischen Rezeption Carl Schmitts vgl. *Günter Maschke*: Der Tod des Carl Schmitt: Apologie und Polemik, Wien 1987 (vgl. hierzu die Rezension von *Helmut Quaritsch*, in: Der Staat, 1988, S. 303–306); ders.: Carl Schmitt in Europa. Bemerkungen zur italienischen, spanischen und französischen Nekrologdiskussion, in: Der Staat, 1986, S. 575–599; vgl. auch die durchgängige Bezugnahme auf Carl Schmitt bei *Martin Kriele*: Einführung in die Staatslehre. Die geschichtlichen Legitimationsgrundlagen des demokratischen Verfassungsstaates, Reinbek 1975, und *Vittorio Hösle*: Moral und Politik. Grundlagen einer Politischen Ethik für das 21. Jahrhundert, München 1997.

bar.[474] Man hat geradezu von einer „Carl-Schmitt-Renaissance" gesprochen. Die Rezeption im Ausland wächst und wächst, bis jüngst zur Diskussion in der französischen „Nouvelle Droite"[475]; kaum ein deutscher Denker aus dem 20. Jahrhundert, von Heidegger abgesehen, hat derart weitreichende Wirkungen entfaltet.[476] Es scheint der deutsche „furor" oder ein geistiges Grenzgängertum zu sein, wovon das Ausland fasziniert ist. „Ein gefährlicher Geist" überschreibt Jan-Werner Müller seine Geschichte der Wirkung von Carl Schmitt in Europa[477], zu der übrigens Michael Stolleis, der „Lebendigen Antike" bekannt[478], ein Vorwort beigesteuert hat.

Erst jüngst wieder hat eine Neuausgabe entlegener Schriften von Carl Schmitt eine neue Debatte ausgelöst, vgl. *Carl Schmitt*: Staatsgefüge und Zusammenbruch des zweiten Reiches. Der Sieg des Bürgers über den Soldaten, hrsgg. von Günter Maschke, Berlin 2011, und die Rezension hierzu von *Reinhard Mehring* in: Juristenzeitung 13/2011, S. 684.

474 Zur Bibliographie vgl. *Tommissen*, a.a.O. (Anm. 471), *Mehring*, a.a.O. (Anm. 471); *Benoist*, a.a.O. (Anm. 471).
Vgl. auch die Sammelbände von Beiträgen zu Carl Schmitt von *Piet Tommissen* (Hrsg.): Schmittiana, 8 Bde., Berlin 1988–2003 (vgl. den auch an C. S. erinnernden Nachruf auf Piet Tommissen in: Frankfurter Allgemeine Zeitung, 24.8.2011, S. 29); neuerdings *Carl-Schmitt-Gesellschaft* (Hrsg.): Schmittiana. Neue Folge, Berlin 2011 ff.
Vgl. ferner *Armin Mohler*: Die konservative Revolution in Deutschland 1918–1932, 3. Aufl., Darmstadt 1989, S. 209/210; siehe auch die wiederholten Literatur-Berichte von *Günter Maschke*: Freund und Feind- Schwierigkeiten mit einer banalité supérieure. Zur neueren Carl-Schmitt-Literatur, in: der Staat, 1994, S. 286 – 306; ders.: Carl Schmitt in den Händen der Nicht-Juristen, in: Der Staat, 1995, S. 104–129.

475 *Alain de Benoist*: Carl Schmitt und der Krieg, Berlin 2007. Vgl. auch, als vielleicht langen Nachklang in Frankreich, *Régis Debray*: Eloge des frontières, Paris 2010, und neuerdings wohl auch *Konrad Paul Lissmann*: Lob der Grenze. Kritik der politischen Unterscheidungskraft, Wien 2012.

476 Zur internationalen Wirkung generell vgl. *Rüdiger Voigt*: Der Staat des Dezisionismus. Carl Schmitt in der internationalen Debatte, Baden-Baden 2007; zuvor etwa *Günter Maschke*: Carl Schmitt in Europa. Bemerkungen zur italienischen, spanischen und französischen Nekrologdiskussion, in: Der Staat, 1986, S. 575–599; *Manfred Baldus*: Carl Schmitt im Hexagon. Zur Schmitt-Rezeption in Frankreich, in: Der Staat, 1987, S. 566–586.

477 *Jan-Werner Müller*: Ein gefährlicher Geist. Carl Schmitts Wirkung in Europa, Darmstadt 2007.

478 *Michael Stolleis*: Lebendiges Latein im europäischen Recht, „Lebendige Antike" am 20. 11. 2002.

4.

Die Titel deuten es an: Das Werk ist ein gewaltiges Gebirge, mit Schluchten und Tiefen und umwitterten Höhen. Ein großes geschlossenes gedankliches System ist es nicht. Es ist seine Schärfe und seine Abgründigkeit, wovon die Anziehungskraft und die Wirkung ausgehen. Es sind die politischen Verhältnisse seiner Zeit und Macht und Politik überhaupt, denen seine scharfen Analysen gelten und die er in suggestiv zupackenden – gelegentlich mythisch überhöhten – Begriffsbildungen zu verstehen und verstehbar zu machen sucht. Und es ist die Sprache, die in ihrer rhetorischen, polemischen, aphoristischen Zuspitzung jedenfalls für die Staatswissenschaft seinerzeit bestürzend neu und auch heute noch einzigartig ist. Berühmt geworden sind Sätze wie „Alle prägnanten Begriffe der modernen Staatslehre sind säkularisierte theologische Begriffe.“[479], „Der Staat ist die politische Einheit eines Volkes.“[480], „Die Ausnahme ist interessanter als der Normalfall.“[481], „Der Begriff des Staates setzt den Begriff des Politischen voraus.“[482], „Die Epoche der Staatlichkeit geht jetzt zu Ende. Darüber

---

Professor Dr. iur. Dr. h. c. *Michael Stolleis*+ hat dem Verfasser mit Brief vom Oktober 2012 einige Gedanken zu 1. Auflage der vorliegender Schrift mitgeteilt: „Das große Jahrzehnt des C. S. waren die Jahre 1920–1930. Was er da trotz aller Hektik seines Lebens, Unrast, Ehrgeiz etc. leistete, ist enorm. Ob es aber wirklich ein Werk ist, das uns heute irgendwo und irgendwie helfen kann, ist mir doch zweifelhaft. Er lebte sehr in der Auseinandersetzung mit dem Erbe des 19. Jahrhunderts und intensivst angeregt von der Staatskrise der Weimarer Republik. Die Zeitbedingtheit seiner Worte, bewusst ‚in die Waagschale der Zeit' geworfen, ist doch sehr hoch. Seine Probleme sind nicht die unseren. Auch die Trennung von Staat und Gesellschaft, die auch Sie … so betonen und die ich auch um der Freiheitsräume des Einzelnen betonen möchte, ist seit dem Kriegsverwaltungsrecht des 1. Weltkriegs so stark verwischt worden, dass eigentlich nur die verschiedenen Rechtswege daran erinnern. In der Substanz ist die Differenz zwischen öffentlichem Recht und Privatrecht doch sehr eingeebnet worden…“

479 *Carl Schmitt*: Politische Theologie, 2. Ausg., München – Leipzig 1934, S. 49 (jetzt: 10. Aufl., Berlin 2015).

480 *Carl Schmitt*: Verfassungslehre, 5. Aufl., Berlin 1970, S. 3.

481 *Carl Schmitt*: Politische Theologie, a.a.O., S. 22.

482 *Carl Schmitt*: Der Begriff des Politischen. Text von 1932 mit einem Vorwort und drei Corollarien, Berlin 1963, S. 20.

ist kein Wort mehr zu verlieren."[483] oder „Souverän ist, wer über den Ausnahmezustand entscheidet."[484]. Kennzeichnend sind in der Tat eine Tendenz zur Aphoristik und der Einsatz rhetorischer Mittel. Kennzeichnend ist indes von Anfang an auch eine erstaunlich selbstbewußte Apodiktik und gelegentlich anmaßende, aber auch weithin zeitgebundene Polemik. „Seine Begriffsspielerei, verbunden mit fundamentalen und gewollten Dunkelheiten, seine ahistorische Kombinatorik mit historischen Ereignissen und Zitaten, seine Selbststilisierung und Selbstüberschätzung,... schließlich seine glanzvolle Belesenheit in der Weltliteratur machen ihn zum Grenzfall der Staatsrechtslehre und erklären wohl auch seine Anziehungskraft auf Leser außerhalb der Jurisprudenz."[485] *So wie er hat vor ihm in der Staatsrechtslehre und nach ihm niemand mehr geschrieben*. Das hat freilich den Preis erratischer Einsamkeit.

5.

Alle diese sprachlichen Mittel sind Ausdruck eines Politischen Denkens vom Äußersten her, von der Extremsituation, vom Ausnahmezustand – somit von historischen Situationen, die in der ersten Hälfte des 20. Jahrhunderts Wirklichkeit waren. Carl Schmitt hat daher einen besonderen, persönlich und zeitgeschichtlich begründeten Rang in der Tradition der düsteren Staats- und Gesellschaftslehre, der gleichsam dunklen Seite des Politischen Denkens. Mit Thukydides und Tacitus mag diese Linie begonnen haben, Augustinus hat seinen eigenen Teil dazu beigetragen, Machiavelli und Thomas Hobbes sind die Hauptvertreter in der Neuzeit, und die düstere Großinquisitor-Gestalt aus dem spanischen Antiliberalismus des 19. Jahrhunderts, Donoso Cortés[486],

---

483 *Carl Schmitt*: Der Begriff des Politischen, a.a.O., S. 10.

484 *Carl Schmitt*: Politische Theologie, a.a.O., S. 11.

485 *Michael Stolleis:* Geschichte des Öffentlichen Rechts in Deutschland. Dritter Band: Staats- und Verwaltungsrechtswissenschaft in Republik und Diktatur1914–1945, München 1999, S. 181.

486 *Donoso Cortés*: Briefe, Parlamentarische Reden und diplomatische Berichte aus den letzten Jahren seines Lebens (1849–53), hrsgg. von Albert Maier, Köln 1950

ist neben Thomas Hobbes Carl Schmitts bevorzugter Referenzautor.[487] Grundlage ist eine pessimistische Anthropologie und ein existentialistisches Verständnis von Recht und Naturrecht, wie dies Hans Welzel durchgängig näher entfaltet hat.[488] In den Worten von Carl Schmitt: „Man könnte alle Staatstheorien und politischen Ideen auf ihre Anthropologien prüfen und danach einteilen, ob sie, bewußt oder unbewußt, einen ‚von Natur bösen' oder einen ‚von Natur guten' Menschen voraussetzen. Entscheidend ist ....die Antwort auf die Frage, ob der Mensch ein ‚gefährliches' oder ungefährliches, ein riskantes oder ein harmlos nicht-riskantes Wesen ist."[489]

6.

Gegenstand der kritischen Dekonstruktion Carl Schmitts ist der bürgerliche Rechtstaat des 19. Jahrhunderts und dessen fortwirkender Liberalismus, ist der positivistische Gesetzgebungsstaat der Weimarer Verfassung, ist die parlamentarische Demokratie, wie sie in der Weimarer Republik zutage trat. Keine dieser politischen Kräfte und Institutionen seien, so jedenfalls in der Gegenwart der zwanziger und frühen dreißiger Jahre des 20. Jahrhunderts, zur Schaffung einer dauerhaften politischen Ordnung imstande, da sie eine einheitsstiftenden Idee als politische Bedingung oder Voraussetzung einer Verfassung weithin ausblendeten.

(Anmerkung des Verfassers: Das zitierte Werk hat der Verfasser für seine persönliche Bibliothek über den Antiquariatshandel erworben. Es trägt auf dem Vorsatz als Besitzangabe den handschriftlichen Namenszug „F. Schnabel" und stammt offensichtlich aus der Privatbibliothek des berühmten Münchner Neuhistorikers. Auch insofern „habent sua fata libelli".)

487 *Carl Schmitt*: Donoso Cortés in gesamteuropäischer Interpretation, Köln 1950; ders.: Positionen und Begriffe im Kampf um Weimar – Genf – Versailles 1923–1939, Neuausgabe Berlin 1988, S. 115 ff..

488 *Hans Welzel*: Naturrecht und materiale Gerechtigkeit, 4. Aufl., Göttingen 1962; hierin zu Carl Schmitt S. 206 f.

489 *Carl Schmitt*: Der Begriff des Politischen. Text von 1932 mit einem Vorwort und drei Corollarien, Berlin 1963, S. 59.

Inwieweit Schmitts Liberalismus- und Parlamentarismuskritik auch für die heutige Bundesrepublik Wirkung entfalten kann, darf hier offen bleiben. Die radikale Frage aber nach den politischen Voraussetzungen einer Staatsverfassung ist auch heute in beunruhigender Weise offen und scheint auch in der gegenwärtigen Staatsrechtslehre in ihrem Irenismus und ihrer Verfassungsimmanenz kaum gestellt.

7.

Der geistige Horizont von Carl Schmitt umfaßt die gesamte abendländische Geistesgeschichte. Literatur und Philosophie, die Humanistische Bildung, die alten Sprachen standen ihm zur Verfügung. Noch in seinen späten Lebensjahren hat er gelegentlich Lateinisch gesprochen. Er, der alles Bürgerliche ablehnte, repräsentiert in geradezu vollkommener Weise den bürgerlichen Bildungskanon seiner Zeit. Dieser Bildungskanon war zugleich der Bildungskanon der traditionellen akademischen Welt, der deutschen Universität, die im Mittelpunkt von Carl Schmitts Leben und Wirken stand und die sein Berufsfeld war. In den zwanziger, den dreißiger Jahren des letzten Jahrhunderts hat diese geisteswissenschaftliche Einheit ein Einziger noch zu leisten vermocht. Doch er war darin nicht allein. Seine persönliche Umwelt, seine Kollegen, Freunde, Widersacher lebten in eben dieser Welt. In der wissenschaftlichen communio ist er nahezu allen bedeutenden Geistern seiner Zeit begegnet; aber er suchte und fand auch Begegnungen in Literatur und Dichtung: Theodor Däubler war einer seiner exzentrischen Favoriten[490]; mit Ernst Jünger verband ihn lebenslange Freundschaft. Zum George-Kreis gab es eine an sich naheliegende, aber nur frühe und nicht anhaltende Berührung.[491] Und wer in den zwanziger und dreißiger Jahren sein Schüler oder schon Weggefährte in den

490 *Carl Schmitt*: Theodor Däublers „Nordlicht". Drei Studien über die Elemente, den Geist und die Aktualität des Werkes, München 1916 (3. Aufl., Berlin 2009).

491 Die denn auch bei *Mehring*, a.a.O. (Fußn. 471), S. 48 ff., nur kurz erwähnt und bei *Thomas Karlauf*: Stefan George. Die Entdeckung des Charisma, 3. Aufl., München 2007, und *Ulrich Raulff*: Kreis ohne Meister. Stefan Georges Nachleben, 2. Aufl., München 2010, nicht weiter thematisiert wird.

Staatswissenschaften war wie Ernst Rudolf Huber[492], Werner Weber[493] und später in Heidelberg, hier in der Kurpfalz, Ernst Forsthoff[494], Hans Schneider[495] und Reinhard Koselleck[496], in Speyer Helmut Quaritsch[497], ja, auch Christian Meier[498] hat diese Begegnung noch weit in die frühen Jahre der Bundesrepublik hineingetragen.

8.

Zur wissenschaftlichen Leistung kontrastiert ein zumindest in der ersten Hälfte exzessives Leben.[499] Die Münchner Zeit kurz vor und um 1920 war ein Leben in der Bohème. Die überstürzte Heirat damals mit einer vermeintlichen Gräfin aus Kroatien, die sich später als Hoch-

492 Vgl. das monumentale Werk von *Ernst Rudolf Huber*: Deutsche Verfassungsgeschichte seit 1789, 7 Bde., Stuttgart u. a. 1960 ff.; zuvor freilich ders.: Verfassungsrecht des Großdeutschen Reiches, 2. Aufl., Hamburg, 1937/1939.

493 *Werner Weber*: Spannungen und Kräfte im westdeutschen Verfassungssystem, Stuttgart 1951.

494 *Ernst Forsthoff*: Lehrbuch des Verwaltungsrechts, Band I, 10. Aufl., München 1973; ders.: Deutsche Verfassungsgeschichte der Neuzeit, 2. Aufl., Stuttgart 1961; ders.: Der Staat der Industriegesellschaft, 2. Aufl., München 1971; ders.: Rechtsstaat im Wandel. Verfassungsrechtliche Abhandlungen 1954–1973, 2. Aufl., München 1976.
Zum Verhältnis von Ernst Forsthoff zu Carl Schmitt vgl. in seiner großen Arbeit jüngst *Florian Meinel*: Der Jurist in der industriellen Gesellschaft. Ernst Forsthoff und seine Zeit, Berlin 2011, S. 36–47.

495 *Hans Schneider*: Gesetzgebung. Ein Lehrbuch, Heidelberg 1982 (3. Aufl., Heidelberg 2002).

496 *Reinhard Koselleck*: Preußen zwischen Reform und Revolution, Neuausgabe München 1989.

497 *Helmut Quaritsch*: Positionen und Begriffe Carl Schmitts, 4. Aufl., Berlin 2010.

498 *Christian Meier*: Die Entstehung des Politischen bei den Griechen, Frankfurt am Main 1980; weiterhin ders.: Athen. Ein Neubeginn der Weltgeschichte, Berlin 1993; ders.: Caesar, 3. Aufl., München 1993.

499 Das insbesondere von *Reinhard Mehring*: Carl Schmitt. Aufstieg und Fall. Eine Biographie, München 2009, minutiös und mit aller Offenheit dargestellt wird.
Quelle sind insbesondere die nach und nach in Veröffentlichung begriffenen Tagebücher von Carl Schmitt, vgl. *Carl Schmitt*: Tagebücher vom Oktober 1912 bis Februar 1915, hrsgg. von Ernst Hüsmert, Berlin 2005; *Carl Schmitt*: Tagebücher 1930–1934, hrsgg. von Wolfgang Sachuller, Berlin 2012; *Carl Schmitt*: Der Schatten Gottes. Introspektionen, Tagebücher und Briefe 1921 bis 1924, hrsgg. von Gerd Giesler / Ernst Hüsmert / Wolfgang H. Spindler, Berlin 2014.

staplerin herausstellte, führte zu Krisen und zur späteren Scheidung. Gleichzeitig unterhielt er Beziehungen zu zahlreichen Frauen, wovon ihn auch die spätere zweite, krisenhafte Ehe mit einer Bonner Studentin nicht abhielt. Die Berliner Zeit der frühen dreißiger Jahre war belastet mit sexuellen Obsessionen und vom Umgang mit Prostituierten. Dann stürzte er sich in den Nationalsozialismus. Und im übrigen war das ganze aktive Leben ausgefüllt mit einer rast- und ruhelosen Reise- und Vortragstätigkeit, die auch heute noch angesichts der doch auch umfangreichen wissenschaftlichen Publikationsarbeit fassungslos macht. Den Untergang des Dritten Reiches erlebte er in Berlin. Nach 1945 ging Carl Schmitt nach Plettenberg gleichsam ins Exil. Hier kam er zur Ruhe. Aber auch zur Selbststilisierung – „Ex captivitate salus"[500] – und weithin zum Schweigen. Einen „Abenteurer des Geistes" nannte er sich selbst; eine „Shakespeare'sche Gestalt im Zentrum der deutschen Katastrophe", einen „abgründigen Charakter", gar einen „starken Geist luziferischer Art" nannten ihn andere.[501]

9.

Zur Katastrophe für Carl Schmitts Leben und Werk wurde sein Hinwendung zum Nationalsozialismus. Über die Gründe und Motive ist viel gerätselt worden; immerhin aber legen seine antiliberalen und staats-autoritäten Schriften der Weimarer Zeit den Übergang zu dem neuen Regime nahe; letztlich aber bleiben die Ursachen und Motive im Dunkeln.[502] Jedenfalls trat Carl Schmitt 1933 der NSDAP bei. In

500 *Carl Schmitt*: Ex captivitate salus. Erfahrungen der Zeit 1945/47, Köln 1950.

501 *Reinhard Mehring*: Carl Schmitt. Aufstieg und Fall. Eine Biographie, München 2009, Klappentext auf der Rückseite, im übrigen *Walter Lewald* nach *Patrick Bahners*: Du bist der Feind in mir, in: Frankfurter Allgemeine Zeitung, 14. 10. 2009, S. L 23.

502 Eine „Topik der Entscheidungsgründe für den Nationalsozialismus" erstellt *Mehring*, a.a.O., S. 310 ff.; andererseits stellt *Mehring* fest, daß es „heute weitgehend gesichert" sei, „daß Schmitt eine Machtübernahme oder ‚Machtergreifung' Hitlers ablehnte und verhindern wollte.", a.a.O., S. 301.
Eine bemerkenswerte, durchaus plausible und so wohl bisher auch nicht veröffentlichte Erklärung für Schmitts Zuwendung zum Nationalsozialismus gibt Leitender Ministerialrat a. D. Dr. iur. utr. *Hannfried Walter*, ehemals Wissenschaftli-

einer Fülle von Schriften, Vorträgen, Pamphleten setzt er sich für die neue „Ordnung" und den „Führer" ein. Den Gipfelpunkt erreicht er mit der zynischen Rechtfertigung der Morde im Zusammenhang mit der Röhm-Affäre 1934: „Der Führer schützt das Recht".[503] Schmitt übernimmt hohe Funktionen in den gleichgeschalteten Standesvereinigungen, wird von Göring zum „Preußischen Staatsrat" ernannt und steigt durch Gutachten und Prozeßvertretungen zum „Kronjuristen" des Dritten Reiches auf.[504] Den Machthabern, vornehmlich dem später berüchtigten Generalgouverneur von Polen, Hans Frank, begegnet er mit geradezu proskynetischer Andienung. Die dunkelste Seite zeigt er mit antisemitischen Ausfällen und Agitationen; jüdische Freunde und Kollegen verläßt und diffamiert er; Berufungen auf Lehrstühle, soweit

---

cher Referent am Max-Planck-Institut für Ausländisches Öffentliches Recht und Völkerrecht in Heidelberg, in einem Brief an den Verfasser vom 24. Februar 2013: „Für mich sind die Ursachen und Motive seiner letztlich abrupten Hinwendung zum Nationalsozialismus nicht so im Dunkeln und seine vorausgehenden Schriften keineswegs so staatsautoritär und antiliberal, wie das gemeinhin angenommen wird… Motiv und Ursache ergeben sich m. E. aus dem Zusammenspiel der moralfreien logischen Konsequenz aus der bisher theoretisch gebliebenen Verfassungsbetrachtung mit der Eitelkeit darüber, daß die eigene Theorie plötzlich nicht mehr Theorie blieb und zum politischen Ereignis wurde. Ich sehe überhaupt keinen Bruch darin, daß Carl Schmitt noch im Januar 1933 die Regierung Schleicher legitimiert sah, die bestehende Verfassung gegen die Nazis auch mit formal problematischen Mitteln und damit in ihrem Wesenskern zu verteidigen, um dann kurz nach der Machtergreifung dem Umschwung zu huldigen: Da war ganz einfach – in seinem Verfassungsbegriff – in der unglaublich kurzen Zeit von Wochen – eine neue Grundentscheidung über die politische Existenz des Volkes gefallen. Um bei solcher Anschauung die eigene Theorie nicht bestätigt zu sehen, muß man in einem Carl Schmitt sicherlich fremden Ausmaße der Eitelkeit ermangeln. Die Gewaltigkeit dieses Umschwunges – nicht blutige Machtergreifung durch Revolution, sondern blutige Revolution nach Machtergreifung – können wir heute nicht mehr ermessen."

503 *Carl Schmitt*: Der Führer schützt das Recht, 1934, später in: ders.: Positionen und Begriffe im Kampf mit Weimar – Genf – Versailles 1923–1939, Hamburg 1940.

504 Zur Laufbahn Carl Schmitts im Nationalsozialismus vgl. die voluminöse Arbeit von *Andreas Koenen*: Der Fall Carl Schmitt. Sein Aufstieg zum „Kronjuristen" des Dritten Reiches, Darmstadt 1995.

es solche in der Anfangszeit noch gab, hintertrieb er. Hans Kelsen, der ebenbürtige Antipode[505], wird zu Unperson.

Der Fall jedoch kam. Gegen Ende er dreißiger Jahre verlor Carl Schmitt auf Grund von gegnerischen Machenschaften seine Funktionen; den Titel „Preußischer Staatsrat" indes und seinen Berliner Lehrstuhl behielt er. Er war jedoch bereits zu Kriegsbeginn „kaltgestellt", um dieses Wort aus dem „Wörterbuch des Unmenschen" zu gebrauchen, verlor an Einfluß und zog sich gleichzeitig in eine wachsende innere Distanz zurück. Mit dem Widerstand hatte er keine Berührung, auch wenn einer seiner engsten Weggefährten, Johannes Popitz, der Verfolgung nach dem 20. Juli 1944 zum Opfer fiel.[506] Er harrte in Berlin bis zum Kriegsende aus.

Nach 1945 erhielt er keinen Lehrstuhl mehr. Leben und Werk waren auf Dauer kompromittiert. Wissenschaftliche Würdigungen seines Werkes, die vornehmlich dessen nationalsozialistische Verstrickung ins Blickfeld nehmen, und davon kann man nicht absehen, sind vernichtend.[507]

---

505 *Hans Kelsen*: Reine Rechtslehre, 2. Aufl., Wien 1960 (Erstauflage 1934, Neudruck 1976): Normtheorie statt Machtanalyse!

506 Zu Johannes Popitz vgl. *Gerhard Schulz*: Über Johannes Popitz (1884–1945), in: Der Staat, 1985, S. 485–511; siehe auch den Hinweis von *Ernst-Wolfgang Böckenförde*: Einleitung zu: Johannes Popitz. Der Staatsbegriff als allgemeingültiger Begriff, in: Der Staat, 1984, S. 227 – 232.

507 Maßgeblich *Bernd Rüthers*: Carl Schmitt im Dritten Reich, 2. Aufl., München 1990; zuvor schon ders.: Entartetes Recht. Rechtslehren und Kronjuristen im Dritten Reich, 2. Aufl., München 1989, S. 101 ff. Zur wachsenden Carl-Schmitt-Literatur und deren teilweise apologetischem Gehalt kritisch ders.: Altes und Neues von und über Carl Schmitt, in: Neue Juristische Wochenschrift, 1996, S. 896 ff.; erneut ders.: Immer noch Neues zu Carl Schmitt?, in: Neue Juristische Wochenschrift, 1999, S. 2861 ff.
Wenige Tage nach Drucklegung der 1. Auflage vorliegender Schrift erschien der große Aufsatz von *Bernd Rüthers*: Die Werte der Tyrannei, in: Frankfurter Allgemeine Zeitung, 19.9.2012, S. 8 (in Umkehrung des Titels „Die Tyrannei der Werte" von Carl Schmitt, 1967), worin Rüthers erneut die Position von Carl Schmitt und seiner Zeitgenossen in den Aufbaujahren der Bundesrepublik kritisch bewertet.
An den Verfasser hat Professor Dr. iur. Dr. h. c. *Bernd Rüthers*, Universität Konstanz, mit Handschreiben vom 26. 9. 2012 zur 1. Auflage der vorliegenden

Völkermord und den Holocaust betrachtete Schmitt allerdings „zweifellos … als Verbrechen. Lebenslang aber wird er darüber schweigen.“[508]

10.

Ein wichtiges Merkmal des Lebens und Denkens von Carl Schmitt ist sein Katholizismus. Dies mag angesichts seiner nationalsozialistischen Lebensphase überraschen, trifft aber signifikant zu. Die katholische Kirche war für ihn von existentieller Bedeutung; in ihr sah er als Politischer Denker in den Umbrüchen der Geschichte und seiner Lebenszeit, wie er sie sah, eine sinnstiftende Idee und einen Garanten von Lebensform, Ordnung und Stabilität: „Römischer Katholizismus und politische Form“[509]. Hier steht auch am Anfang jener berühmte Satz: „Es gibt einen antirömischen Affekt.“[510] Es war indes eher ein „existentieller“ Katholizismus, den er vertrat; die Lektüre von Léon Bloy und Theodor Haecker, das spannungsreiche Verhältnis zu Erik Peter-

Schrift die Bemerkung übermittelt: „Vielleicht ist C. S. für die politische Antike wichtiger als für die Gegenwart?“

508 *Mehring*, a.a.O. (Anm. 500), S. 429.

509 *Carl Schmitt*: Römischer Katholizismus und politische Form, 1923/1925, Neuausgabe Stuttgart 1984.

510 Ibid., S. 5.
Von einem „antirömischen Affekt“ spricht freilich auch Hans Urs von Balthasar, der damit allerdings eine innerkatholische Konfrontationslinie bezeichnet, *Hans Urs von Balthasar*: Der antirömische Affekt. Wie läßt sich das Papsttum in die Gesamtkirche integrieren, Freiburg – Basel – Wien 1974.

son[511] und die lebenslange Auseinandersetzung mit Hans Barion[512], schillernden Geistern aus dem Milieu eines geschichtsmythischen und auch mystischen Katholizismus, zeigen diese Hinwendung. Trotz zeitweiliger Distanzierungen und Entfremdungen, vor allem wegen seiner kirchenrechtlich nicht aufgelösten ersten Ehe, hat er an der Kirche letztlich festgehalten.

IV. Der Inhalt des Werkes in einzelnen Schriften

Damit sind das Werk von Carl Schmitt und seine Stellung im 20. Jahrhundert in groben Zügen umrissen. Wenden wir uns nun einigen seiner bereits erwähnten Schriften mit wenigen Worten näher zu.

1.

Am Anfang seiner Wirkung steht 1922 der Fanfarenstoß der „Politischen Theologie".[513] Das ist der erste Satz: „*Souverän ist, wer über den*

511 dem Carl Schmitt noch in späten Lebensjahren eine Replik auf dessen Kritik an der „Politischen Theologie" widmet, vgl. *Carl Schmitt*: Politische Theologie II. Die Legende von der Erledigung jeder Politischen Theologie, Berlin 1970 (3. Aufl., Berlin 1990). Vgl. *Erik Peterson*: Theologische Traktate. Ausgewählte Schriften, Band 1, Würzburg 1994; *Barbara Nichtweiß*: Erik Peterson. Neue Sicht auf Leben und Werk, Freiburg/Brg. 1992.
Vgl. auch die Neuausgabe *Erik Peterson*: Heis Theos. Epigraphische, formgeschichtliche und religionsgeschichtliche Untersuchungen zur antiken „Ein Gott"-Akklamation, Würzburg 2012. In der Rezension hierzu von *Roland Kany*: Hoch soll der Einzige leben!, in: Frankfurter Allgemeine Zeitung, 6.10.2012, S. L 32, heißt es einleitend: „Wo sich Carl Schmitt Argumente für seine politische Theologie besorgte…"

512 Herausgeber und Mitverfasser u. a. zweier Festschriften für Carl Schmitt; vgl. *Hans Barion / Ernst Forsthoff / Werner Weber* (Hrsg.): Festschrift für Carl Schmitt zum 70. Geburtstag, 2. Aufl., Berlin 1989; *Hans Barion / Ernst-Wolfgang Böckenförde / Ernst Forsthoff / Werner Weber* (Hrsg.): Epirrhosis. Festgabe für Carl Schmitt, 2. Aufl., Berlin 2002.

513 *Carl Schmitt*: Politische Theologie. Vier Kapitel zur Lehre von der Souveränität, München – Leipzig 1922 (2. Ausg., München – Leipzig 1934; jetzt 10. Aufl. 2015). Hierzu noch Jahrzehnte später *Hasso Hofmann*: „Souverän ist, wer über den Ausnahmezustand entscheidet", in: Der Staat, 2005, S. 171–186; siehe zuvor auch *Helmut Quaritsch*: Souveränität im Ausnahmezustand. Zum Souveränitätsbegriff

Ausnahmezustand entscheidet."[514] Das ist das Thema: Die einheitsstiftende Letztentscheidungsmacht in einem Gemeinwesen. Schmitt bestimmt die Existenz und das Wesen eines Staates von seiner Fähigkeit her, eine inappellable Letztentscheidung über Normalität und Ausnahmezustand, über Krieg und Frieden zu treffen. Ein Gemeinwesen, in dem eine Instanz diese voraussetzungslose Entscheidungsmacht, dieses Entscheidungsmonopol hat, ist ein souveräner Staat. Die Souveränität stiftet Ordnung nach innen und schafft zugleich Abgrenzung nach außen. Die Souveränität wird damit zur Bedingung der Einheit und Identität des staatlichen Gemeinwesens.

Carl Schmitt mag mit dieser These vorrangig die Amtsvollmachten des Reichspräsidenten der Weimarer Republik und dessen spätere Herrschaft durch Notverordnungen im Auge gehabt und auf seine Weise auf den Begriff gebracht haben. Inwieweit aber Staat auch heute noch von einer solchen Grenzvollmacht her gedacht werden kann und ob nicht wirklich die Ordnung des Gemeinwesens, seine stabilisierende und auch freiheitssichernde Funktion von einer machtvoll durchsetzungsfähigen, nicht mehr hintergehbaren Letztinstanz abhängt – wobei noch zu fragen wäre, wer das ist –, bleibt eine beunruhigende Frage.

Carl Schmitt verbindet seine Gedanken zur Souveränität in derselben Schrift, in freilich schwer verständlicher Zusammenführung, mit dem von ihm geschaffenen Begriff der „Politischen Theologie", der seither geradezu sprichwörtlich geworden ist. „*Alle prägnanten Begriffe der modernen Staatslehre sind säkularisierte theologische Begriffe.*"[515] Schmitt meint hiermit, daß sich Politik und Staatslehre in der Reali-

im Werk Carl Schmitts, in: Der Staat, 1996, S. 1–30; *Horst Hegmann*: Sophistische Metaphysik – Carl Schmitts „Politische Theologie", in: Der Staat, 1999, S. 241–259; neuerdings *Christian Kierdorf*: Carl Schmitts Idee einer politischen Theologie, Berlin 2015.

Zu den Weiterungen einer „Politischen Theologie" jüngst der Sammelband von *Jürgen Manemann* (Hrsg.): Politische Theologie, Baden-Baden 2015.

514 Ibid. S. 11.

515 Ibid., S. 49.

tät eines Begriffs- und Vorstellungsarsenals bedienen, das zu theologischen oder metaphysischen Begriffen in Analogie steht oder sich hieraus ableiten läßt. Hieraus folge die jeweilige Suggestivität von Entscheidungen politischer Instanzen und politischer Handlungen und Programme. Schmitt gibt hierfür erstaunlicherweise jedenfalls keine gegenwärtigen Beispiele;[516] vielleicht sind aber heute solche zu finden. Darauf wird noch zurückzukommen sein. Eine patriarchalische Gesellschaftsordnung und eine Politik, die eine solche stützt, könnte ein Beispiel sein: Sie folgt einem patriarchalischen Gottesbild, das nur Gebot und Gehorsam kennt, nicht aber die Freiheit und Gleichheit der Person. „Das metaphysische Bild, das sich ein bestimmtes Zeitalter von der Welt macht, hat dieselbe Struktur wie das, was ihr als Form ihrer politischen Organisation ohne weiteres einleuchtet."[517] In der Feststellung dieses schillernden Verhältnisses bleibt freilich offen, welche Seite hier welche bedingt. Schmitt fügt allerdings hinzu: „Die Feststellung einer solchen Identität ist die Soziologie des Souveränitätsbegriffes."[518] – hier kommt methodische Realitätswahrnehmung ganz charakteristisch herein.

2.

Der zweite große Wurf ist die zehn Jahre später, am Vorabend der nationalsozialistischen Machtergreifung erschienene Schrift „Legalität und Legitimität".[519] Die hierin behandelte Problemlage kann hier nicht ausgeschöpft werden.[520] Daher nur wenige Gedanken dazu. Carl

516 Geradezu eine Liste der Begriffsanalogien gibt allerdings *Görg Haverkate*: Verfassungslehre. Verfassung als Gegenseitigkeitsordnung, München 1992, S. 139.

517 Ibid. S. 59.

518 Ibid. S. 60.

519 *Carl Schmitt*: Legalität und Legitimität, 2. Aufl., Berlin 1968 (hierin S. 6: „Diese Abhandlung lag am 10. Juli 1932 abgeschlossen vor."; vgl. jetzt die „8., korrigierte Auflage", Berlin 2012).

520 Vgl. als maßgebliche Monographie (auch zu Carl Schmitts Werk insgesamt): *Hasso Hofmann*: Legitimität gegen Legalität. Der Weg der politischen Philosophie Carl Schmitts, 3. Aufl., Berlin 1995 (Rezension zur 1. Auflage: *Ernst-Wolfgang Böckenförde*, in: Die Öffentliche Verwaltung, 1967, S. 688 f.; siehe auch Jahre

Schmitt entwickelt hier zunächst eine Fundamentalkritik des parlamentarischen Gesetzgebungsstaates, wobei er freilich sehr zeitgebunden die politische und verfassungsrechtliche Lage der späten Weimarer Republik im Auge hat. Dem Gesetzgebungsstaat wirft er einen positivistischen Legalismus vor, der sich mit reiner Legalität begnügt und eine notwendigerweise vorausliegenden Legitimität aus dem Auge verliert: „In der allgemeinen Legalität aller staatlichen Machtausübung liegt die Rechtfertigung eines solchen Staatswesens".[521] Das aber habe eine letztliche Beliebigkeit der Gesetzesinhalte zur Folge und ermögliche den Parteien, ihre politischen Programme ohne weiteres in geltendes Recht zu überführen und sich den Machtbesitz zu sichern: der bloße Besitz der legalen Machtmittel begründe alleinige Legalität; die Partei werde zum Staat selbst.[522] Schlimmer noch: „Die dreifache, auf Ermessenshandhabung, Legalitätsvermutung und sofortige Vollziehbarkeit begründete, große Prämie auf den Machtbesitz entfaltet ihre ganze, jeden Gedanken an gleiche Chancen beseitigende Hauptwirkung bei der Handhabung der außerordentlichen Befugnisse des Ausnahmezustandes. Sie verschafft der herrschenden Partei außerdem die Verfügung nicht nur über die ‚Beute'..., sondern zusammen mit dem Besteuerungs- und Abgabenrecht, in einem quantitativen totalen Staat die Verfügung über das gesamte Volkseinkommen.".[523] (Das könnte in die heutige Zeit hinein gesagt sein, wo die Staatsverschuldung gigantische Höhen erreicht hat und das Volksvermögen für europäische „Fiskalpakte" verpfändet wird!) Dieser Art von „Legalität"

später *Reinhard Mehring*: Der menschenrechtliche Einwand: Hasso Hofmanns Antwort an Carl Schmitt, in: Der Staat, 2008, S. 241–257).
Vgl. auch *Vitorio Hösle*: Carl Schmitts Kritik an der Selbstaufhebung einer wertneutralen Verfassung in Legalität und Legitimität, in: Deutsche Vierteljahresschrift für Literaturwissenschaft und Geistesgeschichte, 1987, S. 1 ff.; ders.: Moral und Politik. Grundlagen einer Politischen Ethik für das 21. Jahrhundert, München 1997, dort S. 641: „Schmitts Konzeption wich von der positivistischen Staatslehre seiner Zeit ab; *in ihr wirkt die archaische Urüberzeugung von der Unwandelbarkeit des grundlegenden Rechts nach.*" (kursiv vom Verfasser).

521 Ibid. S. 8.

522 Ibid. S. 35.

523 Ibid. S. 39.

müsse aber eine vorausliegende „Legitimität" entgegengestellt oder doch von innen her eingestiftet werden: Hier müsse die „vieltausendjährige Unterscheidung" zwischen „νομος" und „bloßem „θεσμος"[524], zwischen „ratio" und „voluntas" zur Geltung gebracht und eine Rückbesinnung auf eine ausgeblendete „Würde und Hoheit des Gesetzes" wachgehalten werden, die ausschließlich in einem Vertrauen auf die Gerechtigkeit und Vernunft des Gesetzgebers selbst und aller am Gesetzgebungsverfahren beteiligten Instanzen"[525] bestehe. „Aber heute tritt die normativistische Fiktion eines geschlossenen Legalitätssystems in einen auffälligen und unabweisbaren Gegensatz zu der Legitimität eines wirklich vorhandenen, rechtmäßigen Willens; das ist heute der entscheidende Gegensatz…"[526] *Schließlich, und hier schlägt dann alles um, ermöglichte der legalistische Gesetzgebungsstaat die legale Aufhebung seiner selbst.*

So ist es denn auch ein knappes Jahr später geschehen. Eine neue „Legitimität" ist zum Durchbruch gekommen und hat den parlamentarischen Gesetzgebungsstaat hinweggefegt. So kann es kommen, wenn man „Legalität" und „Legitimität" polar entgegensetzt, gar gegeneinander ausspielt. Der scharfe geistige Zugriff offenbart eine erschreckende Ambivalenz.

3.

Doch es kommt noch beunruhigender. Ebenfalls 1932 erscheint Schmitts vielleicht berühmteste Schrift: „Der Begriff des Politischen".[527] Hier scheiden sich auch heute noch die Geister[528], bis hin zu

524 Ibid. S. 15.

525 Ibid. S. 24.

526 Ibid. S. 10/11.

527 *Carl Schmitt*: Der Begriff des Politischen. Text von 1932 mit einem Vorwort und drei Corrolarien, Berlin 1963 (jetzt 9. Aufl., Berlin 2015).

528 Prominente Beispiele für die Auseinandersetzung: *Karl Löwith*: Der okkasionelle Dezisionismus von C. Schmitt, in: ders.: Sämtliche Schriften, hrsgg. von Klaus Stichweh und Marc B. de Launay, Bd. 8, Stuttgart 1984, S. 32 ff.; *Helmut Kuhn*: Der Staat. Eine philosophische Darstellung, München 1967, S. 447 ff.; *Helmut Schelsky*: Der Begriff des Politischen und die politische Erfahrung der Gegenwart,

Autoren wie Christian Meier[529] und Alexander Demandt[530], die in der „Lebendigen Antike" referiert haben.[531] Im „Begriff des Politischen" führt Schmitt seine bisherigen Gedanken weiter und zusammen. Es ist ein einziger Grundgedanke, um den Schrift kreist: Wie läßt sich der Begriff des „Politischen" bestimmen? Denn: „*Der Begriff des Staates setzt den Begriff des Politischen voraus.*"[532] Schmitt gibt hierauf eine bis heute bestürzende Antwort: „Die spezifisch politische Unterscheidung, auf welche sich die politischen Handlungen und Motive zurückführen lassen, ist die Unterscheidung von Freund und Feind... Die Unterscheidung von Freund und Feind hat den Sinn, den äußersten Intensitätsgrad einer Verbindung oder Trennung, einer Assoziation oder Dissoziation zu bezeichnen...".[533] Carl Schmitt legt hierbei auch eine geradezu philologische Begriffsbestimmung zugrunde: Sein „Feind" ist nicht der „εχθρος", sondern der „πολεμιος", nicht der „inimicus", sondern der „hostis".[534] Und weiter: „Der politische Gegensatz ist der intensivste und äußerste Gegensatz und jede konkrete Gegensätzlichkeit ist um so politischer, je mehr sie sich dem äußersten Punkte, der Freund-Feindgruppierung, nähert."[535] Und nochmals: „Jeder

---

in: Der Staat, 1983, S. 321 ff.; *Reinhard Mehring* (Hrsg.): Der Begriff des Politischen. Ein kooperativer Kommentar, Berlin 2003 (hierzu die Rezension von *Ernst-Wolfgang Böckenförde*: Was kennzeichnet das Politische und was ist sein Grund?, in: Der Staat, 2005, S. 595–607); neuerdings *Rüdiger Voigt* (Hrsg.): Freund-Feind-Denken. Carl Schmitts Kategorie des Politischen, 2. Aufl., Baden-Baden 2021.

Vgl. auch die nach einem Menschenalter erneute Rezension von *Johannes Groß*: Vom Feind und der Feindschaft, in: *Günther Rühle* (Hrsg.): Bücher, die das Jahrhundert bewegten. Zeitanalysen – wiedergelesen, München – Zürich 1978, S. 77 ff.

Siehe auch die seinerzeitige Arbeit von *Mathias Schmitz*: Die Freund-Feind-Theorie Carl Schmitts. Entwurf und Entfaltung, Köln-Opladen 1965.

529 *Christian Meier*: Die Entstehung des Politischen bei den Griechen, Frankfurt am Main 1980, S. 7 ff.

530 *Alexander Demandt*: Staatsform und Feindbild bei Carl Schmitt, in: Der Staat, 1988, S. 23 ff.

531 *Christian Meier*, s. o. Anm. 529; *Alexander Demandt* am 10. 5. 2004 und am 24. 1. 2007, s. *Hennecke / Kuntz*, a.a.O. (Anm. 435), S. 216, 234.

532 Ibid. S. 20.

533 Ibid. S. 26/27.

534 Ibid. S. 29.

535 Ibid. S. 30.

religiöse, moralische, ökonomische, ethnische oder andere Gegensatz verwandelt sich in einen politischen Gegensatz, wenn er stark genug ist, die Menschen nach Freund und Feind effektiv zu gruppieren".[536] Böckenförde erläutert hierzu: „Die zentrale Aussage und bleibende wissenschaftliche Bedeutung dieser Schrift liegt...darin, daß sie ein phänomenal erhebbares Kriterium ... des Politischen, der politischen Sphäre oder, vielleicht genauer, des Aggregatzustands des Politischen aufweist. ... *Das Politische hat keinen abgrenzbaren Gegenstandsbereich, es stellt vielmehr ein öffentliches Beziehungsfeld zwischen Menschen und Menschengruppen dar, das durch eine bestimmten Intensitätsgrad der Assoziation oder der Dissoziation bis hin zur Freund-Feind-Unterscheidung gekennzeichnet ist, der sein Material aus allen Sach- oder Lebensbereichen beziehen kann.*"[537]

Ein solcher Begriff des Politischen hat Folgen für das Verständnis von Staat und Verfassung. Jetzt kommt herein, was Schmitt zur Souveränität und zur Legitimität entwickelt hat: Das Politische als Voraussetzung des Staates hat identitätsstiftende und einheitsbildende Kraft: Gerade indem es bis zur letzten Konsequenz, der Entscheidung über Krieg und Frieden, ausgrenzt, was nicht „Freund" ist, stiftet es legitime Ordnung nach innen und Souveränität nach außen.[538] Der grundlegende Satz „Der Staat ist die politische Einheit eines Volkes"[539] bezeichnet

536 Ibid. S. 37.

537 *Ernst-Wolfgang Böckenförde*: Der Begriff des Politischen als Schlüssel zum staatsrechtlichen Werk Carl Schmitts, in: *Helmut Quaritsch* (Hrsg.): Complexio Oppositorum. Über Carl Schmitt, Berlin 1988, S. 283 ff. (jetzt auch in: ders., Recht, Staat, Freiheit. Studien zur Rechtsphilosophie, Staatstheorie und Verfassungsgeschichte, erw. Ausgabe, Frankfurt am Main 2006, S. 344 ff.).

538 Demgegenüber dürfte die ähnlich klingende, aber nüchternere Souveränitätsdefinition von *Görg Haverkate*: Verfassungslehre. Verfassung als Gegenseitigkeitsordnung, München 1992, S. 26: „Souveränität ist die Macht, Frieden nach außen und nach innen herzustellen oder zu bewahren." zurückbleiben, da ihr der tragende Grund einer inhaltlichen Abgrenzungsentscheidung fehlt. Aber enthält nicht die kontraktähnliche „Gegenseitigkeitsordnung" am Ende ein viel rigideres Abgrenzungskriterium, nämlich die Beteiligung am Kontrakt selbst?
Freilich hat seit Carl Schmitt niemand mehr sonst eine „Verfassungslehre" vorgelegt.

539 *Carl Schmitt*: Verfassungslehre, 5. Aufl., Berlin 1970, S. 3.

nicht nur eine fast triviale Selbstverständlichkeit, sondern hat damit einen harten materialen Gehalt. Daraus folgt dann weiter: „Staat als politische Einheit bedeutete von diesem Begriff des Politischen her, daß der Staat eine in sich befriedete Einheit und eben deswegen eine das Politische umgreifende politische Einheit ist. Sie grenzt sich nach außen von anderen politischen Einheiten ab, innerhalb ihrer verbleiben aber alle Gegensätze, Konflikte und Auseinandersetzungen unterhalb der Ebene einer Freund-Feind-Gruppierung."[540] Damit aber das Gelingen möglich bleibt, muß im Staatsvolk eine „relative Homogenität als Grundlage und Bedingung der Möglichkeit dieser Friedenseinheit und des betätigten Gewaltmonopols, das ja auch von den Bürgern angenommen werden muß," seinsmäßig, nicht als normative Forderung gegeben sein; „Die rechtliche Verfassung und Befolgung bzw. Anwendung ihrer normativen Festlegungen bringt den Staat nicht hervor, vielmehr ist der Staat – als politische Einheit – Voraussetzung ihrer Geltung."[541] *Gelingt es dem Verfassungsstaat in seinem Inneren nicht mehr, die Gegensätze unterhalb der alles sprengenden Freund-Feind-Gruppierung zu halten, zerbricht das staatliche Gemeinwesen.* Die damit höchst ambivalente Bedingung für den Bestand des Staates ist die politische und damit letztlich materiale, nicht mehr formale Entscheidung für seine Einheit. Geht diese politische Entscheidung zusammen mit deren Durchsetzungsmacht verloren oder besteht hierzu in einem Volk weder Kraft noch Wille „verschwindet das Politische nicht aus der Welt. Es verschwindet nur ein schwaches Volk."[542] Die Souveränität geht auf einen anderen Träger über.

4.

Die seit 1928 in mehrfacher Auflage erschienene „Verfassungslehre" ist wohl Schmitts einziges systematisches Werk, in dem er seine Gedan-

540 *Böckenförde*, a.a.O. (Anm. 537), S. 285.
541 *Böckenförde*, a.a.O. (Anm. 537), S. 288.
542 *Carl Schmitt*: Der Begriff des Politischen, a.a.O., S. 54.

ken teils vorformuliert, teils lehrbuchartig zusammenfaßt.[543] Auch hier kann auf die Fülle der Themen und Fragestellungen nicht eingegangen werden. Soweit nicht bereits zitiert, seien in zugegeben verkürzenden Stichworten einige Inhalte erwähnt.

4.1.

Indem „Staat" als „politische Einheit" eines Volkes begriffen wird, wird das „Volk" und eben das „Politische" vorausgesetzt, dem der Staat und – diesem gegenüber nachrangig – die Verfassung die Einheit durch Abgrenzung und Niederhaltung dissoziativer Kräfte abgewinnen. Dem Staat gehen somit in gewissem Sinne außerstaatliche Kräfte voraus, denen er Form gibt und die er zur Einheit zusammenführt. Schmitt begründet damit auf seine Weise die fundamentale Unterscheidung von Staat und Gesellschaft.

4.2.

Für die staatliche Ordnung der Gesellschaft entwickelt Schmitt eine überraschend liberale Theorie der Grundrechte: „Für einen wissenschaftlich brauchbaren Begriff muß daran festgehalten werden, daß Grundrechte im bürgerlichen Rechtsstaat nur solche Rechte sind, die als vor- und überstaatliche Rechte gelten können, die der Staat nicht nach Maßgabe seiner Gesetze verleiht, sondern als ihm vorgegeben anerkennt und schützt und in welche er nur in einem prinzipiell meßbaren Umfang und nur in einem geregelten Verfahren eingreifen darf. Diese Grundrechte sind also … Sphären der Freiheit, aus der sich Rechte, und zwar Abwehrrechte, ergeben…der Staat dient ihrem Schutz und findet darin überhaupt erst seien Existenzberechtigung." Und noch einmal: „Grundrechte … sind also nur die liberalen Menschenrechte der Einzelperson. Die rechtliche Bedeutung ihrer Anerkennung … liegt darin, daß diese Anerkennung die Anerkennung des fundamentalen Verteilungsprinzips des bürgerlichen Rechtsstaates be-

543 *Carl Schmitt*: Verfassungslehre, 5. Aufl., Berlin 1970.

deutet: eine prinzipiell unbegrenzte Freiheitssphäre des Einzelnen und eine prinzipiell begrenzte, meßbare und kontrollierbare Eingriffsmöglichkeit des Staates."[544] Wohlgemerkt: „Grundrechte" zur politischen Partizipation gehören hier nicht dazu; solche bezeichnen keine Sphäre der Freiheit, sondern dienen nach allen Voraussetzungen Schmitts als „politische" Rechte zur Konstituierung staatlicher Einheit.[545]

Wie Schmitt ein solches Grundrechtsverständnis mit seinem späteren Eintreten für den nationalsozialistischen Staat vereinbaren kann, bleibt freilich rätselhaft.[546]

4.3.

Staat geht der Verfassung voraus. Die Verfassung konstituiert den Staat nicht, ist vielmehr „Gesamtentscheidung über Art und Form der politischen Einheit".[547] Im übrigen erkennt Schmitt die Vielschichtigkeit eines Verfassungsbegriffs: Es geht nicht nur um ein positives Verfassungsgesetz, sondern in einer für Schmitt typisch realistischen Sicht der Dinge auch um die Wirklichkeit einer verfassungsgesetzlichen normierten Ordnung.

4.4.

Da Schmitt nicht von vorneherein nur in den Kategorien des demokratischen Staates denkt, treten auch die schon in der Antike entwickelten Vorstellungen von einer „Gemischten Verfassung" bei ihm ganz unbefangen und deutlich ins Blickfeld.[548]

---

544 Ibid., S. 163/164.

545 Die Unterscheidung freiheitsgewährender und partizipativer, also „unpolitischer" und spezifisch „politischer" Grundrechte, wird in der „Verfassungslehre" durchgängig entfaltet. Hierzu und zu der vorausgehenden und damit zusammenhängenden Unterscheidung von Staat und Gesellschaft vgl. die luziden Erläuterungen von *Böckenförde*, a.a.O. (Anm. 537), S. 293 f.

546 Schmitts Weggefährte *Ernst Rudolf Huber* spricht immerhin ausdrücklich von der „Überwindung der Grundrechte", s. ders.: Verfassungsrecht des Großdeutschen Reiches, 2. Aufl., Hamburg 1937/1939, S. 359 ff

547 Verfassungslehre, S. 20 ff.

548 Ibid., S. 200 f., 292 ff.

5.

Das Spätwerk „Der Nomos der Erde"[549] greift in mythische Dimensionen aus. Aber es bleibt im Gesamtzusammenhang des Lebenswerkes: Wenn Staat als „politische Einheit" in spezifisch Schmitt'schen Sinne verstanden wird, wirft das die Frage auf, worin denn nun inhaltlich die einheitsstiftende Entscheidung, sozusagen der Gründungsakt, besteht und wann sie getroffen wird. Schmitt gibt hierauf eine späte Antwort: Es ist der „Nomos der Erde", und das heißt die ursprüngliche Landnahme durch ein Volk. Das ist historisch, aber auch idealtypisch gemeint. Und es wird philologisch begründet: „Das griechische Wort für die erste, alle folgenden Maßstäbe begründende Messung, für die erste Raum-Teilung und -Einteilung, für die Urteilung und Ur-Verteilung ist: Nomos."[550] „Νομος" kommt von „νεμειν", „teilen, einteilen", auch „weiden".[551]

Staat ist an den Raum und an Herrschaft in diesem Raum gebunden. Der Raum gibt dem Volk seine Identität.

V. Aspekte gegenwärtiger Bedeutung

Was bleibt von Carl Schmitts Werk für die Gegenwart? Es ist, trotz mancher Für-Erledigt-Erklärungen, Einiges. Die anhaltende Diskussion zeigt es.

549 *Carl Schmitt*: Der Nomos der Erde im Völkerrecht des Jus Publicum Europaeum, 2. Aufl., Berlin 1974 (1. Aufl. Berlin 1950).

550 Ibid. S. 36.

551 Ibid. S. 37 ff. Über die philologische Richtigkeit dieser Ableitung ist hier nicht zu handeln.

1.

So haben Carls Schmitts „Positionen und Begriffe“[552], die er teils selbst erfunden, teils originell definiert hat, die Gedankenwelt und das Vokabular der heutigen Staatsrechtslehre maßgeblich bestimmt. So hat sich das Grundgesetz von 1949 auf die von Carl Schmitt auf den Begriff gebrachten Erfahrungen mit der Weimarer Verfassung, die den „Vätern“ des Grundgesetzes wohl bewußt waren, durch die Positivierung der „Menschenwürde“[553], durch die Erklärung der Grundrechte als „unmittelbar geltendes Recht“[554], mit der „wehrhaften Demokratie“[555] und mit der „Ewigkeitsklausel“[556] bewußt und gezielt gegen eine „legale“ Revolution und eine totalitäre Machtübernahme gewappnet. Der Schutzwall hat denn inzwischen auch mehr als 60 Jahre lang gehalten. Dies mag wohl auch der Grund dafür sein, Carl Schmitt selbst am Ende seines Lebens mit der liberalen Demokratie, dem Gesetzgebungsstaat und dem Parlamentarismus seinen Frieden gemacht hat: Es ist ja, auch aus seiner Sicht, der „Normalzustand“ eingetreten.

2.

Im übrigen springt die Aktualität des Werkes, wenn man sich die Titel und Themen noch einmal vor Augen führt, trotz aller Zeitgebundenheit auch heute unmittelbar ins Bewußtsein. Einzelne Elemente seien daher im folgenden herausgegriffen.

3.

Die Unterscheidung von Staat und Gesellschaft, die Carl Schmitt freilich nicht erfunden, aber eben doch theoretisch begründet, auf

---

552 So der übertragbare Titel eines Sammelwerkes von Carl Schmitts Schriften, *Carl Schmitt*: Positionen und Begriffe im Kampf mit Weimar – Genf – Versailles 1913–1939, Neuausgabe Berlin 1988.

553 Art. 1 Abs. 1 GG

554 Art. 1 Abs. 3 GG

555 Art. 20 Abs. 4, 21 Abs. 2 GG

556 Art. 79 Abs. 3 GG

eine begrifflich zugespitzte Höhe geführt und auf ihre politischen Konsequenzen hin befragt hat, ist ein schlechthin konstitutives Strukturelement des grundgesetzlichen Verfassungsstaates geblieben.[557] „*Die freiheitstiftende rechtsstaatliche Verfassung steht und fällt mit der Unterscheidung von Staat und Gesellschaft.*“[558] Die Unterscheidung impliziert das Grundprinzip einer prinzipiell unbegrenzten Freiheit des individuellen und gesellschaftlichen Lebens einerseits und eine prinzipiell begrenzte, je und je begründungsbedürftige und an Rechtsformen gebundene Handlungsmacht des Staates andererseits – hier die sich in freier Dynamik entwickelnde Lebenswelt, dort die einheits- und ordnungsstiftende Gesamtrepräsentation. Im Spannungsverhältnis von Staat und Gesellschaft ist denn auch eine Grundrechtstheorie zu verorten. Möglicherweise ist diese Unterscheidung und damit Gegenüberstellung auch der Ordnungsrahmen des Sozialstaates, der prinzipiell vorausliegende gesellschaftliche Freiheiten beschränkt und durch gezielte, aber gegenständlich begrenzte Eingriffe gesellschaftliche Ungleichheiten korrigiert.[559] Diese Dimension kommt bei Carl Schmitt

---

557 Vgl. *Hans-Heinrich Rupp*: Die Unterscheidung von Staat und Gesellschaft, in: *Paul Kirchhof / Josef Isensee* (Hrsg.): Handbuch des Staatsrechts der Bundesrepublik Deutschland, Bd. I, Heidelberg 1987, § 28, S. 1187 ff.; *Ernst-Wolfgang Böckenförde*: Die Verfassungstheoretische Unterscheidung von Staat und Gesellschaft als Bedingung der individuellen Freiheit, Opladen 1973; ders.: Recht, Staat, Freiheit. Studien zur Rechtsphilosophie, Staatstheorie und Verfassungsgeschichte, erw. Ausgabe, Frankfurt am Main 2006, S. 209 ff.; ders. (Hrsg.): Staat und Gesellschaft, Darmstadt 1976; vgl. unter anderem Aspekt auch *Josef Isensee*: Subsidiaritätsprinzip und Verfassungsrecht, 2. Aufl., Berlin 2001, S. 149 ff.
Noch in jüngerer Zeit versucht der Verfasser selbst die Unterscheidung von Staat und Gesellschaft immerhin als Verstehenskategorie für die neue Disziplin des Umweltrechts fruchtbar zu machen, vgl. *Frank Hennecke*: Zur Neubestimmung des Verhältnisses von Staat und Gesellschaft im Umweltrecht. Eine Problemskizze, in: Jahrbuch des Umwelt- und Technikrechts 1999, Berlin 1999, S. 7 ff.

558 *Ernst Forsthoff*: Der Staat der Industriegesellschaft, 2. Aufl., München 1971, S. 21.

559 Diese Konsequenz ist denn auch bereits im späten 19. Jahrhundert von Lorenz von Stein gezogen worden, dessen großes Thema ebenfalls die Unterscheidung von Staat und Gesellschaft gewesen war und der in seiner Theorie des Sozialstaates und des „sozialen Königtums“ eine große Synthese leistet, vgl. *Lorenz von Stein*: Die Verwaltungslehre, Stuttgart 1866 ff. (in mehreren Bänden und Auflagen); hierzu *Ernst-Wolfgang Böckenförde*: Lorenz von Stein als Theoretiker der Bewegung von Staat und Gesellschaft zum Sozialstaat, in: ders.: Recht, Staat,

noch nicht ins Blickfeld, ist dann aber sehr früh von seinem Schüler Ernst Forsthoff entwickelt worden.[560]

4.

Die „Politische Theologie“ schärft dauerhaft den ideologiekritischen Blick und läßt sich auch heute wie eine Sonde an politische Bewegungen und Programme anlegen. Und da wird man fündig. Der Sozialismus in allen seinen Schattierungen hat allemal Züge einer „Politischen Theologie“.[561] Und die aktuelle Klimaschutzpolitik trägt geradezu exemplarisch alle deren Merkmale: Da wird mit der „Klimakatastrophe“ ein Weltuntergang vorausgesagt; die Schuld liegt bei den sündhaften Menschen, deren Energieverbrauch und Lebensweise das Unglück herbeiführen; die Menschen muß das schlechte Gewissen plagen, das man in ihnen erzeugt (indem man z. B. jeden Einzelnen mit einem „ökologischen Fußabdruck“ stigmatisiert); aber durch Buße, Umkehr und Ablaß, sprich „Große Transformation“[562] und Änderung des „Lebensstils“, Emissionshandel und Ökosteuer läßt sich die Katastrophe abwenden und die Welt heilsbringend retten.[563]

Freiheit, a.a.O. (Anm. 557), S. 170 ff. Zum Verhältnis von Carl Schmitt zu Lorenz von Stein vgl. *Dirk Blasius*: Carl Schmitt und Lorenz von Stein, in: Der Staat, 2004, S. 25–34.

560 In der Begründung der „Verwaltung als Leistungsträger“ (1930) und der öffentlichen „Daseinsvorsorge“; vgl. *Ernst Forsthoff*: Lehrbuch des Verwaltungsrechts, Band I, 10. Aufl., München 1973, S. 36 ff., 368 ff.; ders.: Verfassungsprobleme des Sozialstaats, 2. Aufl., Münster 1961.

561 Wie dies vor allem im Hinblick auf den massiven Dogmatismus des Dialektischen Materialismus sowjetischer Prägung von *Gustav A. Wetter*: Ordnung ohne Freiheit. Der dialektische Materialismus, Kevelaer 1956, S. 26 ff., herausgearbeitet worden ist, aber auf jede Form des Sozialismus übertragbar bleibt.

562 So die anmaßende Zukunftsvorstellung des *Wissenschaftlichen Beirats der Bundesregierung Globale Umweltveränderungen*, in: ders.: Welt im Wandel. Gesellschaftsvertrag für eine Große Transformation, Berlin 2011.

563 zum „Klimaschutz“ als erneutem Anwendungsfall von „Politischer Theologie“ vgl. in diesem Sinne insgesamt auch *Frank Hennecke*: Klimaschutz – Fundamentalismus in der Gesetzgebung?, Ludwigshafen am Rhein 2016.

5.

Man hat Carl Schmitt vorgeworfen, er denke nur vom Extremen, vom „Ausnahmezustand" her, und er verfehle daher die Wirklichkeit eines friedlichen Lebens. Immerhin: Es waren Zeiten des Ausnahmezustandes, in denen er, wie alle seine Altersgenossen, weithin gelebt hat. In der Nachkriegszeit ist in Europa und Deutschland eine Periode des Friedens eingetreten, die freilich zeitweise bedroht war und die im Zeichen des Kalten Krieges und der Berliner Mauer nur mit Einschränkung als „Normalzustand" bezeichnet werden kann. Mag auch der Frieden, nach einem durchaus provozierenden Wort von Gustav Heinemann als „Ernstfall" gelten, bleibt, um das Bonmot beim Wort zu nehmen, der Ernst gleichwohl erhalten. Es war der Terrorismus verschiedener Prägung, der die Frage nach den Grenzen des Staates, nach einer rechtlich nicht mehr faßbaren Handlungsmacht des Staates, eben nach dem „Ausnahmezustand" erneut aufgeworfen hat. Wegen fortbestehender Bedrohung sollte man mit Carl Schmitt die reale Möglichkeit eines „Ausnahmezustandes" nicht verdrängen, sondern sich ihrer bewußt bleiben. Den Feind gibt es.

Es bleibt auch heute noch Aufgabe der Staatsrechtslehre[564], sich nicht nur auf die weithin bearbeiteten Themen der immanenten Herrschaftsbegründung wie die Ordnung der Staatsfunktionen zueinander, die Föderalistische Kompetenzordnung, die Grundrechte, die Formen demokratischer Legitimation, insgesamt auf einen „Verfassungsautismus"[565] zu beschränken, sondern das Ganze des Staates mit allen seinen Begründungszusammenhängen, Herrschaftsformen und existentiellen Grenzsituationen ins Blickfeld zu nehmen.[566] *Carl Schmitt*

---

564 Vgl. aber *Ernst-Wolfgang Böckenförde*: Der verdrängte Ausnahmezustand: zum Handeln der Staatsgewalt in außergewöhnlichen Lagen, in: Neue Juristische Wochenschrift, 1978, S. 1881 ff.

565 *Otto Depenheuer*: Selbstbehauptung des Rechtsstaates, 2. Aufl., Paderborn u. a. 2008, S. 26.

566 Wer dies freilich, aus der Sichtweise von Grenzsituationen heraus, unter mehrfacher Berufung auf Carl Schmitt und als konservativer Denker, versucht wie *Otto*

jedenfalls steht für eine Staatswissenschaft, die noch einen Erkenntnisgegenstand hat: den Staat. Was er ist, was er sein soll, was er tun muß.

6.

Der Europäische Einigungsprozeß wirft die Frage auf, wie es um die Souveränität der Nationalstaaten steht, wer inzwischen in Wahrheit die Letztentscheidungsmacht, die Souveränität hat und wie diese dann transparent gemacht wird und zu legitimieren ist. *In dem Maße, wie die Europäische Union zu einer politischen Einheit wird – wer will, mag dies im durchaus Schmitt'schen Sinne verstehen –, wird eine Antwort darauf unabweisbar, von woher diese Einheit bestimmt, begründet und in ihrer notwendigen Durchsetzungsmacht legitimiert wird.* Dies ist die von Carl Schmitt zwar historisch noch nicht gesehene, aber prinzipiell formulierte Problemlage gegenwärtiger Europapolitik.

7.

Der Blick auf den aktuellen europäischen Einigungsprozeß führt zu der generellen Frage nach der Bedeutung und der Begründung politischer Einheit. Carl Schmitt begründet die politische Einheit mit einer identitätsstiftenden und damit notwendigerweise ab- und ausgrenzenden Entscheidung über Volk, Raum und Verfassung. Nach ihm ist es die freie politische Tat, die voraussetzungslose Entscheidung, das charismatische Ereignis und freilich auch die Freund-Feind-Abgrenzung, wodurch politische Einheit und Ordnung geschaffen werden.[567] Dies alles ist historisch unendlich belastet und theoretisch höchst umstritten. Die Frage nach der Einheit aber bleibt, auch in der unerbittlichen und existentiellen Weise, wie Carl Schmitt sie gestellt hat. Denn: „Erst

---

Depenheuer: Selbstbehauptung des Rechtstaates, 2. Aufl., Paderborn u. a. 2008, sieht sich Angriffen von Seiten einer irenischen Staatsrechtslehre ausgesetzt.

567 Ein ferner Wellenschlag dieser Anschauung oder vielleicht auch eine neue welthistorische Erfahrung des alten Befundes dürfte noch zu spüren sein in dem charakteristisch umstrittenen Werk von *Samuel P. Huntington*: Kampf der Kulturen. Die Neugestaltung der Weltpolitik im 21. Jahrhundert, 5. Aufl., München – Wien 1997.

die bestehende und als solche funktionsfähige politische Einheit schafft die Möglichkeit gesicherter grundrechtlicher individueller Rechte und Freiheiten, die durch diese Einheit gerade auch vor ihrer Bedrohung und Verletzung durch die Mitmenschen geschützt und gewährleistet werden kann."[568] Es muß in der Tat auch im freiheitlichen Verfassungsstaat unverändert gefragt werden, von woher bei allem gesellschaftlichen Pluralismus der letztliche Grundkonsens begründet wird, der allein das freiheitliche Verfassungssystem trägt.[569] Wie weit dürfen, umgekehrt ausgedrückt, in einem Gemeinwesen die gesellschaftlichen Differenzen auseinandertreten, ohne daß der notwendige Letztkonsens wegbricht? Der Grundkonsens als Bedingung der Einheit ist im letzten Grund ein materialer, inhaltlicher, eine, um die Verwendung eines vielfach diffamierten Begriffes zu wagen „Leitkultur", oder, wenn man will, das humanistische Erbe des Abendlandes, in den vielfältigen Brechungen der einzelnen europäischen Länder.[570] Ein reiner „Verfassungspatriotismus" dürfte nicht ausreichen.[571] *Die Einheit des Staates als Bedingung der Freiheit kann in paradoxer Spannung nicht in der Beliebigkeit eines indifferenten Multikulturalismus, sondern nur auf einer letztlich materialen Entscheidung gründen. Es ist die Kraft zur politischen Einheit, die die Legitimität der Staatsgewalt auch im Inneren begründet.* Und um diese Legitimität geht es. Dies ist die bleibende Erkenntnis, die Carl Schmitt trotz allem vermittelt hat.

568 *Böckenförde*, a.a.O. (Anm. 537), S. 290.

569 Zur Frage des Grundkonsenses und dessen Verhältnis zu einer entsprechenden Verfassungsordnung vgl. auch *Dieter Grimm*: Verfassungsrechtlicher Konsens und politische Polarisierung in der Bundesrepublik Deutschland, in: ders.: Die Zukunft der Verfassung, Frankfurt am Main 1991, S. 298 ff.

570 Vgl. *Hans-Georg Gadamer*: Das Erbe Europas, Frankfurt am Main 1989.

571 ebensowenig wie ein moralisierendes Migrations-Projekt von *Herfried Münkler / Marina Münkler*: Die neuen Deutschen. Ein Land vor seiner Zukunft, Berlin 2016, das eine politikwissenschaftlichen Analyse genügen läßt und dabei die normative Seite des Problem nicht im Blick hat.

8.

Die Frage nach der Einheit des Staatswesens ist zugleich, mit anderen Worten, die Frage nach der Letztbegründung der Rechtsordnung. Die rechtsethische Diskussion der letzten Jahre, insbesondere um den Anfang des menschlichen Lebens, aber auch die Auseinandersetzung mit dem Fundamentalismus, etwa am Beispiel des „Kopftuchs“, haben Fundamentaldissense hervortreten lassen, aus denen deutlich wird, daß es in der Gesellschaft keinen Grundkonsens über die Letztbegründung der Rechtsordnung mehr gibt. Der Relativismus einer pluralistischen Gesellschaft reicht nicht hin. Normtheoretische Versuche aber, eine „Grundnorm“ mit den Mitteln der Logik zu begründen, sind gescheitert. Dabei wären es allein die Mittel einer wissenschaftlichen Logik, die überhaupt geeignet sein könnten, ein Grundverständnis über die Letztbegründung rational herzustellen. Aber selbst das gelingt nicht. Mit wissenschaftlicher und damit logischer Verbindlichkeit lassen sich letzte Normen nicht begründen. Damit tritt das Dilemma auf, daß für eine Rechtsordnung und die darauf basierenden Gesellschaftsordnung einerseits eine Letztbegründung gegeben werden muß, hierfür andererseits aber allein die Rationalität nicht ausreicht. Und hier gibt Carl Schmitt die unerbittliche Antwort: Letztlich kann nur eine materiale Entscheidung, die logisch nicht mehr ableitbar ist, Einheit begründen und Identität stiften. Und nur dann, wenn die souveräne politische Entscheidungsmacht über die Grenzen, die die Identität eines Gemeinwesens bestimmen, stark genug ist, die Einheit und damit den inneren Frieden zu wahren, hat das Gemeinwesen Bestand. Dies freilich hat den Preis der Grenzziehung, der Abgrenzung, der Ausschließung. Die Entscheidung erfordert daher Mut und politische Kraft. Fehlt es hieran, zerfällt die Rechtsordnung und die Souveränität geht, zunächst unmerklich, auf einen anderen Träger über.

9.

An dieser Stelle sei aufgrund aktueller Entwicklungen ein Exkurs zur Glaubens- und Gewissensfreiheit eingefügt, die in der Tat geeignet ist, die Einheit des Staatswesens zu sprengen.

Im Jahre 2016 ist in Deutschland – und auch in anderen europäischen Staaten – eine Diskussion um die Vollverschleierung der Frau aufgekommen. Die in der Öffentlichkeit auffallende Verhüllung der Frau ist eine unmittelbare Folge der Einwanderung islamischer, vornehmlich arabischer Bevölkerung nach West- und Mitteleuropa sowie eines verstärkt auftretenden Islamismus. So sind denn auch Forderungen nach einem Verbot der Vollverschleierung erhoben worden. In diesem Zusammenhang ist in der Presse eine durchaus exemplarische Randglosse über das Burka-Verbot „Warum nicht überall verbieten?" veröffentlicht worden.[572] Der Autor referiert hierin zutreffend die Argumentation vieler Verfassungsjuristen, wonach ein gesetzliches Verbot der Burka die in Art. 4 des Grundgesetzes garantierte „Freiheit des Glaubens, des Gewissens und die Freiheit des religiösen und weltanschaulichen Bekenntnisses" verletze und, da es keine hinreichenden, ebenfalls verfassungskräftigen Rechtfertigungsgründe für das Gebot gebe, verfassungswidrig sei. In der Tat, diese Argumentation entspricht der in der Staatsrechtslehre weithin vertretenen und der nach der Rechtsprechung des Bundesverfassungsgerichts geltenden Grundrechtsdogmatik. Es ist indes die Frage, ob diese Argumentation nicht zu kurz greift.

Am leichtesten wäre es von dieser Dogmatik zu bewältigen, wenn man das Tragen der Burka – oder sonstiger Verschleierungsformen – gar nicht als Ausdruck einer verbindlichen, individuell verpflichtenden religiösen Norm und damit als Gewissensbekundung bewerten würde. Dafür spricht ohnehin Vieles, nicht zuletzt eine innerislamische Kontoverse um die entsprechende Koran-Auslegung und eine verbreitete anderweitige Praxis in islamischen Ländern. Dann wäre der Schutzbe-

572 Frankfurter Allgemeine Zeitung, 20. 8. 2016, S. 2.

reich der Glaubens- und Gewissensfreiheit von vornherein nicht berührt und das Problem erledigt. Freilich bliebe als Problem übrig, daß trotzdem nicht ausgeschlossen werden kann, daß sich eine einzelne Frau im Gewissen verpflichtet fühlt, und das wäre dann wirklich ernst zu nehmen. Aber das wäre dann zunächst nur eine Sachverhaltsfrage, mit der sich die Gerichte immerhin aber doch herumschlagen müssen.

Daß die Burka vom Glauben und Gewissen her tatsächlich als verpflichtend gelebt und deklariert werden kann, läßt sich in der Tat nicht leugnen. Hierin zeigt sich aber die innere Sprengkraft der im Grundgesetz vorbehaltslos gewährleisteten Glaubens- und vor allem Gewissensfreiheit: Im Prinzip kann jedes Verhalten, kann jede Handlung als vom Gewissen her geboten begründet werden. Daß eine unbegrenzte Gewissensfreiheit die gesamte Rechts- und Verfassungsordnung sprengen kann, ist offenkundig. Eine unbegrenzte Gewissensfreiheit hat es daher auch nie gegeben; das Leben und die grundrechtlich gewährten anderen Freiheiten standen immer entgegen. Auch so etwas wie die Staatsraison schränkt das Gewissen ein: Wer aus Gewissensgründen auch den Zivildienst abgelehnt hatte, wurde seinerzeit bestraft. Die Schulpflicht oder die Sexualkunde an Schulen wird auch gegen das Gewissen von Eltern durchgesetzt. Ist das Gewissen der Burka-Trägerinnen höher zu bewerten?

Die Glaubens- und Gewissensfreiheit ist im Grundgesetz zu einer bestimmten historischen Stunde garantiert und vorbehaltslos gewährt worden. Damit tritt die historische Frage an die geltende Dogmatik heran. Die grundgesetzlich normierte Glaubens- und Gewissensfreiheit geht auf jahrhundertelange Auseinandersetzungen zurück und kanonisiert gleichsam den historischen Entwicklungsstand der Freiheitsentwicklung im Verhältnis zur staatlichen Gewalt. An diesem Entwicklungs- und Kanonisierungsprozeß waren die christlichen Konfessionen beteiligt; es war zunächst ihr Friede, der im staatlichen Recht verankert worden ist. Verschwindend geringe Minderheiten wie Juden, Atheisten oder Freidenker sind hierbei gleichsam mitgenommen worden und haben dann auch ihren Ort und ihr Recht gefunden. Historisch gesehen basiert damit die Glaubens- und Gewissensfreiheit auf einem bestimmten gesellschaftlichen Grundverständnis und damit einem normativen Vorverständnis von deren Inhalt und Reichweite, von dem also, was als Glauben und Gewissen in den bekannten Konfessionen und Weltanschauungen erfahren und gelebt wurde. Der normative Gehalt der Glaubens- und Gewissensfreiheit war historisch begrenzt, gleichsam gemünzt auf die erlebte gesellschaftliche Wirklichkeit der bekannten christlichen Konfessionen. Wer an dem historischen Kanonisierungsprozeß der Glaubens- und Gewissensfreiheit aber nicht beteiligt war, ist der Islam. Er war auch nicht Teil der gesellschaftlichen Ordnung, die diesen Kanon hervorgebracht hat und trägt. Weil er schlicht nicht gegenwärtig war, stand seine Andersartigkeit bei der Normbildung auch gar nicht im Blickfeld.

Auch wenn daher die historischen Grenzen der Reichweite der Glaubens- und Gewissensfreiheit und damit deren ursprünglicher normativer Gehalt bei einer grundrechtsdogmatischen Interpretation nicht vollständig außer Acht gelassen werden können, muß trotzdem anerkannt werden, daß Verfassungsnormen auch auf neue gesellschaftliche Situationen angewandt werden müssen, daß aber vor allem dem Grundrecht auf Glaubens- und Gewissenfreiheit ein emanzipatorischer, evokativer Gehalt innewohnt, der von der Aufklärung und der Menschenrechtsentwicklung herkommt und der aus einer historischen Verengung der Begriffe ausbricht. Auch neue religiöse Wirklichkeiten sind vom Wortlaut und Sinn der Norm umfaßt. Eine „überschießende Innentendenz“ weitet den Geltungsbereich aus. Die Frage ist nur, wie weit sich der Geltungsbereich ausdehnen läßt, ohne daß das Gesamtgefüge von Verfassung und Gesellschaft in ein Ungleichgewicht gerät. In diesem Falle könnte die historische Interpretation als immanente Schranke des Grundrechts und als Korrektiv wirken: So ist das mit dem Grundrecht auf Glaubens- und Gewissensfreiheit nicht gemeint.

So kann sich dann sehr wohl eine individuelle Glaubenspraxis, mag sich hierin auch eine Gewissensbindung ausdrücken, so weit vom normativen Vor- und Grundverständnis der Glaubens- und Gewissensfreiheit entfernen, daß die Gesellschaft, die dieses Verständnis auch im Zusammenhang mit ihrer übrigen Verfassungs- und Rechtsordnung trägt, diese Praxis nicht mehr hinnehmen kann. Auch die „überschießende Innentendenz" ist nicht grenzenlos. Verändert sich zudem die Gesellschaft insgesamt durch massenhafte Einwanderung von Menschen aus islamischen Gesellschaften, für die der Islam zugleich Transmissionsriemen archaischer Gesellschaftsstrukturen ist und die für diese ihre Verhaltensnormen den zusätzlichen Grundrechtsschutz der Glaubens- und Gewissensfreiheit einfordern, verändert sich dann auch die gesellschaftliche Basis für das jedenfalls bisher freiheitliche Verständnis der Glaubens- und Gewissensfreiheit.

So bleibt am Ende, wenn man die geltende Verfassungsordnung und den gesellschaftlichen Frieden bewahren will, nur die unbequeme und Mut erfordernde Konsequenz, das Unvereinbare abzuweisen und somit generell der Einwanderung entgegenzutreten und individuell den Verzicht auf bestimmte Gewissenäußerungen zuzumuten. Letztlich liegt, das hat Carl Schmitt schon gewußt, jeder verfassungsrechtlichen Grenzziehung und politischen Ordnung des Staates eine materiale Entscheidung zugrunde, die nicht mehr ableitbar, aber für die Identitätsbildung und Einheit des Gemeinwesens unerläßlich ist. Die Empfehlung zur Auswanderung ist in diesem Falle weder verfassungswidrig noch zynisch, sondern wirksamer Verfassungsschutz. Die Auswanderung ist in der Geschichte auch nicht ohne Beispiel.[573]

10.

Mit der Frage der Einheit hängt die Zuspitzung der Antithese von Legalität und Legitimität zusammen. Es geht nicht darum, geltendes, positives, „legales" Recht gegen eine übergeordnete Richtigkeit, Wahrheit, „Legitimität" auszuspielen, was für die Ordnung eines Gemeinwesens katastrophale Folgen hätte, sondern darum, zu erkennen, daß

573 Der Exkurs enthält die vollständige Fassung eines gekürzten Leserbriefes des Verfassers, *Frank Hennecke*: Vorbehaltlose Glaubens- und Gewissensfreiheit, in: Frankfurter Allgemeine Zeitung, 22. 9. 2016, S. 25.

eine Legalitätsordnung, die Geltung beanspruchen darf, von Vernunftgründen, von einem Sinn, von einer vorausliegenden „Legitimität" gleichsam von innen her begründet und gehalten werden muß. Die reine Legalität trägt ihren Geltungsgrund nicht in sich selbst. „Der Gesetzgebungsstaat kann das tragende Ethos nicht garantieren, das er voraussetzt."[574] Eine vorausliegende „Legitimität" mag nun in verschiedener Weise bestimmt werden und ist in der Tat für vielfältige Ausdeutungen offen;[575] man mag auch die einheitsstiftende Idee eines Gemeinwesens als solche Legitimität ansehen – wenn jedenfalls eine vorausliegende sinnstiftende Legitimation die Legalität der Rechtsordnung nicht mehr hält, zerbricht das Gemeinwesen.

An dieser Stelle liegt auch die Bewährungsprobe des repräsentativen Parlamentarismus. An der repräsentativen Demokratie geht zwar kein Weg vorbei,[576] und die parlamentarischen Mandatsträger müssen, gerade um der Einheit der politischen Willensbildung willen, frei entscheiden können, aber allein der formale Entscheidungsakt begründet noch nicht legitime Verbindlichkeit, sondern bedarf allemal der inhaltlichen Rückbindung an Vernunft und Wahlvolk; diese Rückbindung kann zwar nicht formal gewährleistet werden, ist aber inhaltlich die Voraussetzung der Legitimität oder, im Blick auf die Praxis gesprochen, des Rechtsgehorsams der Bürger. Aktuelle Beispiele zeigen, was passiert, wenn dieser Zusammenhang vergessen wird.[577] Auch das kann man von Carl Schmitt lernen.

---

574 Reinhard *Mehring*: *Carl Schmitt*. Aufstieg und Fall. Eine Biographie, München 2009, S. 285.

575 auch für eine naturrechtliche Ausdeutung, wenngleich das Gegensatzpaar „Legalität und Legitimität" mit dem analogen Gegensatz „Naturrecht und Rechtspositivismus" zwar Berührung hat, hiermit aber nicht gleichgesetzt werden darf.

576 maßgeblich *Ernst-Wolfgang Böckenförde*: Demokratische Willensbildung und Repräsentation, in: *Josef Isensee / Paul Kirchhof* (Hrsg.): Handbuch des Staatsrechts der Bundesrepublik Deutschland, Band 2, Heidelberg 1987, S. 29 ff.

577 Im Hinblick auf „Stuttgart 21" hat der Verfasser dies in einem Leserbrief auszudrücken versucht: „Nun darf Legitimität gewiß nicht gegen Legalität ausgespielt werden. Rechtsordnung und Rechtsfriede wären dann nicht mehr möglich. Aber gerade weil das so ist, muß Politik alles daransetzen, daß beide Prinzipien nicht allzu weit auseinandertreten. Die Legalität hält nicht, wenn sich die politische

cher so auch kein nationalstaatlicher Rechtsrahmen mehr gilt. Die künftigen Grenzen sind keine territorialen mehr, sondern sektorale Grenzen der Herrschaftsbereiche von Branchen, Konzernen und Märkten, und soziale Grenzen zwischen den Gewinnern und den Verlierern der Globalisierung. Ob damit auch das Politische dahinschwindet, steht dahin; die Konflikte jedenfalls werden es nicht. Aber die friedensstiftende politische Einheit wird fehlen.

Die Epoche klassischer Staatlichkeit ist in der Tat zu Ende gegangen.

Andererseits aber geht kein Weg daran vorbei: Es ist nur die politische Einheit, aus der heraus aufgrund rechtlich definierter Beteiligungsrechte der Bürger eine staatliche Herrschaft legitimiert werden kann. Eine „offene Staatlichkeit" und eine diffuse „Bevölkerung" vermögen eine staatliche Herrschaft nicht zu legitimieren. *Politische Einheit des Staates ist Bedingung von Demokratie.*

12.

Auch an dieser Stelle besteht aufgrund der Ereignisse der Jahre 2015 und 2016 Anlaß zu einem weiteren Exkurs, der sich vor dem Horizont des Denkens von Carl Schmitt bewegt. Dieser Exkurs betrifft zwei Themen: Die „doppelte Staatsbürgerschaft" und die territoriale Souveränität.

Die Staatsbürgerschaft konstituiert das Gemeinwesen als Einheit derer, die die Staatsgewalt begründen und die durch das allgemeine Wahlrecht in der Demokratie deren Ausübung inhaltlich legitimieren. Der essentielle Kern der Staatsangehörigkeit ist in der Demokratie das aktive Wahlrecht jedes einzelnen Staatsbürgers, kraft dessen er die Geschicke des Gemeinwesens für sich selbst und für alle anderen Staatsbürger bestimmen kann. Es hat damit zwei Seiten: das Recht, aktiv mitzubestimmen, und die Pflicht, die Mitbestimmung des jeweils Anderen gegen sich gelten zu lassen. Dieses Gegen-sich-gelten-lassen-müssen, und um das geht es, hat die partizipatorische Gleichheit aller Staatsbürger zur Voraussetzung und erhält durch diese die Legitimation, derer es bedarf. Genau das ist Demokratie. Eine „doppelte Staatsbürgerschaft" aber verschiebt die Gewichte: Wer sowohl im Inland als auch im Ausland wählen darf, hat das Privileg, seine Wahlentscheidung mit einem doppelten Geltungsanspruch auszustatten: Im Inland gegenüber dem, der nur die eine inländische Staatsangehörigkeit hat, und demselben gegenüber vom Ausland her noch einmal über die internationalen Beziehungen. Der Doppelstaatler wählt im Inland das Parteiprogramm A und vom Ausland her mit Wirkung auf das Inland noch einmal das dortige entsprechende Parteiprogramm. Wer nur eine Staatsangehörigkeit hat, wird damit gleichsam von zwei Seiten her in die Zange genommen. Daß es hierbei nicht um eine nur theoretische Feststellung geht, zeigt in der gegenwärtigen internationalen Lage der Blick auf die Türkei, um die es derzeit hauptsächlich geht, die aber nicht das einzige Beispiel bleiben muß. Die „doppelte Staatsbürgerschaft" erzeugt somit Staatsbürger erster und zweiter Klasse: Solche, die nur einmal zur Wahl gehen dürfen, und solche, denen das zweimal zugestanden wird. Nicht umsonst setzte das Staatsangehörigkeitsrecht jedenfalls bisher alles daran, eine doppelte Staatsangehörigkeit zu vermeiden. Wird diese aber gezielt eingeführt und damit das bisherige Prinzip umgedreht, ist das ein Anschlag gegen das Fundamentalprinzip der Demokratie. Auch ein noch so wohlwollender Wille, die Integration von Einwanderern zu erleichtern, kommt darüber nicht hinweg. Man zerstört damit im Inneren die Demokratie und befördert nach außen hin die Integration gerade nicht.[583]

Die unkontrollierte Einwanderung nach Deutschland im Jahre 2015 und auch noch danach hat die Frage aufgeworfen, mit welchen Mitteln die territoriale Souveränität bewahrt werden kann, ja ob sich in Zeiten einer globalen Massenimmigration überhaupt noch eine territoriale Souveränität halten läßt. Mittel zur Steuerung und Kontrolle der Einwanderung lassen sich gewiß finden, wenn hierfür ein politischer Wil-

583 die Formulierung dieses Exkurses hat einen früheren Beitrag von *Peter Graf Kielmansegg*: Abschied von uns selbst, in: Frankfurter Allgemeine Zeitung, 30. 4. 2014, S. 6, im Auge.

le vorhanden ist.[584] Und ist doch, ganz im Sinne von Carl Schmitt, die souveräne Herrschaft über den Raum die Bedingung von Staatlichkeit und damit auch von Demokratie. Wie aber, wenn sich eine Territorialherrschaft gegenüber einem anwachsenden Migrationsdruck nicht mehr halten läßt? Wie läßt sich dann noch Staatlichkeit begründen?[585] Könnte es sein, daß sich das Wort von Carl Schmitt vom „Ende der Epoche der Staatlichkeit" in noch ganz anderer, schrecklicher Weise bewahrheitet?

13.

Aus der Auseinandersetzung mit Carl Schmitt heraus ist das berühmte, auch bis zum Überdruß zitierte Diktum von Ernst-Wolfgang Böckenförde – das „Böckenförde-Diktum" – entstanden, das jetzt unwiderstehlich ins Blickfeld rückt: *„Der freiheitliche, säkularisierte Staat lebt von Voraussetzungen, die er selbst nicht garantieren kann."*[586] Dieser Satz ist unbequem und bleibt beunruhigend. Woher aus der Gesellschaft wachsen dem Staat die Kräfte zu, die seine friedenstiftende und freiheitssichernde Entscheidungsmacht begründen? Muß nicht doch ein materialer Homogenitäts- oder Identitätskern vorausgesetzt und von den durchaus auch verschiedenen gesellschaftlichen Kräften letztlich konsensual in den Staat hinein vermittelt werden? Politische Demokratie setzt, „um als solche bestehen zu können, notwendig ein gewisses Maß an gemeinsamen Grundauffassungen der Bürger über

584 hierzu die Streitschrift von *Karl A. Schachtschneider / Jost Bauch*: Einwanderung oder Souveränität. Deutschland am Scheideweg, o. O. 2015

585 Verfasser hat diese Frage auch andernorts schon gestellt, *Frank Hennecke*: Verlorengegangenen Gebietshoheit, Leserbrief in: Frankfurter Allgemeine Zeitung, 15. 3. 2016, S. 20, auch als Zusatzfrage zu *Uwe Volkmann*: Die Fragen des Flüchtlings, in: Frankfurter Allgemeine Zeitung, 29. 2. 2016, S. 6.

586 Entstanden im Umfeld von Ernst Forsthoff im entlegenen oberfränkischen Ebrach, erstmals veröffentlicht in dem Aufsatz „Die Entstehung des Staates als Vorgang der Säkularisation" in: Säkularisation und Utopie. Ebracher Studien, Ernst Forsthoff zum 65. Geburtstag, Stuttgart 1967, S. 75–94, jetzt in: *Ernst-Wolfgang Böckenförde*: Recht, Staat, Freiheit. Studien zur Rechtsphilosophie, Staatstheorie und Verfassungsgeschichte, erw. Ausgabe, Frankfurt am Main 2006, S. 92 ff. (112).

die Art und Ordnung ihres Zusammenlebens sowie die Abwesenheit extremer wirtschaftlich-sozialer Gegensätze voraus."[587]

Böckenförde fügt an anderer Stelle hinzu, daß der freiheitliche Verfassungsstaat einiges dafür tun kann, um die Voraussetzungen seines Bestehens zu ermöglichen.[588] Er kann Bedingungen der Möglichkeit schaffen, daß gesellschaftliche, sozusagen „staatstragende" Kräfte aus der Gesellschaft heraus erwachsen. Dazu gehört unter anderem die Vorhaltung eines – in hiesiger Diktion – humanen Bildungswesens. Nun ist „human" gewiß nicht identisch mit „humanistisch", aber die Garantie des „klassisch-humanistischen Bildungsideals" bei der Gestaltung des Höheren Schulwesens in Artikel 38 der Verfassung für Rheinland-Pfalz[589] erfährt von daher eine ganz neue Bedeutung.[590]

VI. Politische Antike: Carl Schmitt

Damit kehrt der Bogen unserer Überlegung allmählich wieder zum Ausgangspunkt zurück. Der Weg war weit und schien zeitweise den Bezug zur Antike zu verlieren. Doch das ist weder Verfehlung des Themas noch Zufall. Denn in der Tat: Wir haben die Antike hinter uns gelassen und müssen jetzt fragen, was das Thema denn nun bedeutet: Politische Antike – Carl Schmitt.

---

587 *Ernst-Wolfgang Böckenförde*: Demokratie als Verfassungsprinzip, in: *Josef Isensee / Paul Kirchhof* (Hrsg.): Handbuch des Staatsrechts der Bundesrepublik Deutschland, Band I, Heidelberg 1987, S. 929. Böckenförde spricht in diesem Zusammenhang auch von einer „relativen Homogenität innerhalb der Gesellschaft", ibid.

588 *Ernst-Wolfgang Böckenförde*: Der Staat als sittlicher Staat, Berlin 1978, S. 32 ff.

589 Art. 38 der Verfassung für Rheinland-Pfalz wörtlich: „Bei der Gestaltung des Höheren Schulwesens ist das klassisch-humanistische Bildungsideal neben den anderen Bildungszielen gleichberechtigt zu berücksichtigen."

590 Zu Art. 38 der Verfassung für Rheinland-Pfalz vgl. *Adolf Süsterhenn / Hans Schäfer*: Kommentar der Verfassung für Rheinland-Pfalz, Koblenz 1950, S. 178/179; *Frank Hennecke*: Staat und Unterricht, Berlin 1972, S. 60 ff.; ders.: Kommentar zu Art. 38, in: *Christoph Grimm / Peter Caesar* (Hrsg.): Verfassung für Rheinland-Pfalz, Kommentar, Baden-Baden 2001, S. 258 ff.; neuerdings *Ulrike Brink*: Kommentar zu Art. 38, in: *Lars Brocker / Michael Droege / Siegfried Jutzi* (Hrsg.): Verfassung für Rheinland-Pfalz, Baden-Baden 2014, S. 362 ff.

1.

Am Anfang steht eine soeben nahegelegte Erkenntnis. Die Probleme, Sachverhalte, Erfahrungen, wie sie im Werk von Carl Schmitt zu Wort kommen, sind unmittelbar keine Themen der Antike. Die historischen Erfahrungen sind neu oder doch neu gedeutet, die „Positionen und Begriffe“ kommen jedenfalls in dieser Fassung in der Antike nicht vor. Sie sind auch nicht in der Auseinandersetzung mit antiken Vorbildern oder Problemlagen entstanden, sondern weithin originär aus der Zeiterfahrung und dem Zeitgeist des frühen 20. Jahrhunderts. Da sollte man auch nichts hineininterpretieren. Auch sollte man nicht kurzschlüssig das Problem von „Legalität und Legitimität“ in der „Antigone“ des Sophokles vorgebildet sehen. *Die politische Philosophie von Carl Schmitt ist keine Rezeption der Antike.*

Geht es im politischen Denken der Antike letztlich um die – durch die Macht jeweils gefährdete – Gerechtigkeit – einem unaufgebbaren Gedanken politischer Philosophie –, geht es Carl Schmitt darum, wie staatliche Herrschaft überhaupt als Bedingung einer – vielleicht auch gerechten – Ordnung gerade im realistischen Hinblick auf die tatsächliche Existenz unfriedlicher, chaotischer, „ungerechter“ Kräfte normativ und zugleich real begründet werden kann.

Das Werk von Carl Schmitt ist eben doch Politische Philosophie. Es steht immerhin in dieser Tradition der von den Griechen begründeten Geistesgeschichte. Es ist eine neue Interpretation der Uralterfahrung des Politischen. Es erinnert insofern an die Antike, ohne sie zu rezipieren. Es ist eine heutige Wiederholung der Antike, die dem Begriff der Rezeption einen andersartigen Sinn gibt: *Antikenrezeption ist nicht allein Anverwandlung vorgeformter Erfahrung, sondern auch originäres, gleichsam mit der Antike solidarisches, gleichzeitiges Erkennen insofern gleichbleibender Erfahrung menschlicher Existenz.*

2.

Doch als schlechthin originär und neuartig wird man das Werk von Carl Schmitt gegenüber der Antike gleichwohl nicht bezeichnen können. Es steht, wie bereits angedeutet, in der Tradition der „dunklen" Deutung von Geschichte, Politik und Macht. Auf Thukydides, auf Tacitus, auch auf Augustin ist bereits hingewiesen worden. Der harte Blick auf die Realität, die schonungslose Analyse der Macht, das pessimistische Menschenbild sind der Grundtenor dieser Sicht der Dinge. *Auch insofern steht Carl Schmitt in einer Tradition der Antike, die er als solche nicht rezipiert, aber neu erlebt und die seinem ganzen Werk die düstere Färbung gibt.*

3.

Es kommt ein Drittes hinzu. Die Befassung mit den Grundfragen der Politik geschieht bei Carl Schmitt vor einem umfassenden „humanistischen" Bildungshorizont. Da kann es nicht ausbleiben, daß es in seinem Werk zahllose Bezüge, Zitate, Rückgriffe, Erinnerungen an antike Autoren gibt, die seine Begriffswelt füllen und sein Werk illustrieren. Die Ur-Begriffe der griechischen und der lateinischen Sprache, die mythischen Bilder, die historische Erfahrungswelt der Antike haben in Schmitts Schriften ihren selbstverständlichen Ort; sie sind gleichsam die Requisiten seines Werkes. Auf dieser Ebene gibt es bei Carl Schmitt eine unerschöpfliche Antikenrezeption.

Es gibt ein schönes Buch gerade zu diesem Thema, das den lyrischen Titel trägt „Das Schwert im Myrtenzweige".[591] Annette Rink hat mit enzyklopädischer Belesenheit und philologischer Akribie die zahllosen Textstellen, Zitate, Bezüge aus den Schriften von Carl Schmitt herausgeholt, in denen er sich auf die Antike bezieht. In Form eines platonischen Dialoges wird diese Antikenrezeption als Florilegium in geradezu heiterer, mit präzisen Textnachweisen, Glossen und Auflistungen in

591 *Annette Rink*: Das Schwert im Myrtenzweige. Antikenrezeption bei Carl Schmitt, Wien und Leipzig 2000.

wissenschaftlicher Weise aufgezeigt. Es war Wolfgang Schuller[592], der Festredner zur 50-Jahr-Feier der „Lebendigen Antike",[593] der diese anregende „Antikenrezeption bei Carl Schmitt" ebenfalls in Form eines platonischen Dialoges rezensiert hat.[594]

4.

Schmitt bedient sich in der Tat der mythischen Urbilder der Antike. Sie begründen nicht seine Thesen, geben ihnen aber als Illustrationen Tiefengehalt und Glanz. Im „Begriff des Politischen" steht am Ende das kryptische Zitat „Ab integro nascitur ordo".[595] Es stammt aus Vergils berühmter Vierter Ekloge.[596] Es ist dort eine geradezu eschatologische Formel im Zusammenhang der Vision eines neuen Zeitalters. Es steht bei Carl Schmitt für den Beginn einer Neuen Ordnung, die jenseits des Politischen als freie Tat, als schöpferische Entscheidung, als charismatisches Ereignis geradezu utopisch aufscheint. Politisches Denken und mythisches Bild können schöner, suggestiver, aber auch irrationaler nicht verschränkt werden.

Der Rekurs auf Vergil steht in geistesgeschichtlichem Kontext der zwanziger und frühen dreißiger Jahre des 20. Jahrhunderts,[597] wo eine aufkommende, an der Tiefenpsychologie geschulte und durch eine historisch-kritische Forschungsmethode hindurchgegangene Religionswissenschaft die aus der Antike überkommenen religiösen Urbil-

---

592 Vgl. *Wolfgang Schuller*: Der Rechtsstaat bei Carl Schmitt. Der Einbruch der Zeit in das Spiel, in: Gedächtnisschrift für Roman Schnur, Berlin 1997, S. 117 ff.

593 *Wolfgang Schuller*: Das Erste Europa – Die Antike in der europäischen Tradition. Festveranstaltung zum 50-jährigen Bestehen der „Lebendigen Antike" am 9. 10. 2004; siehe auch *Wolfgang Schuller*: Das Erste Europa, Stuttgart 2004.

594 *Wolfgang Schuller*: Mädchen! Das ist natürlich ein harter Schlag, in: Frankfurter Allgemeine Zeitung, 8. 1. 2001, S. 45.

595 *Carl Schmitt*: Der Begriff des Politischen. Text von 1932 mit einem Vorwort und drei Corrolarien, Berlin 1963, S. 95.

596 *Publius Vergilius Maro*: Bucolica, 4. Ekloge, Vers 5: „magnus ab integro saeclorum nascitur ordo."(= Vergil: Hirtengedichte. Lateinisch und deutsch, hrsgg. von Heinrich Naumann, München o. J., S. 86).

597 Zu dem Vergil-Zitat in diesem Zusammenhang *Reinhard Mehring*: Carl Schmitt. Aufstieg und Fall. Eine Biographie, München 2009, S. 274 f.

der neu analysiert und gedeutet hat,[598] der Zeitgeist aber zugleich für neue Mythisierungen offen war.[599] Auch das ist die Zeit, aus der Carl Schmitt kommt, und das sind die Zeitgenossen, denen er begegnet ist.

5.

Es gibt noch eine ganz andere Antike. Es ist eine Antike, die man mit diesem Namen nicht benennt, die aber zeitgleich ist, mit der sonst geläufigen Antike in enger Verbindung steht, diese aber endgültig überwindet. Es ist das Christentum im Neuen Testament. Auch aus dem Neuen Testament gewinnt Carl Schmitt einen seiner mythischen Begriffe. Es ist die Sonderlehre des „Katechon".

Im Zweiten Brief des Paulus an die Thessalonicher steht der rätselhafte Satz: „Zwar ist das Geheimnis der Gesetzlosigkeit jetzt schon am Werk, doch muß der, der es bis zur Stunde noch aufhält, erst beseitigt werden. Und dann wird der Gesetzlose auftreten…"[600] Der es noch aufhält, das ist der „κατεχων". Über die Deutung dieser Textstelle kann

---

598 Vgl. die Arbeiten verschiedener Autoren, die in den zwanziger oder dreißiger Jahren des 20. Jahrhunderts erstmals erschienen sind und dann Jahrzehnte später vielfach Neuauflagen erfahren haben wie *Alfred Baeumler*: Das mythische Weltalter, München 1965 (erstmals erschienen 1926); *Rudolf Otto*: Das Heilige, Neuausgabe München 1963 (erstmals erschienen 1936); *Gustav Mensching*: Die Weltreligionen, Neuausgabe Wiesbaden o. J.; ders.: Die Religion. Erscheinungsformen, Strukturtypen und Lebensgesetze, Neuausgabe München o. J.; nach langem Vorlauf – Carl Schmitt ist dem Verfasser begegnet – *Mircea Eliade*: Das Heilige und das Profane. Vom Wesen des Religiösen, Frankfurt am Main 1984; *Erich Neumann*: Die große Mutter, 2. Aufl. der Sonderausgabe, Olten 1987; *Karl Kerényi*: Antike Religion, München – Wien 1971; ders.: Apollon und Niobe, München – Wien 1980; ders.: Humanistische Seelenforschung, München – Wien 1966; *Paul Tillich*: Religionsphilosophie, 2. Aufl., Stuttgart u. a. 1969 (erstmals erschienen 1925).
Insbesondere zu Schmitts Vergil-Text und zu dem Mythos des neugeborenen Kindes *Eduard Norden*: Die Geburt des Kindes. Geschichte einer religiösen Idee, 3. Aufl., Darmstadt 1958 (erstmals erschienen 1924).

599 Vgl. auch *Theodor Haecker*: Betrachtungen zu Vergil, Vater des Abendlandes, in: ders.: Werke, Band 1, Essays aus den Jahren 1917–1944, München 1958, S. 433 ff.

600 2. Thessalonicher 2, 7–8; Übersetzung Jerusalemer Bibel; griechischer Originaltext:
το γαρ μυστηριον ηδη ενεργειται της ανομιας. Μονον ο κατεχων αρτι εως εκ μεσου γενηται. Και τοτε αποκαλυφθησεται ο ανομος.

hier nicht gesprochen werden; es handelt sich hier offenbar um eine eschatologische Gestalt, die das Heraufkommen des Antichrist noch aufhält, bis dann auch dieser dem göttlichen Gericht anheimfällt. Wer das ist und wie lange und warum der Antichrist vor seinem Ende noch aufgehalten wird, ist offen und rätselhaft.[601]

Diese dunkle Textstelle ist für Carl Schmitt Ausgangspunkt einer exzentrischen Selbststilisierung und geradezu eschatologischen Selbstmythisierung. Immer wieder nimmt er auf die Figur des Katechon Bezug, und er scheint sein Werk und sein Wirken in den Wirren und Umbrüchen seiner Zeit als ein Aufhalten des Äußersten, als ein Sich-Entgegen-Stemmen gegen das Chaos der Gesetzlosigkeit, als ein Wirken gegen den Zusammenbruch jeder Ordnung zu verstehen.[602] Carl Schmitt als ein Politischer Theologe von katechontischer Größe.[603]

VII. και νομον εγνω „… und er erkannte das Recht"

Wir kommen zum Schluß und zum letzten Mythos.

---

601 Zu der ausufernden Auslegungs- und Wirkungsgeschichte des Textes vgl. eingehend *Wolfgang Trilling*: Der zweite Brief an die Thessalonicher, Lizenzausgabe Zürich – Köln 1980, S. 88 ff., 94 ff.
Zur Worterklärung vgl. auch *Walter Bauer*: Griechisch-Deutsches Wörterbuch zu den Schriften des Neuen Testaments und der übrigen urchristlichen Literatur, 5. Aufl., Berlin – New York 1971, Sp. 836.

602 Zu Carl Schmitts Lehre vom Katechon vgl. *Felix Grossheutschi*: Carl Schmitt und die Lehre vom Katechon, Berlin 1996, und die voluminöse Monographie von *Günter Meuter*: Der Katechon. Zu Carl Schmitts fundamentalistischer Kritik der Zeit, Berlin 1994.
Carl Schmitt dürfte sich in die Auslegungstradition des Textes eingeordnet haben, wonach das Römische Reich als der „Katechon" gilt, da er hierin eine „katechontische" Ordnungsmacht erblickt haben könnte; im Verborgenen freilich hat er sich wohl selbst in die Rolle eines „Katechon" hineinstilisiert.

603 *Ernst-Wolfgang Böckenförde*: Auf dem Weg zum Klassiker. Carl Schmitt in der Diskussion: Politische Theologie als Fluchtpunkt seines Werks, in: Frankfurter Allgemeine Zeitung, 11. 7. 1997, S. 35 (am Ende).

1.

In Carl Schmitts Werk taucht immer wieder der Begriff des „nomos" auf.[604] Es ist die Leitvorstellung einer rechten Ordnung, die hinter allem Politischen, aller Legalität, aller Verfassung, Diktatur und Herrschaft steht, bei Carl Schmitt wohl synonym mit „ordo". Was der „nomos" ist, wird nie erklärt; an die Stelle einer Erklärung tritt ein dunkler, mythischer Gehalt, der sich der begrifflichen Bestimmung entzieht und der mit dem Wort νομος und dessen vielschichtiger Bedeutung adäquat bezeichnet wird. Es ist gerade das griechische Wort, das die mythische Tiefe der Herkunft und Bedeutung distanzierend und fremd heraufscheinen läßt.

Man mag hierin eine bewußte rhetorische Mystifizierung oder eine mythische Überhöhung erblicken, die das Denken verdunkeln soll. Man kann aber gerade in dem ungreifbaren Begriff des nomos die letzte Begründung eines politischen Denkens erkennen, das weiß, daß sich die rechte Ordnung, die alte griechische Gerechtigkeit, nicht definieren läßt, aber als inneres Movens, als Zielgröße und letztlich metaphysische Orientierung allem politischen Handeln innewohnen muß, soll menschliches Leben in einem geordneten Gemeinwesen gelingen. *Hinter Carl Schmitts politischer Kreuzes-Theologie, jenseits und erst hinter dem Horizont des Politischen wird eine Grundorientierung menschlicher Existenz an einem wie immer zu bestimmenden Naturrecht sichtbar.* So kann man dem Werk von Carl Schmitt am Ende doch Versöhnliches abgewinnen.[605]

---

604 *Carl Schmitt*: Der Nomos der Erde im Völkerrecht des Jus Publicum Europaeum, 2. Aufl., Berlin 1974; ders.: Staat – Großraum – Nomos. Arbeiten von Carl Schmitt aus den Jahren 1916–1969, hrsgg. von Günter Maschke, Berlin 1995.

605 So am Ende auch *Böckenförde*, a.a.O. (Anm. 602).

2.

Carl Schmitt ist am Ostersonntag, dem 7. April 1987, in Plettenberg gestorben.[606] Dort ist er begraben. Der Findling auf seinem Grab[607] trägt eingehauen schlicht seinen Namen, ein griechisches Kreuz und die Aufschrift: και νομον εγνω. „... und er erkannte das Recht".[608]

Damit wird der Mythos vollendet. Der Text entstammt den ersten Versen von Homers Odyssee.[609] Ein umherirrender Geist, ein unsteter Wanderer ist Carl Schmitt immer gewesen. Aber in aller erlebten Vielfalt, in aller Verirrung, in allen Abgründen hat er am Ende den nomos erkannt, der in der Verschiedenheit der Völker und in den irrfahrtartigen Umbrüchen der Geschichte als ein Allgemein-Menschliches und

606 Nach Jahren sind dem Verfasser wieder in die Hände gefallen die Nachrufe auf Carl Schmitt; vgl. *Günter Maschke*: Positionen inmitten des Hasses. Der Staat, der Feind und das Recht – Der umstrittene Denker Carl Schmitt / Zu seinem Tode, in: Frankfurter Allgemeine Zeitung, 11. 4. 1985, S. 25; *Kurt Sontheimer*: Der Macht näher als dem Recht. Zum Tode Carl Schmitts, in: Die Zeit, 19. 4. 1985, S. 7; etwas später dann *Dolf Sternberger*: Irrtümer Carl Schmitts, in: Frankfurter Allgemeine Zeitung, 1. 6. 1985.

607 Abbildung in: *Mehring*, a.a.O. (Anm. 573), S. 577; *Paul Noack*: Carl Schmitt. Eine Biographie, Berlin – Frankfurt am Main 1993, S. 180/181.

608 eine zugegebenermaßen nicht ganz zutreffende, aber auf den hiesigen Zusammenhang gedeutete Übersetzung des Verfassers.

609 Homer: Odyssee, I, 3: „πολλων δ' ανθρωπων ιδεν αστεα και νομον εγνω".
Der Vers enthält allerdings an der entscheidenden Stelle eine umstrittene Textvariante: statt „νομον" ist auch „νοον" überliefert; die kritische Ausgabe von *P. von der Mühll*, 3. Aufl., Basel 1962, übernimmt „νοον" und verweist „νομον" – mit Nachweisen – in die Fußnote. Die Übersetzung von *Voß* übernimmt „νομον" und schreibt „Sitte", *Schadewaldt* geht von „νοον" aus und übersetzt „Sinnesart" (*Homer*: Die Odyssee. Übersetzt in deutsche Prosa von *Wolfgang Schadewaldt*, Hamburg 1958, S. 7); *Hampe* (*Homer*: Odyssee. Übersetzung, Nachwort und Register von *Roland Hampe*, Stuttgart 1979, S. 3) bleibt mit „Wesen" im Unentschiedenen. Der lateinische Dichter *Horaz* (65 – 8 v. Chr.) übersetzt, ausgehend entweder von νοον oder von νομον, mit „mores" (De arte poetica liber, 142).
Carl Schmitt: Umstritten bis zum Grabstein.

als dessen metaphysische Gründung, als Urordnung aller Dinge, gilt und wirkt.

> „Solchem Namen kommt kein Bannfluch gleich."[610]
> Και νομον εγνω.

Das war möglicherweise ein großer Vortrag zur „Lebendigen Antike" und am Ende vielleicht doch ein kleiner über Carl Schmitt.

610 So *Patrick Bahners* in: Du bist der Feind in mir, Frankfurter Allgemeine Zeitung, 14.10.2009, S. L 23, unter Abwandlung der berühmten Inschrift auf dem Grab von Nicolaus Machiavelli in der Kirche Santa Croce in Florenz: „Tanto nomine nullum par elogium".

Schrifttumsverzeichnis

ARISTOTELES: Die Nikomachische Ethik. Griechisch-Deutsch, übersetzt von Olof Gigon, neu herausgegeben von Rainer Nickel, 2. Aufl., Düsseldorf 2007.

BAEUMLER, Alfred: Das mythische Weltalter, München 1965.

BAHNERS, Patrick: Du bist der Feind in mir, in: Frankfurter Allgemeine Zeitung, 14. 10. 2009, S. L 23.

BALDUS, Manfred: Carl Schmitt im Hexagon. Zur Schmitt-Rezeption in Frankreich, in: Der Staat, 1987, S. 566–586.

BALTHASAR, Hans Urs von: Der antirömische Affekt. Wie läßt sich das Papsttum in die Kirche integrieren, Freiburg – Basel – Wien 1974.

BALTRUSCH, Ernst / WENDT, Christian (Hrsg.): Ein Besitz für immer? Geschichte, Polis und Völkerrecht bei Thukydides, Baden-Baden 2011.

BARION, Hans / FORSTHOFF, Ernst / WEBER, Werner (Hrsg.): Festschrift für Carl Schmitt zum 70. Geburtstag, 2. Aufl., Berlin 1989.

BARION, Hans / BÖCKENFÖRDE, Ernst-Wolfgang / FORSTHOFF, Ernst / WEBER, Werner (Hrsg.): Epirrhosis. Festgabe für Carl Schmitt, 2. Aufl., Berlin 2002.

BAUER, Walter: Griechisch-Deutsches Wörterbuch zu den Schriften des Neuen Testaments und der übrigen urchristlichen Literatur, 5. Aufl., Berlin-New York 1971.

BENEDIKT XVI: Glaube und Vernunft. Die Regensburger Vorlesung, Freiburg-Basel-Wien 2006.

BENOIST, Alain de: Carl Schmitt und der Krieg, Berlin 2007.

BENOIST, Alain de: Carl Schmitt. Internationale Bibliographie der Primär- und Sekundärliteratur, Graz 2010.

BLASIUS, Dirk: Carl Schmitt – Preußischer Staatsrat in Hitlers Reich, Göttingen 2001.

BLASIUS, Dirk: Zeitdiagnosen: Carl Schmitt und Lorenz von Stein, in: Der Staat, 2004, S. 23–34.

BÖCKENFÖRDE, Ernst-Wolfgang: Rezension zu: Hasso Hofmann, Legitimität gegen Legalität, in: Die Öffentliche Verwaltung, 1967, S. 688 f.

BÖCKENFÖRDE, Ernst-Wolfgang: Die Verfassungstheoretische Unterscheidung von Staat und Gesellschaft als Bedingung der individuellen Freiheit, Opladen 1973.

BÖCKENFÖRDE, Ernst-Wolfgang (Hrsg.) Staat und Gesellschaft, Darmstadt 1976.

BÖCKENFÖRDE, Ernst-Wolfgang: Der verdrängte Ausnahmezustand: zum Handeln der Staatsgewalt in außergewöhnlichen Lagen, in: Neue Juristische Wochenschrift, 1978, S. 1881 ff.

BÖCKENFÖRDE, Ernst-Wolfgang: Der Staat als sittlicher Staat, Berlin 1978.

BÖCKENFÖRDE, Ernst-Wolfgang: Einleitung zu: Johannes Popitz. Der Staatsbegriff als allgemeingültiger Begriff. Eine Dokumentation, in: Der Staat, 1984, S. 227–232.

BÖCKENFÖRDE, Ernst-Wolfgang: Demokratie als Verfassungsprinzip, in: Paul Kirchhof / Josef Isensee (Hrsg.): Handbuch des Staatsrechts der Bundesrepublik Deutschland, Band I, Heidelberg 1987, S. 929 ff.

BÖCKENFÖRDE, Ernst-Wolfgang: Demokratische Willensbildung und Repräsentation, in: Paul Kirchhof / Josef Isensee (Hrsg.): Handbuch des Staatsrechts der Bundesrepublik Deutschland, Band II, Heidelberg 1987, S. 29 ff.

BÖCKENFÖRDE, Ernst-Wolfgang: Der Begriff des Politischen als Schlüssel zum staatsrechtlichen Werk Carl Schmitts, in: Helmut Quaritsch (Hrsg.): Complexio Oppositorum. Über Carl Schmitt, Berlin 1988, S. 283 ff.

BÖCKENFÖRDE, Ernst-Wolfgang: Auf dem Weg zum Klassiker. Carl Schmitt in der Diskussion: Politische Theologie als Fluchtpunkt seines Werkes, in: Frankfurter Allgemeine Zeitung, 11.7.1997, S. 15.

BÖCKENFÖRDE, Ernst-Wolfgang: Was zeichnet das Politische aus und was ist sein Grund? Bemerkungen zu einer Kommentierung von Carl Schmitts „Begriff des Politischen", in: Der Staat, 2005, S. 595–607.

BÖCKENFÖRDE, Ernst-Wolfgang: Artikel „Carl Schmitt", in: Lexikon für Theologie und Kirche, Bd. 9, 3. Aufl., Freiburg – Basel – Wien 2006, Sp. 183/184.

BÖCKENFÖRDE, Ernst-Wolfgang: Recht. Staat. Freiheit. Studien zur Rechtsphilosophie, Staatstheorie und Verfassungsgeschichte, erw. Ausgabe, Frankfurt am Main 2006.

BÖCKENFÖRDE, Ernst-Wolfgang: Geschichte der Rechts- und Staatsphilosophie. Antike und Mittelalter, 2. Aufl., Tübingen 2006.

BÖCKENFÖRDE, Ernst-Wolfgang / GOSEWINKEL, Dieter: Wissenschaft. Politik. Verfassungsgericht, Berlin 2011.

BRINK, Ulrike: Kommentar zu Art. 38 der Verfassung für Rheinland-Pfalz, in: Lars Brocker / Michael Droege / Siegfried Jutzi (Hrsg.): Verfassung für Rheinland-Pfalz, Baden-Baden 2014, S. 36 22.

BURKHARDT, Kai (Hrsg.): Carl Schmitt und die Öffentlichkeit. Briefwechsel mit Journalisten, Publizisten und Verlegern aus den Jahren 1923 bis 1983, Berlin 2013.

CAMUS, Albert: Christliche Metaphysik und Neuplatonismus, Reinbek 1978.

CARL-SCHMITT-GESELLSCHAFT (Hrsg.): Schmittiana. Neue Folge, Berlin 2011 ff.

CICERO, Marcus Tullius: De re publica. Vom Gemeinwesen. Lateinisch-Deutsch, übersetzt und herausgegeben von Karl Büchner, Stuttgart 1979.

CORTES, Donoso: Briefe, Parlamentarische Reden und diplomatische Berichte aus den letzten Jahren seines Lebens (1849–53), hrsgg. von Albert Maier, Köln 1950.

DEBRAY, Régis: Eloge des frontières, Paris 2010.

DEMANDT, Alexander: Staatsform und Feindbild bei Carl Schmitt, in: Der Staat, 1988, S. 23 ff.

DEPENHEUER, Otto: Selbstbehauptung des Rechtsstaates, 2. Aufl., Paderborn u. a. 2008.

DUNKHASE, Jan Eike (Hrsg.): Reinhart Koselleck und Carl Schmitt: Der Briefwechsel 1953–1983, Berlin 2019.

ELIADE, Mircea: Das Heilige und das Profane. Vom Wesen des Religiösen, Frankfurt am Main 1984.

ESSEN, Georg: Hellenisierung des Christentums? Zur Problematik und Überwindung einer polarisierenden Deutungsfigur, in: Theologie und Philosophie, Vierteljahresschrift, I/2012, S. 1–17.

FLASCH, Kurt (Hrsg.): Logik des Schreckens. Augustinus von Hippo. De diversis quaestionibus ad Simplicianum I,2, Mainz 1990.

FLASCH, Kurt: Augustin. Einführung in sein Denken, 2. Aufl., Stuttgart 1994.

FLASCH, Kurt: Das philosophische Denken im Mittelalter. Von Augustin zu Machiavelli, 2. Aufl., Stuttgart 2000.

FORSTHOFF, Ernst: Deutsche Verfassungsgeschichte der Neuzeit, 2. Aufl., Stuttgart 1961.

FORSTHOFF, Ernst: Der Staat der Industriegesellschaft, 2. Aufl., München 1971.

FORSTHOFF, Ernst: Lehrbuch des Verwaltungsrechts, Band I, 10. Aufl., München 1973.

FORSTHOFF, Ernst: Rechtsstaat im Wandel. Verfassungsrechtliche Abhandlungen 1954–1973, 2. Aufl., München 1976.

FRASCH, Timo: Zwischen Selbstinszenierung und Rezeption. Carl Schmitts Ort in der Bundesrepublik Deutschland, Bonn 2006.

GADAMER, Hans-Georg: Das Erbe Europas, Frankfurt am Main 1989.

GNILKA, Christian u. a. (Hrsg.): Chresis I ff., Basel 1993 ff.

GÖBEL, Andreas / LAAK, Dirk van / VILLINGER, Ingeborg (Hrsg.): Metamorphosen des Politischen. Grundfragen politischer Einheitsbildung seit den 20er Jahren, Berlin 1995.

GRANT, Michael: Klassiker der antiken Geschichtsschreibung, Neuausgabe München 1981.

GRAWERT, Rolf / SCHLINK, Bernhard / WAHL, Rainer / WIELAND, Joachim (Hrsg.): Offene Staatlichkeit. Festschrift für Ernst-Wolfgang Böckenförde zum 65. Geburtstag, Berlin 1995.

GRIMM, Dieter: Die Zukunft der Verfassung, Frankfurt am Main 1991.

GROSS, Johannes: Vom Feind und der Feindschaft, in: Günther Rühle (Hrsg.): Bücher, die das Jahrhundert bewegten. Zeitanalysen – wiedergelesen, München – Zürich 1978, S. 77 ff.

GROSSHEUTSCHI, Felix: Carl Schmitt und die Lehre vom Katechon, Berlin 1996.

GROTHE, Ewald (Hrsg.): Carl Schmitt – Ernst Rudolf Huber: Briefwechsel 1926–1981, Berlin 2014.

HAECKER, Theodor: Betrachtungen zu Vergil, Vater des Abendlandes, in: ders.: Werke, Band 1, Essays aus den Jahren 1917–1944, München 1958, S. 433 ff.

HAVERKATE, Görg: Verfassungslehre. Verfassung als Gegenseitigkeitsordnung, München 1992.

HEGMANN, Horst: Sophistische Metaphysik – Carl Schmitts „Politische Theologie", in: Der Staat,1999, S. 241–259.

HENNECKE, Frank: Staat und Unterricht. Die Festlegung didaktischer Inhalte durch den Staat im öffentlichen Schulwesen, Berlin 1972.

HENNECKE, Frank: Die verfaßte Staatlichkeit als Bedingung der Grundrechtsgeltung, in: Rolf Grawert / Bernhard Schlink / Rainer Wahl / Joachim Wieland (Hrsg.): Offene Staatlichkeit. Festschrift für Ernst-Wolfgang Böckenförde zum 65. Geburtstag, Berlin 1995.

HENNECKE, Frank: Zur Neubestimmung des Verhältnisses von Staat und Gesellschaft im Umweltrecht, in: Jahrbuch des Umwelt- und Technikrechts 1999, Berlin 1999, S. 7 ff.

HENNECKE, Frank: Kommentar zu Art. 38, in: Christoph Grimm / Peter Caesar (Hrsg.): Verfassung für Rheinland-Pfalz, Kommentar, Baden-Baden 2001, S. 258 ff.

HENNECKE, Frank J.: Die Wasserrahmenrichtlinie und ihre Umsetzung durch die Bundesländer im Lichte der Grundzüge für eine bessere Rechtsetzung nach dem Konzept „European Governance", in: Eberhard Bohne (Hrsg.): Ansätze zur Kodifikation des Umweltrechts in der Europäischen Union: Die Wasserrahmenrichtlinie und ihre Umsetzung in nationales Recht, Berlin 2005.

HENNECKE, Frank: Bildung am Urbild. Texte zur Humanistischen Bildung für Werner Thomas, Ludwigshafen am Rhein 2006.

HENNECKE, Frank: Der Aufstand der Bürger, Leserbrief in: Frankfurter Allgemeine Zeitung, 23. 10. 2010, S. 37.

HENNECKE, Frank: Klimaschutz – Fundamentalismus in der Gesetzgebung? Eine Frage, Ludwigshafen am Rhein 2016.

HENNECKE, Frank: Verlorengegangene Gebietshoheit, Leserbrief in: Frankfurter Allgemeine Zeitung, 15. 3. 2016, S. 20.

HENNECKE, Frank: Vorbehaltlose Glaubens- und Gewissensfreiheit, Leserbrief in: Frankfurter Allgemeine Zeitung, 22. 9. 2016, S. 25.

HENNECKE, Frank / KUNTZ, Friedrich (Hrsg.): Lebendige Antike Ludwigshafen am Rhein. Einführungstexte 1954–2007, Ludwigshafen am Rhein 2008.

HENNECKE, Frank / KUNTZ, Friedrich (Hrsg.): Lebendige Antike Ludwigshafen. Einführungstexte 1954–2014, Ludwigshafen am Rhein 2015.

HERRERA, Hugo Eduardo: Carl Schmitt als politischer Philosoph, Berlin 2011.

HEUER, Andreas: Carl Schmitt: Die Dialektik der Moderne. Von der europäischen zur Weltmoderne, Berlin 2010.

HÖSLE, Vittorio: Carl Schmitts Kritik an der Selbstaufhebung einer wertneutralen Verfassung in Legalität und Legitimität, in: Deutsche Vierteljahresschrift für Literaturwissenschaft und Geistesgeschichte, 1987, S. 1 ff.

HÖSLE, Vittorio: Moral und Politik. Grundlagen einer politischen Ethik für das 21. Jahrhundert, München 1997.

HOFMANN, Hasso: Carl Schmitt, in: Staatslexikon, Bd. 4, 7. Aufl., Freiburg – Basel – Wien 1995, Sp. 1052.

HOFMANN, Hasso: Legitimität gegen Legalität. Der Weg der politischen Philosophie Carl Schmitts, 3. Aufl., Berlin 1995.

HOFMANN, Hasso: „Souverän ist, wer über den Ausnahmezustand entscheidet", in: Der Staat, 2005, S. 171–186.

HOMER: Die Odyssee. Übersetzt in deutsche Prosa von Wolfgang Schadewaldt, Hamburg 1958.

HOMER: Die Odyssee, hrsgg. von P. von der Mühll, 3. Aufl., Basel 1962.

HOMER: Odyssee. Griechisch und Deutsch. Übersetzt von Johann Heinrich Voß, Nachwort von Bruno Snell, Berlin – Darmstadt – Wien 1960.

HOMER: Odyssee. Übersetzung, Nachwort und Register von Roland Hampe, Stuttgart 1979.

HUBER, Ernst Rudolf: Verfassungsrecht des Großdeutschen Reiches, 2. Aufl., Hamburg 1937/1939.

HUBER, Ernst Rudolf: Deutsche Verfassungsgeschichte seit 1789, 7 Bde., Stuttgart u. a. 1960 ff.

HUNTINGTON, Samuel P.: Kampf der Kulturen. Die Neugestaltung der Weltpolitik im 21. Jahrhundert, 5. Aufl., München – Wien 1997.

ISENSEE, Josef: Subsidiaritätsprinzip und Verfassungsrecht, 2. Aufl., Berlin 2001.

JÄGER, Lorenz: Seitdem die Instrumente reden. Der Einbruch des Spiels in die Zeit: Carl Schmitt über Beethoven und die Deutschen, in: Frankfurter Allgemeine Zeitung, 31. Dezember 2019, S. N3.

JÄGER, Werner: Paideia. Die Formung des griechischen Menschen, Bd. 2, Berlin 1944; Bd. 3, Berlin 1947.

KANY, Roland: Hoch soll der Einzige leben!, Rezension zu Erik Peterson, Heis Theos, in: Frankfurter Allgemeine Zeitung, 6. 10. 2012, S. L 32.

KARLAUF, Thomas: Stefan George. Die Entdeckung des Charisma, 3. Aufl., München 2007.

KELSEN, Hans: Reine Rechtslehre, 2. Aufl., Wien 1960 (Neuausgabe 1976).

KERENYI, Karl: Humanistische Seelenforschung, München – Wien 1966.

KERENYI. Karl: Antike Religion, München – Wien 1971.

KERENYI, Karl: Apollon und Niobe, München – Wien 1980.

KERVEGAN, Francois: Was tun mit Carl Schmitt?, Tübingen 2019.

KIERDORF, Christian: Carl Schmitts Idee einer politischen Theologie, Berlin 2015.

KIELMANSEGG, Peter Graf: Abschied von uns selbst, in: Frankfurter Allgemeine Zeitung, 30. 4. 2014, S. 6.

KODALLE, Michael: Carl Schmitt und seine Schuld, in: Der Staat, 2/2019.

KOENEN, Andreas: Der Fall Carl Schmitt. Sein Aufstieg zum „Kronjuristen" des Dritten Reiches, Darmstadt 1995.

KOSELLECK, Reinhard: Preußen zwischen Reform und Revolution, Neuausgabe München 1989.

KREUDER-SONNEN, Christian: Der Globale Ausnahmezustand. Carl Schmitt und die Anti-Terror-Politik des UN Sicherheitsrates, Baden-Baden 2012.

KRIELE, Martin: Einführung in die Staatslehre. Die geschichtlichen Legitimationsgrundlagen des demokratischen Verfassungsstaates, Reinbek 1975.

KUHN, Helmut: Der Staat. Eine philosophische Darstellung, München 1967.

KUNTZ, Friedrich (Hrsg.): 50 Jahre Lebendige Antike Ludwigshafen, Ludwigshafen am Rhein o. J.

LAAK, Dirk van: Gespräche in der Sicherheit des Schweigens. Carl Schmitt in der politischen Geistesgeschichte der früheren Bundesrepublik, Berlin 1993.

LIESSMANN, Konrad Paul: Lob der Grenze. Kritik der politischen Urteilskraft, Wien 2012.

LÖWITH, Karl: Der okkasionelle Dezisionismus von C. Schmitt, in: ders.: Sämtliche Schriften, hrsgg. von Klaus Stichweh und Marc B. de Launay, Bd. 8, Stuttgart 1984, S. 447 ff.

MANEMANN, Jürgen: Carl Schmitt und die Politische Theologie. Politischer Anti-Monotheismus, Münster 2002.

MANEMANN, Jürgen (Hrsg.): Politische Theologie, Baden-Baden 2015.

MASCHKE, Günter: Positionen inmitten des Hasses. Der Staat, der Feind und das Recht – Der umstrittene Denker Carl Schmitt / Zu seinem Tode, in: Frankfurter Allgemeine Zeitung, 11. 4. 1987, S. 25.

MASCHKE, Günter: Carl Schmitt in Europa. Bemerkungen zur italienischen, spanischen und französischen Nekrologdiskussion, in: Der Staat, 1986, S. 575–599.

MASCHKE, Günter: Der Tod des Carl Schmitt: Apologie und Polemik, Wien 1987.

MASCHKE, Günter: Freund und Feind – Schwierigkeiten mit einer banalité supérieur. Zur neueren Carl-Schmitt-Literatur, in: Der Staat, 1994, 286–306.

MASCHKE, Günter: Carl Schmitt in den Händen der Nicht-Juristen. Zur neueren Literatur, in: Der Staat, 1995, S. 104–129.

MEHRING, Reinhard: Pathetisches Denken. Carl Schmitts Denkweg am Leitfaden Hegels: Katholische Grundstellung und antimarxistische Hegelstrategie, Berlin 1989.

MEHRING, Reinhard: Carl Schmitt zur Einführung, Hamburg 1992 (4. Aufl., Hamburg 2011).

MEHRING, Reinhard (Hrsg.): Carl Schmitt, Der Begriff des Politischen. Ein kooperativer Kommentar, Berlin 2003.

MEHRING, Reinhard: Macht im Recht. Carl Schmitts Rechtsbegriff in seiner Entwicklung, in: Der Staat, 2004, S. 1–22.

MEHRING, Reinhard: Der menschenrechtliche Einwand: Hasso Hofmanns Antwort an Carl Schmitt, in: Der Staat, 2008, S. 241–257.

MEHRING, Reinhard: Carl Schmitt. Aufstieg und Fall. Eine Biographie, München 2009.

MEIER, Christian: Die Entstehung des Politischen bei den Griechen, Frankfurt am Main 1980.

MEIER, Christian: Caesar, 3. Aufl., München 1993.

MEIER, Christian: Athen. Ein Neubeginn der Weltgeschichte, Berlin 1993.

MEIER, Heinrich: Die Lehre Carl Schmitts. Vier Kapitel zur Unterscheidung Politischer Theologie und Politischer Philosophie, Stuttgart – Weimar 1994.

MEINEL, Florian: Der Jurist in der industriellen Gesellschaft. Ernst Forsthoff und seine Zeit, Berlin 2011.

MENSCHING, Gustav: Die Weltreligionen, Neuausgabe Wiesbaden o. J.

MENSCHING, Gustav: Die Religion. Erscheinungsformen, Strukturtypen und Lebensgesetze, Neuazúsgabe München o. J.

MEUTER, Günter: Zum Begriff der Transzendenz bei Carl Schmitt, in: Der Staat, 1991, S. 481–512.

MEUTER, Günter: Der Katechon. Zu Carl Schmitts fundamentalistischer Kritik der Zeit, Berlin 1994.

MÖLLERS, Christoph: Staat als Argument, 2. Aufl., Tübingen 2011.

MOHLER, Armin: Die konservative Revolution in Deutschland 1918–1932, 3. Aufl., Darmstadt 1989.

MÜLLER, Jan-Werner: Ein gefährlicher Geist. Carl Schmitts Wirkung in Europa, Darmstadt 2007.

MÜNKLER, Herfried / MÜNKLER, Marina: Die neuen Deutschen. Ein Land vor seiner Zukunft, Berlin 2016.

NEUMANN, Erich: Die große Mutter, 2. Aufl. der Sonderausgabe, Olten 1987.

NEUMANN, Volker: Carl Schmitt als Jurist, Tübingen 2015.

NICHTWEISS, Barbara: Erik Peterson. Neue Sicht auf Leben und Werk, Freiburg/Brg. 1992.

NOACK, Paul: Carl Schmitt. Eine Biographie, Berlin – Frankfurt am Main 1993.

NORDEN, Eduard: Die Geburt des Kindes. Geschichte einer religiösen Idee, 3. Aufl., Darmstadt 1958.

ÖZOGUZ, Aydan: Demokratie und Doppelpass, in: Frankfurter Allgemeine Zeitung, 2. 9. 2016, S. 10.

OTTO, Rudolf: Das Heilige, München 1963.

PAULSEN, Thomas: Geschichte der griechischen Literatur, Stuttgart 2004.

PETERSON, Erik: Theologische Traktate. Ausgewählte Schriften, Band 1, Würzburg 1994.

PIEPER, Josef: Scholastik. Gestalten und Probleme der mittelalterlichen Philosophie, München 1960.

POLYBIOS: Historien. Auswahl. Übersetzung, Anmerkungen und Nachwort von Karl Friedrich Eisen, Stuttgart 1983.

POPPER, Karl R.: Die Offene Gesellschaft und ihre Feinde, Band 1: Der Zauber Platons, 4. Aufl., München 1975.

QUARITSCH, Helmut: Rezension zu Günter Maschke: Der Tod des Carl Schmitt, in: Der Staat, 1988, S. 303–306.

QUARITSCH, Helmut: Souveränität im Ausnahmezustand. Zum Souveränitätsbegriff im Werk Carl Schmitts, in: Der Staat, 1996, S. 1–30.

QUARITSCH, Helmut: Positionen und Begriffe Carl Schmitts, 4. Aufl., Berlin 2010.

RAULFF, Ulrich: Kreis ohne Meister. Stefan Georges Nachleben, 2. Aufl., München 2010.

REINTHAL, Angela: „Mich hält ein reines Intervall". Carl Schmitt und die Musik. Plettenberger Miniaturen 12. Hrsg. von Gerd Giesler. Carl-Schmitt-Gesellschaft e. V., Berlin 2019.

RINK, Annette: Das Schwert im Myrtenzweig. Antikenrezeption bei Carl Schmitt, Wien – Leipzig 2000.

RITTER, Henning: Verehrte Denker. Porträts nach Begegnungen, Springe 2012.

RÜHLE, Günther (Hrsg.): Bücher, die das Jahrhundert bewegten. Zeitanalysen – wiedergelesen, München – Zürich 1978.

RÜTHERS, Bernd: Entartetes Recht. Rechtslehren und Kronjuristen im Dritten Reich, 2. Aufl., München 1989.

RÜTHERS, Bernd: Carl Schmitt im Dritten Reich, 2. Aufl., München 1990.

RÜTHERS, Bernd: Wer war Carl Schmitt? Bausteine zu einer Biographie, in: Neue Juristische Wochenschrift, 1994, S. 1681 ff.

RÜTHERS, Bernd: Altes und Neues von und über Carl Schmitt, in: Neue Juristische Wochenschrift, 1996, S. 896 ff.

RÜTHERS, Bernd: Immer noch Neues zu Carl Schmitt?, in: Neue Juristische Wochenschrift, 1999, S. 2861 ff.

RÜTHERS, Bernd: Rezension zu: Carl Schmitt: Tagebücher 1930–1934, hrsgg. von Wolfgang Schuller, Berlin 2012, in: Zeitschrift der Savigny-Stiftung für Rechtsgeschichte, 129. Band, Wien – Köln Weimar 2012, S. 825–832.

RÜTHERS, Bernd: Die Werte der Tyrannei, in: Frankfurter Allgemeine Zeitung, 19. 9. 2012, S. 8.

RUPP, Hans-Heinrich: Die Unterscheidung von Staat und Gesellschaft, in: Paul Kirchhof / Josef Isensee (Hrsg.): Handbuch des Staatsrechts der Bundesrepublik Deutschland, Bd. I, Heidelberg 1987, § 28, S. 1187 ff.

SCHACHTSCHNEIDER, Karl A. / BAUCH, Jost: Einwanderung oder Souveränität. Deutschland am Scheideweg, o. O. 2015.

SCHELSKY, Helmut: Der Begriff des Politischen und die politische Erfahrung der Gegenwart, in: Der Staat, 1983, S. 321 ff.

SCHMITT, Carl: Theodor Däublers „Nordlicht". Drei Studien über die Elemente, den Geist und die Aktualität des Werkes, München 1916 (3. Aufl., Berlin 2009).

SCHMITT, Carl: Römischer Katholizismus und politische Form, Neuausgabe Stuttgart 1984 (1923/1925).

SCHMITT, Carl: Der Begriff des Politischen. Text von 1932 mit einem Vorwort und drei Corrolarien, Berlin 1963 (jetzt 9. Aufl., Berlin 2015).

SCHMITT, Carl: Politische Theologie. Vier Kapitel zur Lehre von der Souveränität, 2. Ausg., München – Leipzig 1934 (München – Leipzig 1922; jetzt 10. Aufl. Berlin 2015).

SCHMITT, Carl: Positionen und Begriffe im Kampf um Weimar-Genf-Versailles 1923–1939, Neuausgabe Berlin 1988 (Hamburg 1940).

SCHMITT, Carl: Ex captivitate salus. Erfahrungen der Zeit 1945/47, Köln 1950 (4. Aufl., Berlin 2015).

SCHMITT, Carl: Der Nomos der Erde im Völkerrecht des Jus Publicum Eurpaeum,2. Aufl., Berlin 1974 (Berlin 1950).

SCHMITT, Carl: Theorie des Partisanen. Zwischenbemerkung zum Begriff des Politischen, Berlin 1963 (2. Aufl., Berlin 1975).

SCHMITT, Carl: Die Tyrannei der Werte, Berlin 1967 (3. Aufl. Berlin 2011).

SCHMITT, Carl: Legalität und Legitimität, 2. Aufl., Berlin 1968 (Erstauflage 1932; jetzt „8., korrigierte Auflage", Berlin 2012).

SCHMITT, Carl: Verfassungslehre, 5. Aufl., Berlin 1970.

SCHMITT, Carl: Politische Theologie II. Die Legende von der Erledigung jeder Politischen Theologie, Berlin 1970 (3. Aufl., Berlin 1990).

SCHMITT, Carl: Staat – Großraum – Nomos. Arbeiten von Carl Schmitt aus den Jahren 1916–1969, hrsgg. von Günter Maschke, Berlin 1995.

SCHMITT, Carl: Tagebücher vom Oktober 1912 bis Februar 1915, hrsgg. von Ernst Hüsmert, Berlin 2005.

SCHMITT, Carl: Staatsgefüge und Zusammenbruch des zweiten Reiches. Der Sieg des Bürgers über den Soldaten, hrsgg. von Günter Maschke, Berlin 2011.

SCHMITT, Carl: Tagebücher 1930–1934, hrsgg. von Wolfgang Schuller, Berlin 2012.

SCHMITT, Carl: Der Schatten Gottes. Introspektionen, Tagebücher und Briefe 1921 bis 1924, hrsgg. von Gerd Giesler / Ernst Hüsmert / Wolfgang H. Spindler, Berlin 2014.

SCHMITT, Carl: Glossarium. Aufzeichnungen aus den Jahren 1947 bis 1958, hrsgg. von Gerd Giesler / Martin Tielke, 2. Aufl., Berlin 2015.

SCHMITZ, Mathias: Die Freund-Feind-Theorie Carl Schmitts. Entwurf und Entfaltung, Köln-Opladen 1965.

SCHNEIDER, Carl: Geistesgeschichte des antiken Christentums, 2 Bde, München 1954.

SCHNEIDER, Hans: Gesetzgebung. Ein Lehrbuch, Heidelberg 1982 (3. Aufl., Heidelberg 2002).

SCHULLER, Wolfgang: Der Rechtsstaat bei Carl Schmitt. Der Einbruch der Zeit in das Spiel, in: Gedächtnisschrift für Roman Schnur, Berlin 1997, S. 117 ff.

SCHULLER, Wolfgang: Mädchen! Das ist natürlich ein harter Schlag, in: Frankfurter Allgemeine Zeitung, 8. 1. 2001, S. 45.

SCHULLER, Wolfgang: Das Erste Europa, Stuttgart 2004.

SCHULZ, Gerhard: Über Johannes Popitz (1884–1945), in: Der Staat, 1985, S. 485 – 525.

SONTHEIMER, Kurt: Der Macht näher als das Recht. Zum Tode Carl Schmitts, in: Die Zeit, 19. 4. 1985, S. 7.

SPEICHER, Stepan: Der Griff des Politischen. Erstaunlich, wie die Demokratie funktionierte: Christian Meiers Carl-Schmitt-Vorlesung, in: Frankfurter Allgemeine Zeitung, 11. Dezember 2019, S. N 3.

STEIGER, Heinhard: Geht das Zeitalter des souveränen Staates zu Ende?, in: Der Staat, 2002, S. 331–357.

STEIN, Lorenz von: Die Verwaltungslehre, Stuttgart 1866 ff.

STERNBERGER, Dolf: Irrtümer Carl Schmitts, in: Frankfurter Allgemeine Zeitung, 1. 6. 1985.

STOLLEIS, Michael: Geschichte des öffentlichen Rechts in Deutschland, 3. Bd.: Staats- und Verwaltungsrechtswissenschaft in Republik und Diktatur 1914–1945, München 1999.

SÜSTERHENN, Adolf / SCHÄFER, Hans: Kommentar der Verfassung für Rheinland-Pfalz, Koblenz 1950.

TAUBES, Jacob: Ad Carl Schmitt. Gegenstrebige Fügung, Berlin 1987.

TIELKE, Martin (Hrsg.): Carl Schmitt – Duschka Schmitt. Briefwechsel 1923–1950, Berlin 2020.

TIELKE, Martin / GIESLER, Gerd (Hrsg.): Schmitt und Sombart. Der Briefwechsel von Carl Schmitt mit Nicolaus, Corina und Werner Sombart, Berlin 2015.

TILLICH, Paul: Religionsphilosophie, 2. Aufl., Stuttgart u. a. 1969.

TOMMISSEN, Piet: Bausteine zu einer wissenschaftlichen Biographie (Periode 1888–1933), in: Helmut Quaritsch (Hrsg.): Complexio Oppositorum. Übe Carl Schmitt, Berlin 1988, S. 71 ff.

TOMMISSEN, Piet (Hrsg.): Schmittiana, 8 Bde., Berlin 1988 – 2003.

TOMMISSEN, Piet: Carl-Schmitt-Bibliographie, in: Hans Barion / Ernst Forsthoff / Werner Weber (Hrsg.): Festschrift für Carl Schmitt zum 70. Geburtstag dargebracht von Freunden und Schülern, 2. Aufl., Berlin 1989, S. 273 ff.

TOMMISSEN, Piet: Ergänzungsliste zur Carl-Schmitt-Bibliographie vom Jahre 1959, in: Hans Barion / Ernst-Wolfgang Böckenförde / Ernst Forsthoff / Werner Weber (Hrsg.): Epirrhosis. Festgabe für Carl Schmitt, 2. Aufl., Berlin 2002.

TRILLING, Wolfgang: Der zweite Brief an die Thessalonicher, Lizenzausgabe Zürich – Köln 1980.

VERGILIUS MARO, Publius: Hirtengedichte. Lateinisch-Deutsch, hrsgg., übertragen, eingeleitet und erläutert von Heinrich Naumann, München o. J.

VOIGT, Rüdiger: Der Staat des Dezisionismus. Carl Schmitt in der internationalen Debatte, Baden-Baden 2007.

VOIGT, Rüdiger: Denken in Widersprüchen. Carl Schmitt wider den Zeitgeist, 2. Aufl., Baden-Baden 2021.

VOIGT, Rüdiger (Hrsg.): Freund-Feind-Denken. Carl Schmítts Kategorie des Politischen, Baden-Baden 2021.

VOLKMANN, Uwe: Die Fragen des Flüchtlings, in: Frankfurter Allgemeine Zeitung, 29. 2. 2016, S. 6.

WEBER, Werner: Spannungen und Kräfte im westdeutschen Verfassungssystem, Stuttgart 1951.

WELZEL, Hans: Naturrecht und materiale Gerechtigkeit, 4. Aufl., Göttingen 1962.

WETTER, Gustav A.: Ordnung ohne Freiheit. Der dialektische Materialismus, Kevelaer 1956.

WISSENSCHAFTLICHER BEIRAT DER BUNDESREGIERUNG GLOBALE UMWELTVERÄNDERUNGEN: Welt im Wandel. Gesellschaftsvertrag für eine Große Transformation, Berlin 2011.

Der Autor

Frank Hennecke

geb. 1943 in Wertheim am Main

Erste Juristische Staatsprüfung Heidelberg 1967

Promotion zum „Doctor iuris utriusque", Heidelberg 1971 (Berichterstatter: Professor Dr. iur. Dr. phil. Ernst-Wolfgang Böckenförde)

Zweite Juristische Staatsprüfung Zweibrücken 1971

Berufstätigkeit in der Landesregierung Rheinland-Pfalz in Mainz 1971–2008, zuletzt im Ministerium für Umwelt und Verbraucherschutz als Leitender Ministerialrat

Mitglied der Bioethik-Kommission Rheinland-Pfalz 1991–2011

Ehemals Lehrbeauftragter an den Universitäten Konstanz, Mainz, Trier, Kaiserslautern und Speyer

Umweltbeauftragter des Bistums Speyer 2008–2013

Veröffentlichungen u. a. zum Verfassungs-, Schul-, Umwelt- und Arbeitsrecht.

FSC
www.fsc.org
MIX
Papier | Fördert gute Waldnutzung
FSC® C083411

Kolibri 360 GmbH
Ferdinand-Jühlke-Straße 7
99095 Erfurt, Deutschland
produktsicherheit@kolibri360.de